Design
Zur Praxis des Entwerfens
Eine Einführung

Design

Zur Praxis des Entwerfens
Eine Einführung

Holger van den Boom · Felicidad Romero-Tejedor

2. Auflage

2003
Georg Olms Verlag
Hildesheim · Zürich · New York

Bibliografische Information Der Deutschen Bibliothek
Die Deutsche Bibliothek verzeichnet diese Publikation
in der Deutschen Nationalbibliografie; detaillierte bibliografische Daten
sind im Internet über *http://dnb.ddb.de* abrufbar.

Bibliographic information published by die Deutsche Bibliothek
Die Deutsche Bibliothek lists this publication in the
Deutsche Nationalbibliografie; detailed bibliographic data are available
in the Internet at *http://dnb.ddb.de.*

∞ ISO 9706
© Georg Olms Verlag AG, Hildesheim 2003
www.olms.de
Alle Rechte vorbehalten
Printed in Germany
Gedruckt auf säurefreiem und alterungsbeständigem Papier
Umschlagentwurf: Barbara Gutjahr, Hamburg
Herstellung: Druck Partner Rübelmann, Hemsbach
ISBN 3-487-11246-9

Inhalt

Inhalte des Entwerfens

Projekte für Menschen

Design gestaltet Zukunft

Vorwort

Dies Buch wendet sich an jeden, der sich mit der Arbeitsweise von Designern vertraut machen möchte. Aus der Erkenntnis, daß ein zeitgemäßes Einführungsbuch bislang fehlte, erwuchs das Motiv, es zu schreiben und mit zahlreichen Bildern auszustatten. Näherer Anlaß war eine zweisemestrige Lehrveranstaltung, die von F. Romero-Tejedor an der Hochschule für Bildende Künste Braunschweig seit Wintersemester 97/98 für Studienanfänger im Fach Industrial Design angeboten wird.

Unser Kollege Prof. Bernd Löbach hat freundlicherweise eine Vorversion dieses Buches kritisch durchgesehen und uns wertvolle Vorschläge zur Verbesserung gemacht, wofür wir ihm sehr herzlich danken möchten. Wir möchten uns aber auch bei unseren Studenten aus mehreren Semestern bedanken, ohne deren Arbeiten dieses Buch nicht mit so vielen Beispielen hätte illustriert werden können.

Dr. Ing. Diethard Janßen hat uns mit Bildern aus seinem Elektronik-Seminar unterstützt. Karin Bertke hat dankenswerterweise für das zeitaufwendige Scannen der Bilder gesorgt. Wir danken unserer Lektorin, Doris Wendt, die das Manuskript mit großer Aufmerksamkeit gelesen und wesentliche Verbesserungen zu einer leichter lesbaren Gestalt des Buches beigetragen hat. Unser Verleger Dr. W. Georg Olms zeigte sich an dem Projekt sehr interessiert und förderte es durch ein enthusiastisches Gespräch, das uns in der Endphase richtig in Schwung brachte.

Braunschweig, Juli 2000
H. v.d.B. / F. R.-T.

Vorwort zur zweiten Auflage

Diese rasch notwendig gewordene zweite Auflage ist ein unveränderter Nachdruck der ersten. Das Buch hat ein erfreuliches Echo gefunden, so dass wir es für geeignet halten, ein weiteres Mal den Weg zum Leser zu nehmen. Wir möchten uns nochmals bei allen bedanken, die am Gelingen des Buchs Anteil hatten, insbesondere aber diesmal nicht versäumen, zu erwähnen, dass die 3-D-Vorlage für den Umschlag von Ingo Brückmann stammt.

Lübeck, September 2003
H. v.d.B. / F. R.-T.

Einstiegsfragen

1. Warum dies Buch?

Dieses Buch hat das Ziel, eine Lücke im Bücherangebot zum Industrial Design zu schließen; es gibt zu wenig Handbücher, die ein selbständiges Erlernen des Entwerfens ermöglichen. Einführungen ins Design beginnen gewöhnlich mit der Geschichte des Faches und ergänzen sie durch Designtheorie; dabei fehlt oft ein wesentlicher Gesichtspunkt: die *Designpraxis*. Man erfährt nicht, wie das *Entwerfen* nun wirklich vonstatten geht oder vonstatten gehen könnte. Wir wollen hier versuchen, eine Hinführung zur Entwurfspraxis im Selbststudium zu vermitteln. Studienanfänger, und sogar im Beruf stehende Designer, haben uns auf den Mangel konkreter Anleitung hingewiesen und den Wunsch nach einer praxisorientierten und praxiswirksamen Methodenlehre ausgesprochen, die sich nicht nur auf die oberflächliche Ebene «Tips und Tricks» beschränkt. Deswegen wollen wir

Designausbildung

«Wie das Thema dieses Weltkongresses anzeigt [XVII th. World Congress of the International Council of Graphic Design Associations, Uruguay, 1997], leben wir in einer Welt massiven und raschen Wandels. Wir müssen wach sein für neue Entwicklungen und unsere Studenten für eine sich verändernde Welt vorbereiten – nicht nur in Technologie, sondern auch in den Bedürfnissen und Erwartungen der Menschen, denen wir letzten Endes dienen müssen.» (Richard Buchanan, «Education and Professional Practice in Design», in *Design Issues: Volume 14, Number 2, Summer 1998*, S. 64f., Übers. der Autoren.)

«Design weitete sich zu einer Grundlagendisziplin an den höheren Lehranstalten aus, weil eben Design – als entwurfsorientiertes Handeln verstanden – alle anderen Bereiche menschlicher Praxis tangiert. Es wurde erkannt und akzeptiert, daß Entwerfen ganz und gar nicht auf die herkömmlichen Bereiche beschränkt war, die das Wort Design in der Berufsbezeichnung führten, sondern – wie die Sprache – ein Grundmodus des Verhaltens in der Welt und zu der Welt ist.» (Gui Bonsiepe, «In der Phase des Prä-Design. Spekulationen über eine zukünftige Geschichte der Gestaltung», in *form, Nr. 164, 4 / 1998*, S. 25.)

diesen ersten Versuch anbieten, etwas gründlicher zu sagen, «wo es langgeht» beim Entwerfen.

Man kann Design nicht einfach so spontan entwickeln. Design ist ein langwieriger Prozeß. Design ist eine viel komplexere Tätigkeit, als es sich der eine oder andere vielleicht vorstellt (auch wenn der etwa Journalist sein sollte). Designer gelten im Publikum als kreative Leute mit ästhetischem Empfinden, als Leute, die großartige Ideen entwickeln. Für manchen ist es ernüchternd zu erfahren, welch geringe Rolle sogenannte «Ideen» in der beruflichen Praxis spielen.

Abb. 1. *Spiegel special: Das Jahrhundert des Design,* Nr. 6, 1995.

Design ist schwierig, und natürlich ist auch Design zu erlernen schwierig. Design ist weitaus mehr und anderes als eine ästhetische Erscheinungsform der Dinge. Wir möchten hier einen Einstieg vor allem in dieses Mehr und in dieses Andere vermitteln. Insbesondere möchten wir eine Vorgehensweise darlegen, die dem zukünftigen Designer, der zukünftigen Designerin bis in die spätere berufliche Praxis hinein von konkretem Nutzen sein soll.

2. Wie ist das Buch entstanden?

An der Hochschule für Bildende Künste Braunschweig wurde im Wintersemester 97/98 mit einer Reform des Designstudiums begonnen, im Rahmen aktueller europäischer Orientierungen. Eine der neu konzipierten Lehrveranstaltungen ist die für Studienanfänger gedachte zweisemestrige, jeweils vierstündige «Einführung ins Industrial Design». Der Kurs

Hochschule für Bildende Künste Braunschweig

Künstlerisch-wissenschaftliche Hochschule im Universitätsrang mit Promotions- und Habilitations-Recht. Abteilungen (u.a.) für Industrial Design, Kommunikationsdesign und Mediendesign. Arbeitsstellen für Design und Designinformatik. Schwerpunkte: Technisches Design, Wirtschaftskommunikation, Multimedia-Entwicklungen, Designwissenschaft.

versucht vor allem, motivierend zu wirken und einen breiten Überblick im Design anzubieten. Es geht darum, sich auf Designprozesse einzulassen, ohne schon alles im Detail zu wissen und handwerklich zu können, was Designer im Beruf zu tun haben. Studienanfänger kommen häufig mit einer überprägnanten Vorstellung von Design an die Hochschule, die sie möglichst schnell bestätigt finden möchten. Der Kurs dient auch dazu, verengte Vorstellungen, etwa von «Kreativität», aufzulösen und durch erweiterte, zukunftsorientierte Vorstellungen zu ersetzen. Das Buch ist diesen Bemühungen entsprungen. Wir haben versucht, aus den Erfahrungen des Unterrichts zu lernen und möchten weitere Interessenten daran teilhaben lassen. Wer heute Design als Beruf ergreifen will, muß gleich eingangs wissen, was ihn oder sie erwartet: ein hoher Anspruch, dessen Erfüllung allerdings durch ein interessantes, vielseitiges Berufsleben belohnt wird. Die wirtschaftliche Bedeutung von De-

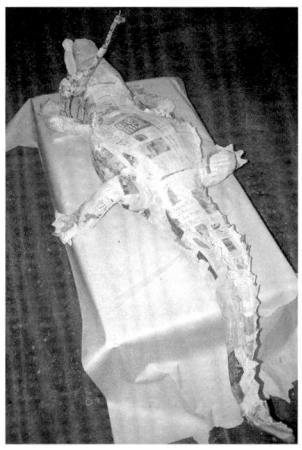

Abb. 2 – 5. Präsentation aus dem 1. Semester 98/99 im Industrial Design der HBK Braunschweig.

sign auf hohem Niveau wird zukünftig auch weiter anwachsen.

Die «Einführung ins Industrial Design» geht parallel zu einer künstlerischen Grundlehre, die den zeitlichen Hauptanteil für Studienanfänger im ersten und zweiten Semester einnimmt. In dieser Grundlehre geht es darum, *die Anschauung der Welt in den Mittelpunkt zu rücken.* Die Studenten sollen *sehen* lernen, vor allem im Naturstudium, also im Zeichnen nach der Natur, im Aktzeichnen und im Organisieren des Gesehenen und Angeschauten auf der Bildfläche, sowie in der räumlichen Skulptur. Dagegen liegt der Schwerpunkt der «Einführung ins Industrial Design» beim Entwerfen. Das Entwerfen macht bereits Gebrauch von dem, was in der Grundlehre erworben wird. Dies Buch kann die künstlerische Grundlehre nicht darstellen, ermuntert aber immer wieder dazu, sich selbst eine Praxis künstlerischen Sehens zu erwerben. Während es aus naheliegenden Gründen schwierig erscheinen muß, eine solche Praxis aus Büchern zu erlernen, ist es unserer Auffassung nach jedoch möglich, das Entwerfen, den Entwurfsprozeß, anhand eines geschriebenen Leitfadens zu studieren, wenn eine künstlerische und gestalterische Praxis dazu parallel eingeübt wird.

Die Abbildungen dieser Seiten zeigen zum Beispiel Arbeiten der Koautorin dieses Buches, die in den

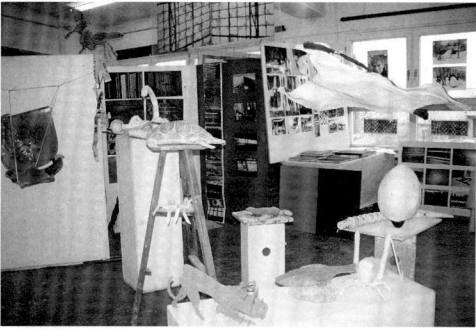

Abb. 6 – 8. Präsentation aus dem 1. Semester 98/99 im Industrial Design der HBK Braunschweig.

Abb. 9. F. Romero-Tejedor, Rendering 1998.

vergangenen Jahren im *Real Círculo Artístico* von Barcelona entstanden sind, einem traditionsreichen Kunstverein, in dem sich Professionelle und Freizeitkünstler – unter ihnen viele Designer und Architekten – treffen, um gemeinsam ihre künstlerische Ausdrucksfähigkeit zu üben und weiterzuentwickeln. Solche Grundübungen sollten unser ganzes Leben begleiten!

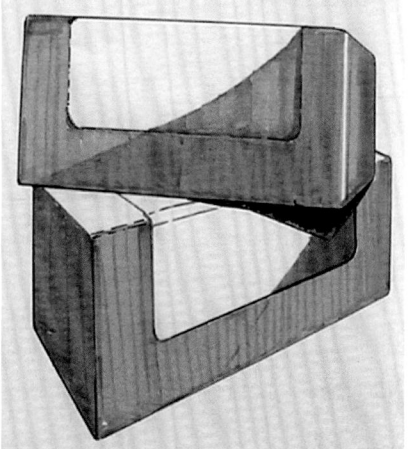

Abb. 10 – 14. F. Romero-Tejedor, Aktzeichnung 1996, Geometrische Farbübung 1996, Renderings 1998, Aquarell 1999.

3. Was wollen wir erreichen?

Wir wollen dem Interessierten helfen, für sich einen eigenen, individuellen Einstieg in die professionelle Designtätigkeit zu finden. Gerade die komplexeren Aspekte des Designs, die immer mehr die berufliche Realität bestimmen, sollen nicht außen vor bleiben; wir wollen kein «Anfänger-Design» vermitteln. Thema des Buches ist das Design auf Universitätsniveau, wie es jetzt überall in Europa gelehrt wird. Auch fortgeschrittene Designstudenten und sogar Designer im Berufsleben sind sich ihrer methodischen Mittel oft nicht so sicher, daß sie nicht gern noch einmal Gelegenheit nähmen, über sie zu reflektieren. Auch ihnen soll hier etwas geboten werden. Schließlich möchten wir erreichen, daß die Leser dieses Buches verstehen, inwiefern Designer-Sein mehr als ein Beruf ist; es ist tatsächlich ein Arbeitsstil, ja sogar ein Lebensstil! Designer betrachten die Welt als Designer: sie sehen die Welt als Entwurf.

Methodenkritik

«Insbesondere plädierte er [Gui Bonsiepe] für eine kritische Einstellung gegenüber Methoden im allgemeinen und Designmethoden im besonderen. Strenge und Perfektion im Bereich der Methoden signalisierten meistens deren eigenes Ende, sie hätten daher allenfalls musealen Wert. Nur Greise seien perfekt.» (Bürdek, *Design. Geschichte, Theorie und Praxis der Produktgestaltung*, S. 162.)

Natürlich kann ein Buch für Anfänger die Praxis selbst niemals ersetzen, insbesondere nicht die Praxis der Darstellung. Zeichnen kann man nur durch Zeichnen lernen. Der Leser wird hier überdies wenig Designgeschichte und Designtheorie finden; es werden nur wenige Informationen technischer Art gegeben; auch fachspezifische Fragestellungen, wie die der Ergonomie oder des Modellbaus, werden nicht in Breite entwickelt. Im Mittelpunkt steht immer das *Entwerfen*. Doch wer sich das, was hier vorgestellt wird, in nachvollziehender Übung aneignet, wird sich die eben erwähnten Aspekte, sofern sie ihm noch fehlen, rasch auf andere Weise erarbeiten können. Im Literaturverzeichnis sind Werke aufgeführt, die dem Lernbegierigen weiterhelfen.

Beim Verfassen des Buches haben wir uns natürlich zuerst auf die Bedürfnisse unserer eigenen Studenten bezogen, glauben aber, daß die Probleme aller Studienanfänger im Design ähnlich aussehen. Wir ha-

Abb. 15. Komplexes Design: Raumstation.

ben ziemlich genau in Erfahrung bringen können, wo Studenten beim Entwerfen «der Schuh drückt». Die Schwierigkeiten liegen zumeist im Methodischen. Studienanfänger teilen oft mit manchen, sogar erfolgreichen Designern die Meinung, es gäbe gar keine sinnvolle und ergiebige Methode im Design. Methoden, so glaubt man, seien vorwiegend zu akademischen Zwecken da und behinderten eher in ihrer lähmenden Pedanterie ein kreatives Entwerfen. In der Tat kennen die Autoren den einen oder anderen unergiebigen Versuch, die Prozedur des Entwerfens in triviale und viel zu zahlreiche Soll-Bestimmungen zu kleiden, durch die man wirklich nicht vom Fleck kommt. Das muß aber nicht so sein. Es gibt durchaus Verfahren, die unzweideutig nützlich sind. Wir möchten erreichen, daß sich angehende Designerinnen und Designer von vornherein einen Arbeitsstil aneignen können, der ohne verkrampfte Schematismen und auch ohne blumige «Designphilosophie» zu gehaltvollen und wirtschaftlich erfolgreichen Lösungen führt.

4. Wie liest man dieses Buch?

Vor allem aktiv, mit gespitztem Bleistift zur Hand! Die Autoren pflegen Bücher, die sie sich aneignen wollen, zunächst zu überfliegen, um sich dann punktuell in besonders interessierende Abschnitte zu vertiefen. Warum sollte ein Leser seine Neugierde bremsen? Danach jedoch ist geduldige Arbeit angesagt:

Königsweg

Der berühmte griechische Mathematiker Euklid (3. Jh. v. Chr.), Vater der euklidischen Geometrie, soll einem König auf dessen Frage, warum er die Mathematik ihm, dem König, nicht auf einfachem Wege erkläre, geantwortet haben: Leider, Majestät, gibt es in der Mathematik keinen Königsweg!

Ein Buch, das von A bis Z geschrieben wurde, muß von A bis Z erarbeitet werden. Nur dann lohnt die Mühe: Es gibt, ebensowenig wie in der Mathematik, auch hier keinen Königsweg. Schwieriger noch: Mathematik ist, wenigstens im Prinzip, durch Lektüre zu meistern, Design, dem ein spezifischer Arbeitsprozeß zugrundeliegt, leider gar nicht. Der Leser, die Leserin können nur dadurch verhindern, hier so etwas wie einen «Trockenkurs im Schwimmen» zu absolvieren, daß sie parallel zum Buch arbeiten – nicht an langweiligen, von uns für die Leser erfundenen «Übungen», sondern an ernsthaften, selbstgestellten Aufgaben.

Das Buch enthält fünf Sorten von Information: den *Buchtext*, durchnumerierte *Infoboxen* und lexikonähnliche *Miniinfos*, darüber hinaus viele *Fotos* und schematische *Darstellungen*. Die Texte, Infoboxen und Miniinfos wiederholen manchmal eine Information oder einen Gedanken. Das Buch enthält also an wichtigen Stellen Redundanzen, die wir in der Absicht eingeführt haben, dem Leser das Behalten zu erleichtern. Dem gleichen Zweck dienen die Fotos und Schemata; man sollte sie sich immer wieder einmal anschauen und durch Nachdenken «zu Gemüte führen». Das Wichtigste aber sollte natürlich sein, daß unsere Darstellung so inspirierend wirkt, daß der Leser, die Leserin unbedingt ausprobieren, was wir an den entsprechenden Stellen zu tun vorschlagen. Wir haben in der Hoffnung geschrieben, daß uns das gelingt.

Gerade das Entwerfen ist auch im Hochschulunterricht oft ein geheimnisvoller Vorgang, eingehüllt in wenig konkrete, bisweilen obskure Rezepte. Solche Rezepte der Alchemie, den Stein der Weisen zu finden, wollten wir hier vermeiden. Was wir vorschlagen, läßt sich ohne besondere Divination in Praxis überführen und in Routine verwandeln – man muß es nur wirklich machen. Die gängige Hochschulpraxis, Entwürfe zu analysieren und nicht das Entwerfen, führt nicht selten zu einer verfehlten Haltung: zur Fetischisierung punktueller Resultate und zur Vernachlässigung des Know-how. Nur nachvollziehbare Auskunft darüber, *wie* etwas entstanden ist, kann im Zeitalter der Wertebeliebigkeit Glaubwürdigkeit verleihen, Glaubwürdigkeit, die zu den

Wirtschaftsgütern der Zukunft zählt. Man sollte sich beizeiten die Fähigkeit aneignen, glaubwürdig zu erscheinen, wenn man heute den Beruf des Designers ergreift. Und das heißt vor allem: Seriosität in der Arbeitsweise, zu der man nicht früh genug die Fundamente legen kann.

5. Was ist überhaupt Design? Eine Begriffsbestimmung

Nach landläufiger Vorstellung ist Design die ästhetische Dimension der menschlichen Artefakte. Die Dinge, die der Mensch hervorbringt, sollen nicht nur nützlich, sondern auch schön sein – dafür, denkt man, sind die Designer aller Sparten zuständig. Designer sind die Leute, die mit dem Zeichenstift in der Hand die Entwürfe für das angenehme Aussehen der Dinge hervorbringen. Nun gut. Diese Vorstellung mag tatsächlich einen gewissen Aspekt treffen. Doch gibt es noch andere Aspekte.

Der professionelle Designbegriff steht an der Jahrtausendschwelle vor einer epochalen Wende. Design – angeblich das bloße Schönmachen der Dinge, die «Produktfrisur» – ist durchaus mitverantwortlich für drei schlagwortartig zu bezeichnende Probleme, mit denen wir heute ernstlich konfrontiert sind:

- *Design und Ökologie*
  oder: die Un-Natur der Dinge.
- *Design und Mensch*
  oder: die Inhumanität der Dinge.
- *Design und Sinn*
  oder: was soll das Ganze?

Design und Ökologie: Die Konzentration auf das Schönmachen der Dinge kann die Natur häßlich machen und beschädigen – das Hauptstichwort hierfür lautet bekanntlich Müll. Die Designer haben in der Vergangenheit die «gute Form» als Gegenstand aufgefaßt, der nach Abnutzung weggeworfen wird. Heute lernen Designer, daß die Form kein Gegenstand, sondern ein *Zustand* ist, eine Prozeßphase, die ein Vorher hat (Produktion) und ein Nachher (Entsorgung und Recycling).

Design und Mensch: Die technischen Produkte werden jeden Tag komplexer und stellen entsprechende Anforderungen an ihre «Bedienung». Die Gebrauchsanleitung des Handys muß ebenfalls stets «zur Hand» sein, sonst sind 90% seiner Funktionen gar nicht nutzbar. Fatal! Die Designer lernen heute, daß ge-

Design und Ökologie

Bernd Löbach, Professor für Industrial Design an der HBK Braunschweig, vertritt nachdrücklich ökologische Gesichtspunkte. Er schreibt: «Gerade Designer als zukunftsorientierte Kreative sollten sich dafür engagieren, daß der Verbrauch von Ressourcen reduziert, Produkte umweltschonend produziert und gebraucht werden [...]. Designer müssen immer mehr Bewußtsein entfalten, daß sie auch jetzt schon in kleinen Schritten in gestalterischer Weise umweltschonend handeln können.» (Löbach, in: Löbach und Fiedler, *Design und Ökologie*, S. 73.)

Joan S. Davis, Expertin für Gewässerschutz, stellt uns die Frage: «Ist es aber nicht ein Armutszeugnis unserer Gesellschaft, wenn das Umweltfreundliche, Lebensfreundliche als Utopie gilt... und ausschließlich das Zerstörerische als realisierbar vorgezogen wird? Wir sind so weit von einem lebensfreundlichen Weg in die Zukunft entfernt, daß selbst notwendigste Änderungen utopisch erscheinen.» (Davis, «Designing the Future: Utopien als Notwendigkeit», in: Lucius Burckhardt, Hrsg., *Design der Zukunft. Architektur · Design · Technik · Ökologie*, S. 181.)

«Welche Rolle die Planung, das Design, die Wissenschaft, die Politik in der Gestaltung der Zukunft spielen werden, hängt weitgehend von uns ab... vom herrschenden Zeitgeist.» (Davis, *Ebd.*, S. 196.)

rade sie dazu beitragen müssen, daß die Dinge verständlich werden und dem Menschen dienen – nicht umgekehrt. Man vergleiche hierzu das bereits klassische Werk *Dinge des Alltags* von Donald Norman.

Design und Sinn: Die Vielfalt der technischen Segnungen ist unüberschaubar geworden. Wir wissen oft nicht mehr, wozu wir sie eigentlich brauchen. Wir besitzen sie alle, das Auto, die Videokamera, das mobile Telefon, das Mikrowellen-Gerät, den Walkman…, aber brauchen wir sie wirklich? Und ist das, wozu wir sie benutzen, uns wirklich wichtig? Die Designer lernen heute, daß sie erheblich mehr tun müssen als den Dingen eine Gestalt geben: sie müssen auch den Sinn der Nutzung deutlich machen im Entwurf von Gebrauchs-Szenarien.

Das «schöne» Design war letzten Endes eine unverbindliche Geschmacksfrage. Von nun ab wird vom Design verstärkt Rechenschaft gefordert werden: Designer müssen Auskunft geben, warum ihre Entwürfe so sein sollen wie sie sind. Sie müssen auf die drei gestellten Fragen nach der *Ökologie*, nach der *Verständlichkeit* und nach dem *Sinn* antworten können. Dies wird ein immer zentralerer Aspekt ihrer Arbeit – nicht, weil die Designer diese Aspekte von sich aus gern behandeln möchten, sondern weil die gesellschaftliche Realität dies mittlerweile von ihnen einfordert!

Das Design, heißt das, muß intelligenter werden. Schon ist der Begriff des *Intelligent Design* in Gebrauch gekommen, um die Zukunfts-Herausforderungen des Designs zu benennen. Intelligentes Design bedeutet ein Design, das sich intelligent verhält, d.h. so, als ob ein intelligenter Mensch ihm jeweils sagte, wie es sich verhalten soll. Letzten Endes läuft diese Forderung auf künstliche Intelligenz hinaus – ein Aspekt des Designs, den wir später noch vertiefen müssen.

Donald A. Norman

ist Psychologie-Professor an der Universität von Kalifornien in San Diego und Gründer der dortigen Abteilung für Kognitionswissenschaft. Er schreibt höchst anregende kritische Bücher über Design aus der Sicht eines kognitiven Psychologen und gilt mittlerweile als «Guru» der Bedienungstechnologien.

Intelligentes Design

Der Nobelpreisträger für Wirtschaftswissenschaften Herbert A. Simon erklärt: «Ein Artefakt kann als Punkt der Begegnung – in heutiger Terminologie: als ‹Schnittstelle› – zwischen einer ‹inneren› Umgebung, der Substanz und inneren Gliederung des Artefakts selbst, und einer ‹äußeren› Umgebung, der Umwelt in der es operiert, gedacht werden. Wenn die innere Umgebung der äußeren angemessen ist oder umgekehrt, dann wird das Artefakt seinen Bestimmungszweck erfüllen.» (Simon, *Die Wissenschaften vom Künstlichen*, S. 6.)

«Das Ingenieurwesen, Medizin, Handel und Gewerbe, Architektur und Malerei befassen sich nicht mit dem Notwendigen, sondern mit einem Freiheitsspielraum: nicht damit, wie die Dinge sind, sondern damit, wie sie sein könnten –, kurz, mit Design.» (Simon, *Ebd.*, S. viii.)

Design und Zukunft

Lucius Burckhardt schreibt: «[…] daß die Zukunft wohl ein Design ist, ein Entwurf von Formen. […], daß Entwurf sich auch auf den Entwurf von Organisationen bezieht: Nicht das neue Design der Straßenbahn hilft uns, schneller vorwärts zu kommen, sondern der bessere Fahrplan. […] Design ist also unmittelbar verbunden mit Unsichtbarem, und ebenso ist es verbunden mit Wahrnehmungsproblemen, Zeichen, Interpretationen.» (Burckhardt, «… in unseren Köpfen», in: Lucius Burckhardt, Hrsg., *Design der Zukunft. Architektur · Design · Technik · Ökologie*, S. 16.)

Infobox 1: Design

Das englische Wort «design» kommt vom lateinischen «designare» (bezeichnen, bestimmen – wörtlich: von oben herab zeigen, nämlich das Feldzeichen, signum, auf hoher Stange beim römischen Militär). Design bedeutet nach üblicher Lexikondefinition zunächst etwa Entwurfszeichnung, Gestaltgebung, Form eines Gebrauchsgegenstandes und bezieht sich insbesondere auf die «moderne», «funktionale» *Formgebung* industrieller Produkte («gute Form»). Design mit Bindestrich: Grafik-Design, Mode-Design, Schmuck-Design, Textil-Design, Foto-Design, Display-Design, Hair-Design…

Design

Nach den gewöhnlichen Lexikon-Definitionen ist *Design* der Gestaltungsentwurf für ein Industrieprodukt. *Designer* sind Zeichner. Das nächstfolgende Wort im Lexikon ist meistens *Designation* (lat.), Bestimmung, Bezeichnung; vorläufige Ernennung; *designieren*, für ein Amt vorsehen. Amüsanterweise ist gerade der Eintrag über *Designation* für unsere heutige Sicht des Designs viel wichtiger als der Eintrag über das Design sebst! Design bedeutet nämlich einfach: im Vorhinein festlegen. Das genau ist es, was Designer tun.

Grafikdesign klingt heute fast schon unmodern gegenüber Visueller Kommunikation. Industriedesign oder Industrial Design (auch Industrieform, industrielle Formgebung, technische Formgebung, technische Gestaltung, Gebrauchsform, Produktdesign, Warendesign, Styling) ist die Gestaltung von Industrieprodukten und Systemen aller Art: Maschinen, Werkzeuge, Fahrzeuge, Geräte, Konsumgüter, Investitionsgüter, u.a. Das Urteil «gute Form», «gutes modernes Design» oder «modernes Styling» entspringt der Auffassung, daß die ästhetische Erscheinung eines Produkts von seiner Funktion her bestimmt sein sollte, gemäß dem Slogan «Form follows function». Gegenwärtig wird jedoch eher ein Slogan wie «Form follows use» bevorzugt: *Die Form folgt der Gebrauchsweise.* Für Konstruktion und Design werden inzwischen vielfach Computer benutzt; CAD-Systeme: «Computer Aided Design».

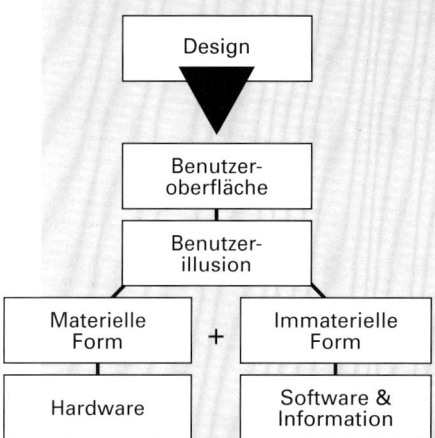

Designer selbst definieren Design nicht durch Aufzählung, sondern begrifflich abstrakter, was für ihre berufliche Orientierung jedoch weitaus nützlicher ist: Design ist die Gestaltung von *Mensch/Objekt-Beziehungen*, mit einem aus der Informatik erborgten Wort auch «Interfaces» oder «Benutzeroberflächen» genannt. Auf diese Weise wird es möglich, zusätzlich psychologische Faktoren in die Gestaltungsaufgabe direkt mit einzubeziehen, zum Beispiel die Vorstellung, die jemand sich vom Funktionieren eines Gerätes macht, die sogenannte «Benutzerillusion». Auch ein Plakat ist in diesem Sinne eine Benutzeroberfläche und die Botschaft, die beim Betrachter ankommt, eine Benutzerillusion. Design gestaltet also nicht nur materielle Formen, d.h. Hardware, sondern auch Software und Information.

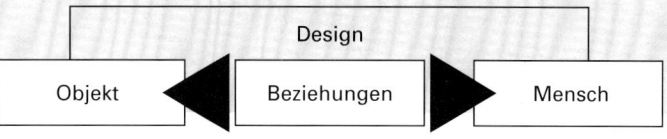

6. Design ist komplex

Design, so sagten wir, kann nicht einfach aus dem Handgelenk geschüttelt werden. Design ist das Resultat eines komplexen Designprozesses, der seine Zeit und seine Geduld und sein Know-how braucht. *Welches sind die wichtigsten Schritte des Designprozesses?* Den Designprozeß kann man grob in vier Schritte einteilen: Analyse, Konzept, Entwurf, Präsentation.

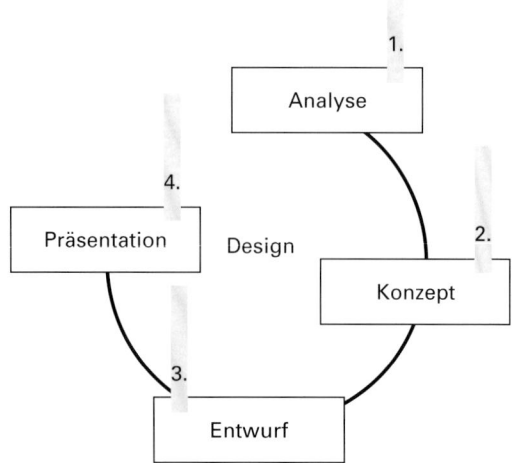

Diese vier Schritte lassen sich jeweils wieder in weitere Schritte auflösen (wenn man Lust zur Haarspalterei hat). Doch was in allen Schritten von höchster Bedeutung ist, ist dies: daß alles *visuell* vonstatten geht – gehen muß.

Das Visuelle ist der eigentliche Motor des Designs. Designer erzählen nicht in umständlicher Prosa, wie etwas werden soll, sondern äußern sich anschaulich durch visuelle Darstellung. Von der Handskizze über das Foto und das Modell bis zur 3-D-Computer-Animation ist jede visuelle Unterstützung willkommen, insofern sie die Argumentation fördert.

Wie erstellt man die Problem-Analyse? Die Analyse ist schon ein sehr komplexer Teil des Designprozesses. Wir müssen durch Nutzung unterschiedlichster Ressourcen soviel wie möglich über das Problem in Erfahrung bringen und dürfen nicht beim Allgemeinen stehenbleiben, sondern müssen in das Konkrete hineingehen. Mit *visuellen* Mitteln, wie Collagen, Fotografie, Video, Skizzen, Renderings, Modellen, Szenarienbauen usw. analysiert und durchforscht der Designer seine Aufgabe. In der Analysephase verwandeln Designer sich in Reporter, Wissenschaftler, Schauspieler, Theater-Regisseure… Und das sind hier keine Metaphern, sondern wörtlich zu nehmende Aufgaben!

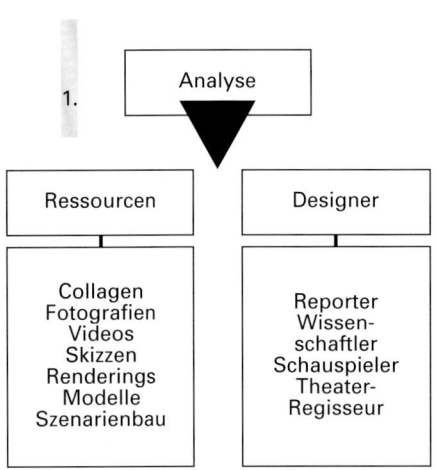

Wie kommt man zum Konzept? Das Konzept ist die Festlegung dessen, was gemäß der Analyse vom Entwurf verlangt werden soll. Das Konzept zählt die einzelnen Komponenten, die *Elemente*

des Entwurfs und ihre *Funktionen* auf und stellt ihre wechselseitigen *Beziehungen* schematisch dar. Zur Formulierung des Konzepts muß der Designer aus der Analyse alles herausfiltern und in eine abstrakte Synthese zusammentragen,

2.

Konzept

Elemente
Funktionen

Beziehungen

was ihm zur Konturierung und Lösung seiner Aufgabe angemessen erscheint.

3.

Entwurf

Verhalten der
Dinge

Modelle

Aussehen

Wie nimmt der Entwurf Form an? Entwerfen beginnt niemals mit der Frage, wie könnte es aussehen, sondern mit Entscheidungen darüber, *was die zu entwerfende Sache leisten soll.* Formen sind Lebensformen. Entwerfen beginnt mit einem Konzept des *Verhaltens* der Dinge, das aus der Analyse gewonnen wird. *Wie die Sache aussieht, wird sich zuallerletzt finden.* Der Weg dahin führt über Modelle, die immer wieder getestet werden im Licht der Fragestellung (siehe Reporter, Wissenschaftler, Schauspieler...).

Wie präsentiert man? Möglichst überzeugend! Wie kann man Überzeugung stiften? Indem man die Lösung so darstellt, daß jeder sie nachvollziehen kann. Wer für die Präsentation mehr als fünf Minuten Zeit hat, kann natürlich ein Buch über seinen Entwurf schreiben. Wer – was der

Realität näher kommt – fünf Minuten oder weniger Zeit hat, die Aufmerksamkeit von Interessenten zu binden, tut gut daran, die Information in Bilder zu kleiden. Der Entwurf ihrer Präsentation gehört mit zum Entwurf der Sache. Design ohne argumentative Präsentation – manchmal sieht man etwas Derartiges noch in Ausstellungen – fordert nur ein Schulterzucken heraus: so what?

4.

Präsentation

Visuelle
Argumente

Information
in Bildern

Um nun für die These, Design sei komplex, Überzeugung zu stiften, wollen wir im folgenden kurz einige Diplomarbeiten im Fach Industrial Design an der Hochschule für Bildende Künste Braunschweig aus

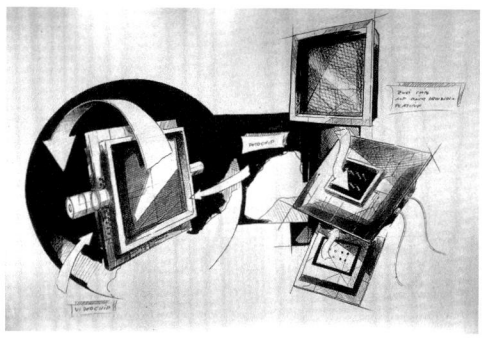

Abb. 16. Schema zur Analyse. Diplomarbeit «Digitale Studiokamera» von Dirk Ahlgrim, betreut von H. van den Boom und F. Hammad.

den letzten Jahren vorstellen. Ihre Beschreibung greift auf Begriffe vor, die wir
– keine Sorge also! – später genauer kennenlernen werden.

Beginnen wir mit der «Digitalen Studiokamera» von Dirk Ahlgrim (Diplomarbeit 1997, bei H. van den Boom und F. Hammad). Eine Studiokamera ist ein
Gerät für den professionellen Foto-
grafen, mit Anwendungen in der
Sachfotografie, Modefotografie usw.
Solche Kameras müssen höchsten
Qualitätsansprüchen genügen. Bislang gab es keine digitalen Studio-
kameras, da sich die Digitaltechnik
für Fotografie erst in den letzten Jahren soweit entwickelt hat, daß sie
den Ansprüchen der Fotografen
etwa hinsichtlich der Auflösung genügen kann. Insofern wirft diese Diplomarbeit einen Blick in die Zukunft. Zunächst ging es darum, die
Anforderungen an eine Studiokamera historisch und sachlich zu analysieren, einschließlich physikalischer Gesetzmäßigkeiten, insbesondere der Optik. Im zweiten Schritt
ging es um die Frage, inwiefern sich
die Digitalisierung auf die System-
umwelt auswirken würde, eine Sy-
stemumwelt, die nun natürlich wesentlich komplexer ausfallen wird,
worin ja auch die auffälligen Vorteile der Digitalisierung liegen. Die Sy-
stemumgebung wird zu einer Infor-
matikumgebung: Digitale Bilder
sind auf unterschiedlichste und fle-
xibelste Weiterverarbeitungs-Mög-
lichkeiten in einer EDV-Umgebung
angelegt. Sie können sofort ausge-
druckt, projiziert, aufgezeichnet und
in speziellen Layout-Programmen

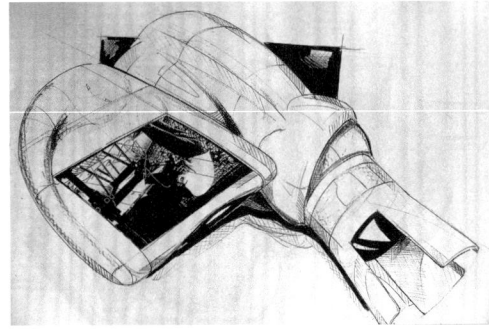
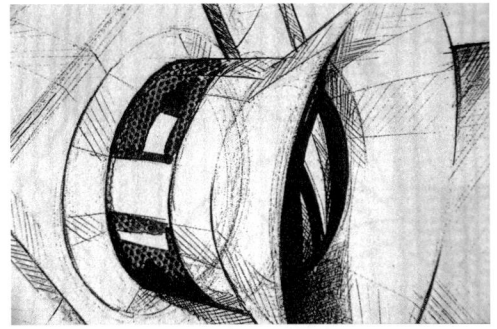

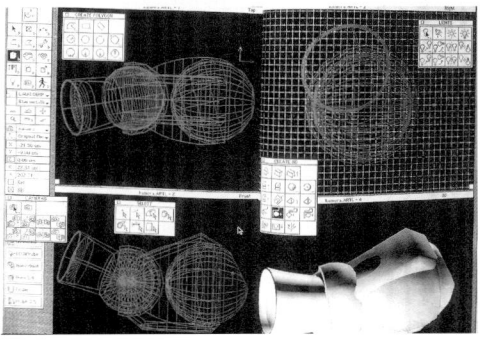

Abb. 17 – 20. Design ist komplex: Beispiel einer Digitalen Studiokamera.

Abb. 21 – 22. «Digitale Studiokamera».

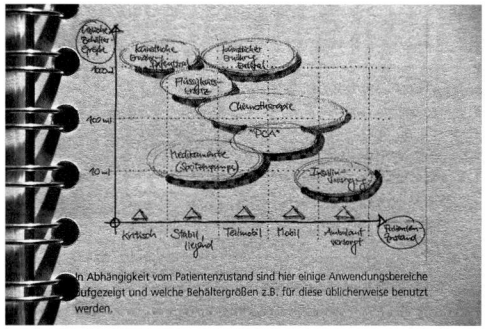

Abb. 23. Design ist komplex: Beispiel einer Diplomarbeit «Mobile Infusionsversorgung» (von Torge Anders, betreut von B. Löbach und H. van den Boom).

manipuliert werden. Im dritten Schritt ging es dann darum, die Vorteile der Digitalisierung für eine ergonomische Modernisierung des *Handling* zu nutzen (Abb. 16). Der digitale Monitor braucht keine starre Verbindung mehr zu den optischen Wegen der Kamera zu haben. Das freiere Handling gestattete im vierten Schritt eine wesentliche Erneuerung der Baugruppen-Topologie (Abb. 17), die anhand vielfältiger einfacher Modelle überprüft wurde (Abb. 19). Die geometrische Endgestalt benötigt eine Darstellung, die den Herstellungsprozeß antizipiert. Hier kommt es darauf an, die Aufgabenlösung in technischen Zeichnungen darzustellen. Darüberhinaus wurde die Lösung mit einem CAD-System ingenieurtechnisch in der dreidimensionalen Computersimulation virtuell realisiert (Abb. 20). Schließlich wurde ein Realmodell 1:1 in Handarbeit angefertigt (Abb. 21 – 22).

Als zweites Beispiel wählen wir die «Mobile Infusionsversorgung» von Torge Anders (Diplomarbeit 1997, bei B. Löbach und H. van den Boom). Es handelt sich hierbei um ein medizintechnisches Thema, unter dem sich ein Laie wohl zunächst schwerlich etwas vorstellen kann. In der Tat ist die Fragestellung so spezifisch, daß sie von einem Arzt der medizinischen Hochschule Hannover (Dr. P. Werning) fachlich mitbe-

treut werden mußte. Durch Infusion werden Flüssigkeiten in das Kreislauf-
system des Patienten eingeleitet, z.B. Blutersatz, Medikamente, künstliche Ernährung. Maßnahmen dieser Art sind auch im mobilen Bereich nötig. Die Pro-
blemlösung, die T. Anders vorstellt, gehört zur Hightech-Medizin. Im Zentrum steht ein Datenverarbeitungssystem zur automatischen Optimierung der
Dosierung. Von hier aus ordnen sich die übrigen Systemelemente ein, wie:
Reservoir, Zufuhrelement, Pumpmodul, Dosierungsmodul, Zugangselement,
Katheter, Halterungselement. Die Hauptschwierigkeit für einen solchen Entwurf bilden die extrem hohen Sicherheitsanforderungen. Das System muß «nar-
rensicher» sein. Dies erfordert eine behutsame Würdigung auch des kleinsten
Details! (Abb. 23 – 27)

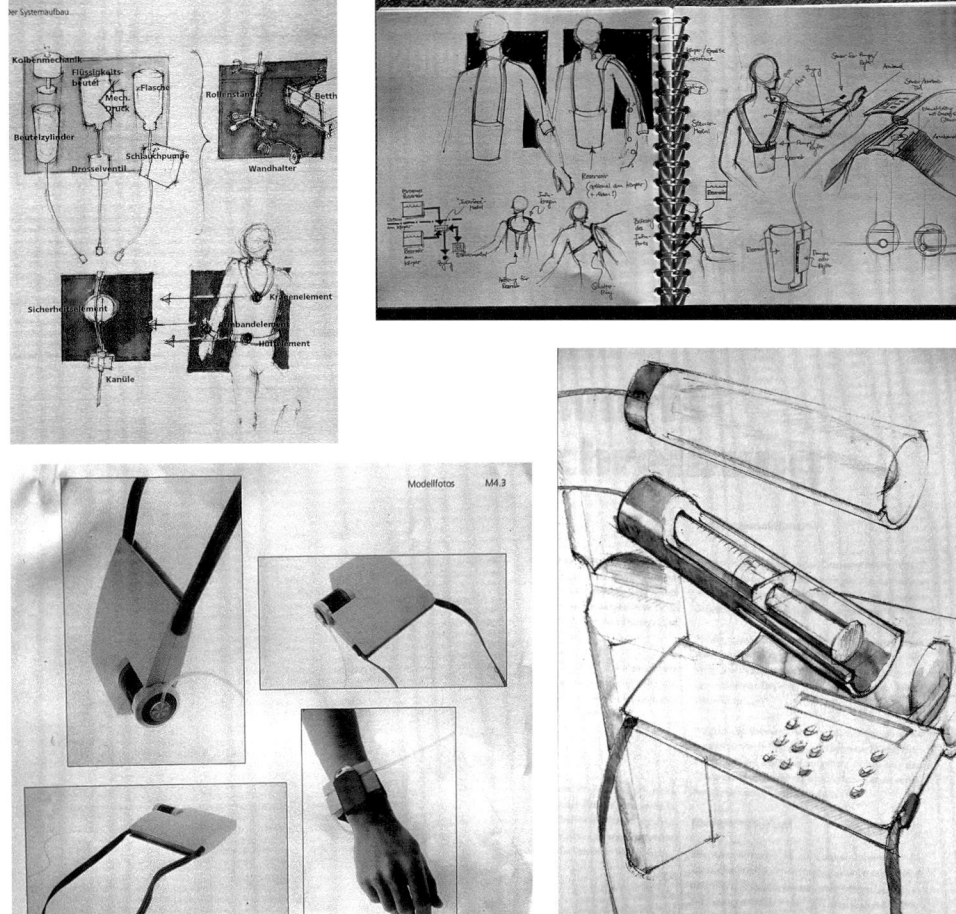

Abb. 24 – 27. Design ist komplex: Beispiel einer Diplomarbeit «Mobile Infusionsversorgung».

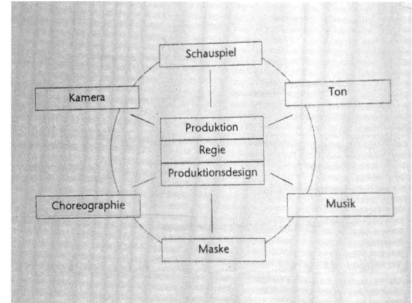

Unser drittes Beispiel stellt die Arbeit von Daniela Schulten «Mediengestaltung: Filmdesign» dar (Diplomarbeit 1997, bei H. van den Boom und H. Korte). Auch ein solches Thema fällt noch in den Rahmen des Industrial Designs – denn Kinofilme sind heute Industrieprodukte. Hier ergibt sich die Aufgabe des *production design*, inzwischen eine wohletablierte Sparte in der Filmbranche. Was beinhaltet das Produktionsdesign? Es handelt sich darum, dem Film ein kohärentes Erscheinungsbild zu verleihen, so daß der Film wie aus einem Guß wirkt. Dies umfaßt grafische Elemente, Farb- und Beleuchtungs-Stimmungen, Ausstattungsgegenstände, Kostüme und Szenarien. All diese Dinge sollen dem Film eine zusammenhängende Gestalt verleihen, alles muß aufeinander bezogen sein. Die besondere Schwierigkeit liegt in der Vieldimensionalität und Heterogenität der angesprochenen Bereiche; die Schrift des

Abb. 28 – 32. Design ist komplex: Beispiel einer Diplomarbeit «Mediengestaltung: Filmdesign» (von Daniela Schulten, betreut von H. van den Boom und H. Korte).

Filmvorspanns sollte dieselbe sein wie das Reklameschild des Taxis, in dem die Liebesszene stattfindet. Die Produktion einer Kaffeekanne realisiert bloß das Design der Kaffeekanne; die Realisierung des Films durch die Regie folgt aber nicht nur dem *production design*, sondern möglicherweise noch ganz anderen künstlerischen Gedanken. Das Produktionsdesign muß also während der Filmherstellung weiterentwickelt werden. Die Arbeit von D. Schulten bezieht sich auf einen Spielfilm mit dem Titel «Glück», der von einer Gruppe von Diplomanden der Hochschule für Medien in Köln produziert wurde (Abb. 28 – 32).

Design ist komplex, das bedeutet also, Design hat ein breit gefächertes Spektrum von Problemen vorliegen, die jeweils für sich auch noch eine große Tiefendimension aufweisen können. Unter solchen Umständen vermag der Designer nur dann für jedes Problem der Gestaltungsexperte zu sein, wenn seine Methode zur Lösung des Problems mit *Komplexität* umgehen kann.

Infobox 2: Komplexität

Komplexität ist ein Schlagwort unserer Zeit geworden. Das liegt natürlich zum Teil daran, daß die Umwelt des Menschen tatsächlich täglich komplexer wird, wie wir alle wissen. Andererseits ist die Wissenschaft erst seit neuestem in der Lage, das Problem der Komplexität definitorisch überhaupt in den Griff zu bekommen. Komplexität ist nämlich ein Phänomen, das man früher als eigenständige Fragestellung gar nicht verstanden hat, man verwechselte Komplexität mit Kompliziertheit. Etwa so: Drei Billard-Bälle kann die Physik in ihrem Verhalten ganz gut beschreiben; wenn es aber so viele sind, wie es Sandkörner gibt am Strand, so wird die Sache natürlich maßlos kompliziert, jedoch nicht wesentlich anders, das heißt nicht komplexer! Komplizierte Systeme sind solche, die viele einzelne Elemente enthalten; unter diesem Gesichtspunkt ist eine mechanische Taschenuhr kompliziert. Das *Verhalten* der Taschenuhr hingegen ist relativ einfach. Ein System ist komplex, wenn es sich auf vielfältige und unvorhersehbare Weise verhalten kann, gleichgültig, wieviele Einzelteile es enthält. Die Situation einer Babysitterin, die auf ein einziges Kind aufzupassen hat, ist komplex, weil sie nie vor Überraschungen sicher sein kann...

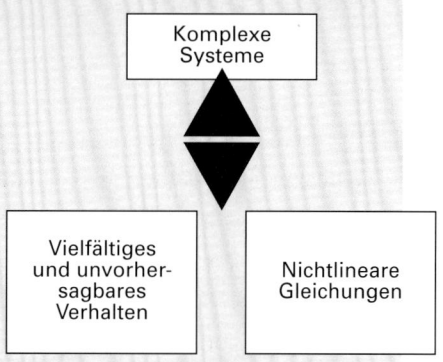

Der Begriff Komplexität bezieht sich auf komplexe Systeme. Ein System ist komplex, wenn es zwar «deterministisch» – d.h. im Ablauf vollkommen festgelegt – ist, jedoch sein Verhalten dennoch unvorhersagbar bleibt. Solche Systeme bezeichnet man auch nach dem Typ der Gleichungen, die ihr Verhalten beschreiben, als nichtlinear.

Der amerikanische Physik-Nobelpreisträger (1969) Murray Gell-Mann (geb. 1929) hat sich von der Physik her mittlerweile den Fragen der Komplexität zugewandt. Für ihn ist Komplexität die Wissenschaftsfrage des 21. Jahrhunderts. Wir denken, daß die Lektüre seines Buches *Das Quark und der Jaguar* ein «Muß» für Designer ist, ebenso wie das Buch von Roger Lewin, *Die Komplexitätstheorie*. Murray Gell-Mann hat über Komplexität etwas gesagt, was für Designer sehr aufschlußreich sein könnte: «Oberflächen-Komplexität erwächst aus Tiefeneinfachheit.» (Lewin, *a.a.O.*, S. 27.)

Eine kleine Arbeitsumgebung

7. Womit fängt alles an?

«Im Anfang war das Wort», so steht es in der Bibel. Gott sprach, «Es werde Licht!», und es ward Licht. Das ist Design als Schöpfung aus dem Nichts, ersichtlich ohne jeden vorangehenden Entwurf. Designer sind nicht gottähnlich,

H. Schulz, *Physik mit Bleistift*

«Man *macht* Physik. Ich sitze am Schreibtisch und habe einen bestimmten Naturvorgang vor Augen, den ich begreifen will. Also beginne ich zu *malen*. Das ist gut. Wir haben das Malen nicht unmittelbar per Darwinscher Auslese erworben. Es ist also etwas Anstrengung nötig, das Angemessene auch wirklich zu tun. Skizzen sind hilfreich. Sie sind fast immer verbesserungsbedürftig. Also nehme ich nicht den Füllfederhalter (habe auch gar keinen), sondern mache es *mit Bleistift*.»

«Das Papier, auf das Sie schreiben, ist *unliniert*. Der Leser kann sich (und seinem alten Schullehrer) leicht klar machen, wie sehr Kästchenpapier unserer Arbeitsweise widerspricht. Die Welt ist nicht kariert, Schablonen aller Art schaden uns.»

Zitate aus Seite VII des wunderbaren Buches *Physik mit Bleistift* von Privatdozent Dr. Hermann Schulz, Institut für Theoretische Physik der Universität Hannover: Besser kann man es nicht sagen!

Designer machen Entwürfe. Einen Entwurf aber macht man nicht im Kopf. Man braucht eine Unterlage, auf der der Entwurf festgehalten wird (die «Darstellungsebene»). Wir verschaffen uns einen Stapel Papier und einen Stift. Das genügt für den Anfang. Ein veritables Designstudio enthält selbstverständlich ein paar Sachen mehr, wie z.B. ein Telefon, einen Computer, ein Bücherbord, einen Schreibtisch, eine Werkbank, einen Diaprojektor, eine Videokamera, einen Kopierer – und eine Kaffee-

maschine. Der Anfänger im Design hat natürlich kein Designstudio, er kauft sich erst einmal sein Designstudio fertig im nächsten Papierladen: ein schlichtes Buch mit vielen leeren weißen Seiten ohne Linien, ohne Karo – das *Arbeitsjournal*.

Das Arbeitsjournal ist das Ministudio des beginnenden Designers. *Arbeits*journal heißt es deswegen, weil es der Raum ist, in dem die Arbeit zur Erscheinung kommt – sagen wir kurz: wo alles, was der beginnende Designer tut, um Designer zu werden, aufbewahrt wird. Ein Zettelkasten wäre natürlich eine Alternative, aber fliegende Blätter geraten leicht durcheinander und sind in der Regel zu kleinformatig für Zeichnungen. Überdies registrieren sie nicht die Arbeit in ihrer Chronologie. Und darum auch heißt das Arbeitsbuch Arbeits*journal*, weil es nämlich täglich geführt wird und über Tag alles aufnimmt, was der Designer tut, genau wie ein richtig großes Studio. Wir sagten: alles, unterstreichen und meinen *alles*! Das Arbeitsjournal ist ein Tagebuch, in dem alles so registriert wird, wie es zum Anlaß geworden ist. Vergleichbar

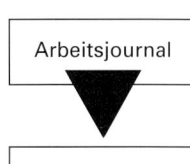

Arbeitsjournal

Ministudio /
Darstellungs-
ebene

Arbeits-
Dokumen-
tation

Chronolo-
gische
Gedanken-
Entwicklung

ist es dem Tagebuch des Schriftstellers, dem Logbuch eines Kapitäns, dem Protokollbuch eines Forschungsreisenden, dem Skizzenbuch eines Künstlers. Denn all dies ist der Designer auch!

Zensur wird nicht geübt! Wir alle kennen das Anfangsproblem: Wir haben unseren Schreibtisch schön aufgeräumt, den Bleistift gut gespitzt und sitzen jetzt vor einem gähnend leeren Blatt Papier, ohne Linien, ohne Rechenkästchen, und wollen anfangen, kreativ zu sein. Aber wir können nicht, wir sind blockiert. Alles, was uns in den Sinn kommt, ist uns für den Anfang nicht gut genug. Wir üben Zensur. Der Zensor in uns hindert uns daran, anzufangen. Einem Studenten, der sich in dieser Lage befand und dem Professor gequält bekannte: «Mir fällt nichts ein», sagte der Professor: «Nehmen Sie diese Aussage als Anfang und notieren Sie sie, dann fahren Sie fort und verbessern Sie sie». Ältere Autoren nannten deshalb ihr Arbeitsjournal auch gern «Schmier- und Sudelbuch», weil darin ohne Schüchternheit und in voller Ehrlichkeit niedergelegt wird, was dem Eigner des Buches in den Sinn kommt. Alles andere sind Korrekturen und Verbesserungen. Schöne Gedanken, die wir nicht gleich notieren, sind meist verloren. Unschöne Gedanken, die wir notieren, sind immerhin Gedanken, die man noch verbessern kann.

Wir haben unser Arbeitsjournal immer dabei. Es liegt neben dem Kopfkissen und begleitet uns auf Reisen. Wer damit anfängt, ein Arbeitsjournal zu führen, welches das ganze Leben begleitet, hat bereits eine typische Lebenshaltung von Designern angenommen. Der Wert einer Reihe von Arbeitsjournalen im Bücherbord ist ein unschätzbarer Reichtum!

Abb. 33. Rembrandt im Kreis seiner Schüler, eine zeitgenössische Darstellung.

Abb. 34. Rembrandt, *Der Künstler in der Werkstatt.*

Infobox 3: Atelier

Das französische Wort «Atelier» bedeutet Werkstatt. Die Werkstatt ist der Arbeitsraum des Handwerkers, zu denen im Mittelalter noch die Maler und Bildhauer zählten. Als sich deren Vorstellung vom Handwerk allmählich entfernte, benutzten sie das Fremdwort Atelier.

Das Atelier des Künstlers, wie es heute verstanden wird, ist der Raum, in dem die Arbeit des Künstlers sich vollzieht. Das Atelier hat sich von der Werkstatt entfernt und seit der Renaissance dem Begriff der Akademie angenähert, jener Akademie, die einst Platon gegründet hatte. Das Atelier barg immer ein auratisches Geheimnis, weil sich durch Kenntnis des Atelierlebens das Werk eines Künstlers besser verstehen läßt. Rubens (1577 – 1640) machte aus seinem Atelier geradezu eine Fabrik, in der er zahlreiche Genremaler beschäftigte. Nur wenige seiner Werke sind von ihm allein geschaffen. Andererseits verstand etwa Rembrandt (1606 – 1669) sein Atelier als Forschungslabor und Theaterbühne; er veranstaltete Theaterinszenierungen als Bildvorlagen. Seine Bilder zeigen oft eigenartige Gegenstände, die er für sein Ateliermuseum gesammelt hatte. Schon Leonardo, zweihundert Jahre früher, beschrieb in seinem *Trattato della pittura* wie ein Maleratelier ausgerüstet werden sollte, um optimale Arbeitsbedingungen für den Künstler zu schaffen. Doch sogar im 20. Jahrhundert beschreibt der surrealistische Maler Salvador Dalí (1904 – 1989) in seinem Buch *50 Secretos mágicos para pintar* (50 magische Geheimnisse des Malens), welche Form das Atelier haben sollte und in welcher Umgebung es sein müßte. Der Bildhauer Auguste Rodin (1840 – 1917) ließ seine Werke in unterschiedlichen Stadien fotografieren, häufig in der dafür eigens inszenierten Atelierumgebung; er begriff diese fotografischen Bemühungen als wesentlichen Bestandteil seiner künstlerischen Arbeit.

Ursprünglich bildeten die Künstler ihren Nachwuchs in ihren Werkstätten aus. Der Lehrling lebte und arbeitete in der Werkstatt des Meisters. Leonardo da Vinci führte jedoch eine andere Auffassung herbei. Er gründete in Mailand eine von ihm als Akademie bezeichnete Einrichtung, um sich dem schon etablierten Begriff der Akademie seit Platon zu nähern. In diesem Akademie-Atelier als Malerschule hob sich

Akademie nach Platon

Platon (428 – 347 v. Chr.), griechischer Philosoph von unsterblichem Ruhm. Er begründete in einem Waldstück bei Athen, benannt nach dem Heros Akademos, seine «Akademie». Dort wurden philosophische Themen besprochen, gelehrt und gelernt. Der nach ihm benannte «Platonismus» bedeutet, daß *Formen* als zeitlos ideal angesehen werden können.

Diego Rodríguez de Silva y Velázquez (1599 – 1660)

in Sevilla geboren und in Madrid gestorben. Velázquez war Lehrling Pachecos. In dem Vertrag, den Velázquez' Vater mit dem Maler Pacheco abgeschlossen hatte, kann man lesen, daß Pacheco sich verpflichtet, Velázquez in der Malkunst auszubilden, außerdem muß Pacheco Velázquez mit Wohnung, Essen, Trinken, Kleidung, Schuhen und medizinischer Unterstützung – wenn die Krankheiten nicht länger als zwei Wochen dauern – versorgen. Dafür verpflichtet sich Velázquez, als Lehrling und, in gewisser Weise, auch als Diener zu arbeiten. Trotz dieser Art seiner Ausbildung versteht Velázquez sich später als Maler in einem prägnant modernen Sinn.

In *Las Meninas* (1656) stellt Velázquez sich selbst auf die Bühne des Bildes, das er malt; Velázquez erscheint in seinem Ateliersaal als der Maler des Königshofs. Er zeigt den Raum, in dem er arbeitet – sein Atelier –; es handelt sich um einen Saal mit hoher Decke; an den Wänden hängen Gemälde. Durch dieses Selbstporträt des Malers erhält der Beschauer das Gefühl, er werde eingeladen, den Bildraum zu betreten. Die Tiefe des Bildes wird durch die vordergründig angeschnittene Maler-Leinwand geschaffen, ähnlich einer Seitenkulisse auf der Bühne des Theaters. Velázquez versetzt das ganze Hofleben in das Maleratelier, wie wenn dieses seine angemessene Bühne wäre. So verschwindet der Betrachter als bloß äußerlicher «Leser» des Bildes; die Perspektive bezieht in Zukunft bildräumlich den Standort des Betrachters mit ein. Die Perspektive transformiert die dreidimensionale Welt in die Zweidimensionalität der Darstellungsebene durch eine geometrische Konstruktion; den empirischen Beweis liefert die *camera obscura,* deren Prinzip Brunelleschi (1377 – 1446) benutzt hatte, um die Richtigkeit seiner perspektivischen Aufrisse augenfällig zu demonstrieren.

Leonardo bewußt von den mittelalterlichen Gebräuchen ab, weil seine Akademie wissenschaftlichen Unterricht erteilte, weil Geometrie, Perspektive, Anatomie, Akt, u.a. einbezogen wurden. Leonardos Sprachgebrauch setzte sich durch, zuerst in der berühmten Accademia di San Luca in Rom (1577), die ab 1600 einen geregelten Lehrbetrieb hatte. Von da ab gab es viele Kunstschulen in ganz Europa mit dem Namen Akademie.

Die akademischen Künstler wurden bald wie Gelehrte anerkannt, die im Atelier ihre «Studien» betreiben. Seit der Renaissance experimentiert der Künstler wissenschaftlich in seinem Atelier; seine Werke beinhalten nicht nur ein handwerkliches Können; sie sind jetzt das Produkt einer Forschung. Der Werkstatt-Raum ist Forschungslabor und Theaterbühne geworden. Der Maler übernimmt die Rolle des Hauptschauspielers seines Ateliers. Das Atelier ist die Bühne, auf die der Zuschauer einen neugierigen Blick werfen darf. Das weltberühmte Dokument einer solchen Einstellung ist das Bild *Las Meninas* des Spaniers Diego Velázquez.

Die Atelierkultur beinhaltete einen objektivierten Arbeitsprozeß auf der Darstellungsebene. Es gibt allerdings einen Gegenentwurf zu dieser Atelierkultur: eine Kunst der puren subjektiven Expression. Der rein «expressionistische» Maler drückt seine Innenwelt aus, kümmert sich aber im Extremfall nicht um die Außenwelt. Eine rein subjektivistische Kunst bedarf keines Ateliers, weil es auf der Darstellungsebene keinen Forschungsprozeß gibt. Wenn die moderne Kunst der Atelierkultur nicht mehr bedarf, so ist sie doch im Designbereich erhalten geblieben. Designer als Forscher auf der Darstellungsebene sind die eigentlichen Erben der alten Atelierkultur. Design wäre daher mißverstanden, wenn man es als bloßen Ausdruck von Subjektivität auffaßte. Für das Design sind die Aktivitäten eines Studios konstitutiv. Design ist immer ein Stück Außenwelt-Erschließung und nicht eine bloße Kommunikation über innenweltliche Zustände und Befindlichkeiten.

Abb. 35. Diego de Silva y Velázquez, *Las Meninas.*

8. Beginn mit dem Arbeitsjournal

Das Arbeitsjournal als Bestandteil seiner Atelierkultur ist das *Gedächtnis* des Designers. Ebenso, wie man Design nicht aus dem Handgelenk schütteln kann und darf, kann man den Entwurf nicht im Kopf abwickeln. Was der Designer braucht, ist ein Ort, an dem der Entwurf niedergelegt, weiterentwickelt und korrigiert werden kann, wo der Entwurf seine «Derivationsgeschichte» hat. Eine nüchterne Beschreibung des Arbeitsjournals wäre: ein Heft zum Notieren. Was notieren? Alles. Was heißt alles? Das Wichtige *und* das Unwichtige. Wir schlagen vor, daß der Leser bereits jetzt ein solches Heft zur Hand hat und sich bei der Lektüre dieses Buches Notizen macht in schriftlicher und visueller Form. Das Arbeitsjournal ist ein «portables Studio». Wer ein solches Arbeitsjournal führt, hat schon angefangen, ein Designer zu sein. Das Arbeitsjournal entwickelt sich zu einem visuellen Spiegel des Arbeitslebens des Designers. Mit seinem Taschen-Atelier macht sich der Designer zum Designer. Ein Einfall, eine Beobachtung, eine Reflexion, eine Skizze, heute notiert, kann Jahre später nützlich werden. Aber das Wichtigste, zu dem das Arbeitsjournal uns zwingt, ist die *Übung*. Die Übung nämlich, zu lernen, sich auszudrücken, sei es mit Worten, sei es mit dem Zeichenstift. Design, das nur im Kopf stattfindet, verstopft den Kopf und läuft auf eine impotente Geste hinaus.

Inhalt des Arbeitsjournals

Visueller Spiegel des Arbeitslebens

Beobachtungen

Skizzen, Fotos

Reflexionen

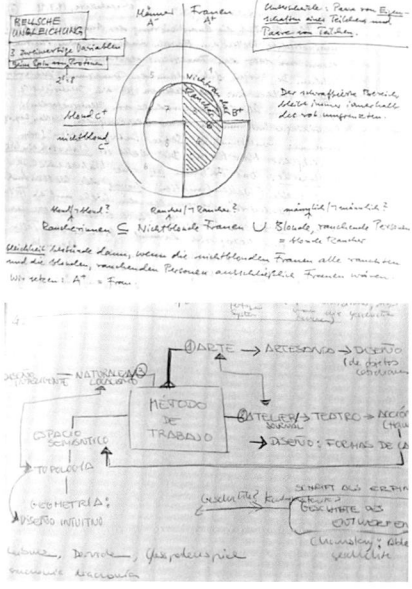

Abb. 36 – 37. Ausschnitte aus Arbeitsjournalen der Autoren.

Also, wir öffnen das Buch, schreiben das heutige Datum hinein und zeichnen das erste Objekt, das uns vor Augen kommt. Egal, ob gut oder schlecht gezeichnet, wir haben einen Anfang gemacht. Alles ist eine Frage der Zeit. Unser Maßstab wird sein, ob wir unter dem Datum des morgigen Tages eine bessere Skizze im Heft haben oder nicht. Wenn nicht, dann vielleicht übermorgen. Auch ein Violinist muß täglich üben. Übung kann man nicht verschieben! Wer ohne Übung Designer sein möchte, glaubt offenbar an göttliche Eingebung. Wenn ein solcher Kandidat mit seinen spontanen Einfällen Geld verdienen kann, wohlan, dann verabschieden wir uns

von ihm, wir können ihm nicht weiter nützlich sein. Die anderen von uns nehmen ihre Geige (Bleistift und Papier) zur Hand und üben. Können Sie aus dem
Gedächtnis eine Zange zeichnen? Bitte, tun Sie es und vergleichen Sie Ihr Ergebnis mit der Realität. Beobachten Sie genau und beschreiben Sie (im Heft
natürlich) was Sie *falsch* gemacht – aber auch, was Sie richtig gemacht haben.
Sie dürfen sich selbstverständlich loben! Und nun zeichnen Sie noch einmal
die Zange ab, die jetzt vor Ihnen liegt.

Eine Anekdote erzählt von dem berühmten Biologen Louis Agassiz, daß er
eines Tages seinem Doktoranden einen frisch verstorbenen Fisch zeigte und
ihn hieß, den Fisch zu beschreiben. Der Student schnurrte sofort den lateinischen Namen des Fisches herunter und wollte sich
gleich wieder anderen Dingen zuwenden. Doch
Agassiz verlangte, er solle den Fisch beschreiben. Die
Anekdote berichtet, daß der Fisch sich nach drei Wochen im fortgeschrittenen Stadium der Verwesung

Louis Agassiz (1807 – 1873)

amerikanischer Naturwissenschaftler
schweizerischer Herkunft, der insbesondere herausragende Arbeiten über fossile
Fische lieferte, wobei er fleißig zeichnete.

befand, aber der Student wußte jetzt etwas über ihn. Designer, die *sehen* lernen
wollen, tun am besten erst einmal beiseite, was sie *wissen*! (Oder zu wissen
glauben.)

Leonardo da Vinci, den wir hier nur kurz nennen, um ihn später noch zu
unserem großen Lehrmeister zu erheben, sammelte mit vierzehn Jahren tote
Vögel von der Straße auf und zeichnete sie, ins Detail gehend. Sein Vater, der
eines Tages sein Zimmer betrat, fiel fast in Ohnmacht von dem Gestank, der
das Zimmer erfüllte.

Zeichnen lernen kann jeder, der mit Forschergeist zeichnet. Wer nicht neu-
gierig ist, zu wissen, wie die Dinge sind, kann auch nicht zeichnen lernen.
Ohne Forschergeist stümpert der Zeichner nur an Effekten herum.

Das Arbeitsjournal begleitet uns in den Urlaub, beim Kaffeetrinken mit der
Oma, zu jedem Kongreß, in die Disko und beim Fahrradfahren (es gibt immer
eine Landschaft, die man schnell skizzieren muß). Wir haben unser Miniatelier
beim Einkaufen dabei, beim Sport, beim Ausflug mit Freunden, beim Aufstieg
in die Berge, im Zug, zu Hause oder am Strand. Es ist einfach überall dabei.
Wer Sporttaucher ist, sollte es auf jeden Fall unter Wasser mitnehmen! Der
Designer ist immer im Dienst, 24 Stunden am Tag. Wer nach dem ersten Mo-
nat in seinem Arbeitsjournal blättert, wird dies als große Belohnung empfinden. Es gibt Leute, die nach dem Urlaub ihre Reisetickets ins Urlaubstagebuch
einkleben. Diese Leute sind, ohne es zu wissen, Designer. Eine der wichtigsten
Tätigkeiten des Designers ist das Sammeln – und die Überführung seiner
Sammlung in das Arbeitsjournal. Design ist also nicht ein Beruf mit Freizeit,
Design ist ein Lebensstil, zu dem man sich irgendwann einmal entschließt, mit
allen Konsequenzen.

Infobox 4: Leben als Projekt

Dem Leser, der Leserin wird aufgefallen sein, wie sehr wir betonen, daß Design als Beruf eine Ausformung der Persönlichkeit bedeutet, dies viel mehr noch als eine Aneignung von Techniken und Methoden. Wir möchten in diesem Zusammenhang an den großen spanischen Philosophen José Ortega y Gasset erinnern, der sich unübertrefflich über das Leben als Projekt geäußert hat, besonders in seinen sehr lesenswerten *Betrachtungen über die Technik*.

Die Grundtatsache des menschlichen Lebens ist nach Ortega, daß das Leben in jeweilige *Umstände* eingebettet ist. Der Mensch ist zunächst einmal identisch mit den Umständen, unter denen er sein Leben vorfindet. Die Umstände beinhalten eine begrenzte Vielfalt von Möglichkeiten. Unsere Möglichkeiten zu aktualisieren ist nach Ortega die eigentliche Aufgabe unseres Daseins. Es gibt nach ihm kein größeres Leiden als das Ungenutztlassen von Möglichkeiten. Aber die Möglichkeiten kann man nicht punktuell aktualisieren, dies ergebe keinen *Sinn*. Die Nutzung unserer Möglichkeiten muß sich ein Thema erfinden, unser *Lebensprojekt*. «Und genau dieses erfundene Leben, erfunden, wie man einen Roman erfindet oder ein Theaterstück, ist das, was der Mensch ein humanes Leben nennt, Wohlergehen.» (*Meditación de la técnica*, S. 32, Übers. der Autoren) Seine wichtigsten Kernsätze, die man ruhig mehrmals durchdenken sollte, sind folgende:

José Ortega y Gasset (1883 – 1955)

berühmtester spanischer Philosoph der jüngeren Vergangenheit, der einen großen Einfluß auf die internationale Diskussion der Gegenwart hat. Professor für Metaphysik in Madrid. Ging aus von der deutschen Schule der Phänomenologie, schrieb u.a. *Aufstand der Massen* und *Betrachtungen über die Technik*, Werke, die auch gegenwärtig noch von allerhöchstem Interesse sind – Pflichtlektüre für Designer!

«Von hier aus ist klar, daß der Mensch – sein Dasein in der Welt –, nicht ein passives Dasein ist, sondern daß er gezwungenermaßen und fortwährend kämpfen muß gegen die Schwierigkeiten, die sich ihm entgegenstellen, damit er einen Heimatplatz in der Welt findet.» (*Ebd.*, S. 34.)

«Sagen wir also, daß dem Menschen die abstrakte Möglichkeit zu existieren gegeben ist, aber nicht deren Realität. Diese muß er erobern, Minute auf Minute: Der Mensch muß, nicht nur ökonomisch, sondern metaphysisch, sein Leben verdienen.» (*Ebd.*, S. 34.)

«Wenn wir ein wenig überlegen, finden wir, daß das, was wir unser Leben nennen, nichts anderes ist als der Drang, ein bestimmtes Projekt oder Programm der Existenz zu realisieren. Und unser ‹Ich›, jedes einzelnen von uns, ist nichts anderes als dieses imaginäre Programm. Alles, was wir tun, tun wir im Dienste dieses Programms.» (*Ebd.*, S. 35.)

«Die grundlegende Krankheit unserer Zeit besteht in einer Krise der Wünsche und es scheint, daß die ganze fabulöse Potenz unserer Technik uns eigentlich zu nichts nutzt […]. Der Mensch der Gegenwart weiß nicht, was er ist, ihm fehlt die Einbildungskraft, den Grund seines eigenen Lebens zu erfinden.» (*Ebd.*, S. 40.)

«Sehen wir nur die eigenartige Ängstlichkeit, die den Neureichen befällt. Er hat alle Möglichkeiten in der Hand, das Ziel seiner Wünsche zu erreichen, aber er befindet sich in der mißlichen Lage, nicht zu wissen, was er wünschen soll. In seinem tiefsten Grunde muß er sich eingestehen, daß er sich gar nichts wünscht, daß er von sich aus unfähig ist, seinen Appetit auf etwas zu lenken und sich zu entscheiden zwischen den zahllosen Sachen, die seine Umwelt ihm anbietet. Darum sucht er ein Mittel der Orientierung, und er findet es in den vorherrschenden Wünschen der meisten. Daher kauft er sich als erstes ein Automobil, ein Pianola und ein Grammophon. Er hat auf die Anderen abgewälzt, für ihn zu wünschen.» (*Ebd.*, S. 39f.)

9. Historisches Vorbild: Leonardo da Vinci

Wer war also der Typ, dessen Neugierde mit vierzehn Jahren seinen Ekel überwand, totes Getier zu zeichnen? Eines der größten Genies aller Zeiten. Wir erheben uns von den Plätzen: Leonardo da Vinci! Ein Meister, dessen Vorbildlichkeit heute noch so frisch ist, als wäre er unter uns. Was macht Leonardo so großartig? *Daß er als Künstler Wissenschaftler war.* Die Historiker sagen uns im Rückblick, daß die Naturwissenschaft damals nicht in Händen der Gelehrten lag, sondern in Händen der Künstler. Leonardo war der personifizierte Forschergeist. Die Forschung ging ihm über alles. Er war von ihr so besessen, daß er sich oft nicht die Zeit nahm, begonnene und weit entwickelte Werke zu Ende zu führen, weil er dabei nichts Neues mehr lernen konnte (ein Designer mit ähnlicher Intention müßte heute ebenso wie Leonardo seinerzeit aufs Honorar verzichten). Leonardo konnte gar nicht anders, er mußte alles mit dem Zeichenstift und der Schreibfeder registrieren. Was er nicht gezeichnet hatte, hatte er nicht gesehen.

Abb. 38. Leonardo da Vinci, *La Gioconda.*

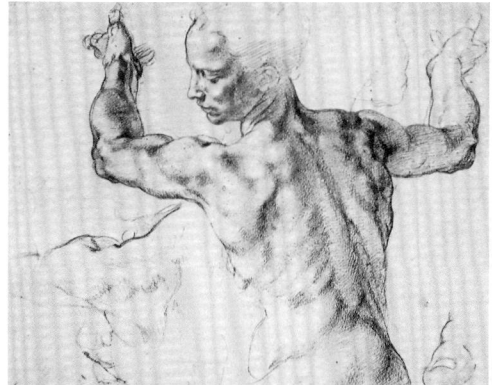

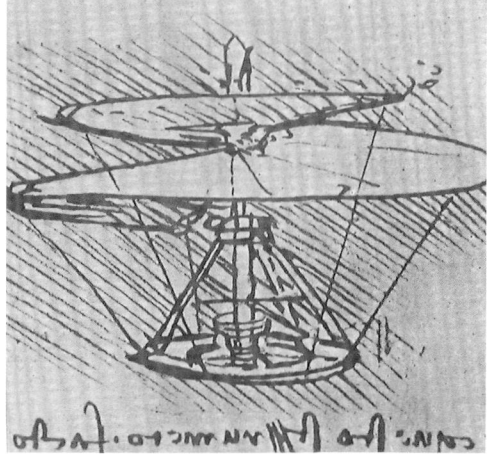

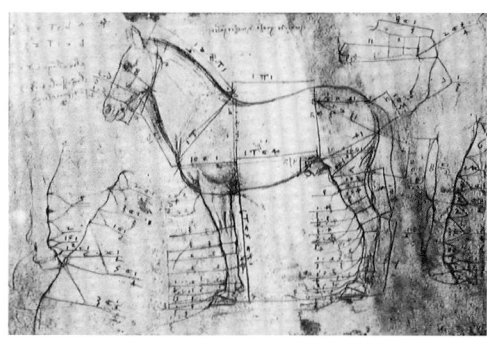

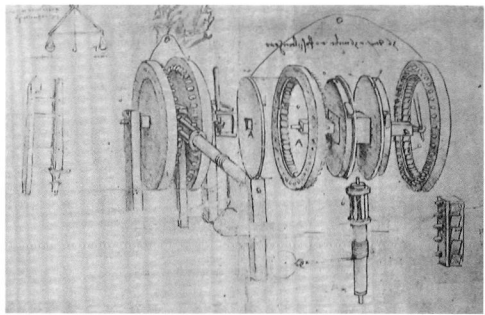

Abb. 39 – 42. Leonardos Studien.

Und wie er sah! Er sah in das Innere der Dinge hinein. Sein Zeichenstift war schon Mikroskop und Röntgenapparat in einem. Leonardos Zeichnung analysierte, legte bloß, und wurde schließlich Erfindung und Entwurf. Im selben Augenblick, da er zu zeichnen versuchte, wie ein Wasserstrudel funktioniert, trat ihm eine Maschine vor Augen, welche die Kraft des Strudels nutzen könnte. Er zeichnete die Maschine als Prinzipskizze direkt neben die sorgsamen Skizzen der unaufhaltsamen Wasserbewegung.

Leonardo hatte den Blick für das Wesentliche, für die Essenz der Sache. Er war der erste, der in großem Maßstab die visuelle Darstellung zu einem Instrument der Wissenschaft machte, buchstäblich zu einem Seziermesser, wie seine anatomischen Studien beweisen. Einer der älteren Zeitgenossen Leonardos hatte eine Vorrichtung erfunden, wie man im Krieg den Feind glauben machen könne, der Wehrturm sei von einer Mannschaft besetzt: Man nehme unsichtbar für den Feind einen Hund, binde ihn an eine Glocke fest und stelle in seiner Nähe, aber unerreichbar, einen Napf mit Fressen auf. Der Hund wird versuchen, an die Nahrung zu kommen und dabei ununterbrochen die Sturmglocke läuten (die Mannschaft sitzt derweil in der Fritten-Bude). Der Autor gab dieser simplen Maschinen-Idee eine visuelle Erscheinungsform: Er zeichnete einen imposanten Turm bis ins Detail jedes Mauersteins – und setzte ein ganz kümmerliches Hündchen dazu! Der Mann hatte einfach keinen Blick für das Wesentliche.

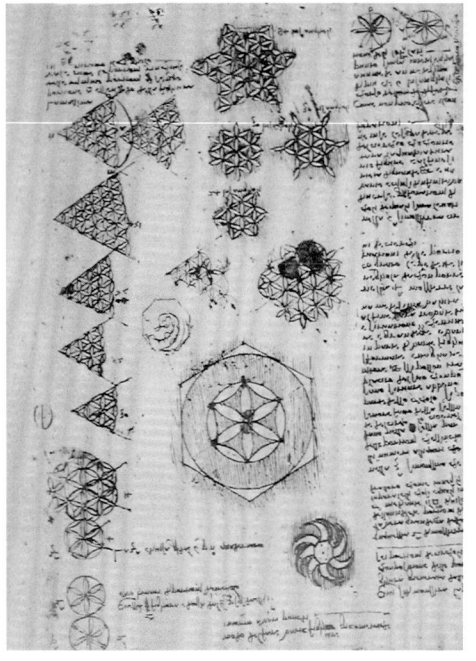
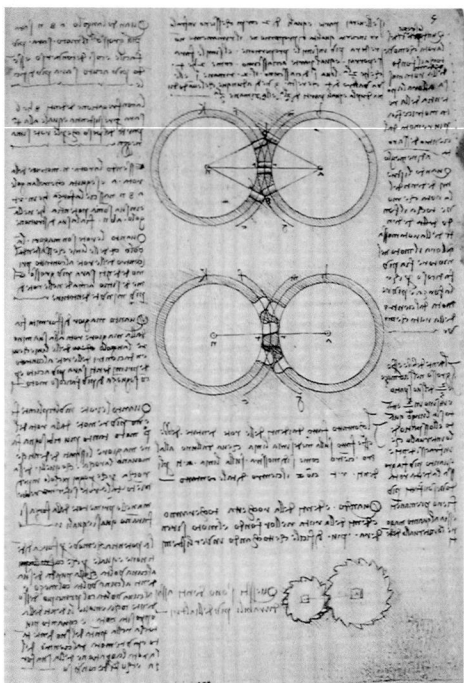
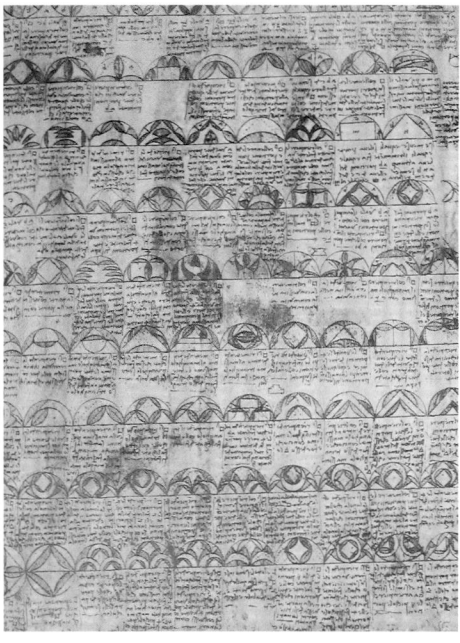
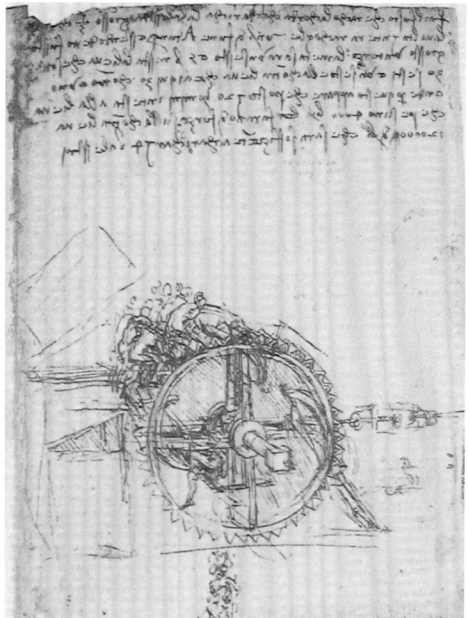

Abb. 43 – 46. Leonardo da Vincis Skizzen zu verschiedenen Themen.

10. Die forschende Zeichnung

Inwiefern war Leonardo als Künstler Wissenschaftler? Ersichtlich wollte Leonardo weniger der Menschheit irgendwelche Botschaften hinterlassen, also etwas Tiefsinniges ausdrücken, als vielmehr *wissen, wie die Welt ist*. Von daher gesehen ist Leonardo mehr Wissenschaftler als Künstler im heutigen Verständnis. Der vorherrschende Wissenschaftstyp des Mittelalters war das scholastische Räsonnement. Die scholastischen Theologen glaubten, sie könnten etwas über die Welt wissen, indem sie einige Grundsätze vorausschickten und alles übrige aus ihnen logisch deduzierten; sie imitierten damit das Verfahren der Mathematik, insbesondere das der euklidischen Geometrie. Leonardo war das genaue Gegenteil eines scholastischen Denkers. Er war der Meinung, man könne nur dadurch etwas über die Welt erfahren, indem man nachschaue, wie sie tatsächlich ist. Dieses Hinschauen, wie die Welt tatsächlich ist, nahm Leonardo ganz und gar buchstäblich! Er war nicht, wie die Scholastiker, an wissenschaftlichen «Aussagen» interessiert, sein Mittel der wissenschaftlichen Darstellung war die *Zeichnung*. Wenn man die Welt so zeichnete, wie sie war,

Scholastik

Das Wort Scholastik kommt von lat. «scholasticus», d.i. derjenige, der in der Schule lehrt. Die Scholastik repräsentiert den größten Teil des philosophisch-wissenschaftlichen Denkens zwischen dem 7. Jh. und dem 16. Jh. Die Scholastik wendet sich nicht an die Erfahrung, sondern an das rein logische Denken.

Die Scholastik versuchte ab dem 12. Jh. die sieben freien Künste (*septem artes liberales*) zu definieren. Sie teilte diese unter zwei Themenrichtungen auf. Die erste enthielt die Künste der Sprache: Grammatik, Dialektik (oder Logik) und Rhetorik; die zweite Richtung enthielt die Künste der Mathematik: Arithmetik, Astronomie, Geometrie und Musik.

Das Mittelalter zweifelte nicht an den künstlerischen Fähigkeiten der Produzenten von Malerei und Skulptur; dennoch wollte man die Malerei weder als liberale Kunst noch als mechanische Kunst betrachten. Die mechanischen Künste waren nach ihrer Nützlichkeit klassifiziert und das Mittelalter zweifelte durchaus an der Nützlichkeit visueller Künste wie der Malerei oder der Skulptur.

hatte man sie verstanden. Die Zeichnung konnte *zeigen*, wie die Welt war; und das war für Leonardo weitaus mehr als zu *sagen*, wie die Welt war. Die Zeichnung konnte offenbaren, darlegen, erklären. Daß die Zeichnung in der Tat dazu fähig ist, aufzuklären, wie die Dinge sind, diese Einsicht und ihren Beweis verdanken wir vor allem Leonardo da Vinci.

Einer, der es ihm später nachtun wollte, war (lehrt die Schule derlei?) Johann Wolfgang von Goethe (1749 – 1832), der große Dichter des *Faust*. Auch Goethe empfand die Notwendigkeit, durch Sehen und Zeichnen des Gesehenen Wissenschaft zu treiben. Die Handzeichnungen Goethes repräsentieren musterhaft den Typ der wissenschaftlichen Zeichnung. Indem er zeichnete, gelangen Goethe einige wertvolle Entdeckungen in der Botanik. Überdies ist er in die Geschichte der Anatomie eingegangen als Entdecker des menschlichen Zwischenkieferknochens («os intermasillare»), eine Entdeckung wiederum, die ihm beim Zeichnen des menschlichen Schädels gelang.

Ein anderer großer forschender Zeichner war der schweizer Maler Paul Klee (1879 – 1940). Freilich wollte er schon nicht mehr zeichnen wie die Welt

ist, sondern, nach seinen eigenen Worten, «parallel zur Natur». Paul Klee zeichnete in der Hoffnung, daß seine Zeichnungen selbst verwandten Gesetzen ge-
horchten wie die Natur. Seine didaktisch konzipierten *Bauhaus-Bücher* sind noch
heute von unschätzbarer Beispielhaftigkeit für Designer.

Infobox 6: Johann Wolfgang von Goethe (1749 – 1832)

Der Dichter des *Faust* ist in Frankfurt geboren und in Weimar, wo er Minister
wurde, gestorben. Wir kennen ihn als «Dichterfürsten» der deutschen Klassik. Er
war ein Mann, der von den Frauen fasziniert war und sie faszinierte. Das Buch, das
er über seine italienische Reise schrieb, rückte Italien nachdrücklich ins Bewußtsein
der Menschen nördlich der Alpen.

Weniger bekannt ist, daß Goethe auch als Naturwissenschaftler große Meriten
erwarb! Seine *Farbenlehre* ist zwar nicht Bestandteil der Physik geworden (hier be-
hielt Newton recht), doch können wir sie heute zur kognitiven Psychologie zählen,
mit bleibenden Einsichten («Auch habe ich gebildete Menschen gekannt, denen es
unerträglich fiel, wenn ihnen an einem sonst grauen Tage jemand im Scharlachrock
begegnete.», J. W. Goethe, «Farbenlehre: Didaktischer Teil», in: *Sämtliche Werke*,
Bd. 16, S. 210). Im Rahmen der von ihm
entwickelten *Metamorphosenlehre*
gelangen ihm sogar einige bedeuten-
de Entdeckungen. Goethe erforschte
den Gestaltwandel bei Pflanzen und in
der Tieranatomie, dabei auf genauen
Beobachtungen und Zeichnungen fu-
ßend. «Die Gestalt ist ein Bewegliches,
ein Werdendes, ein Vergehendes. Ge-
staltenlehre ist Verwandlungslehre.
Die Lehre der Metamorphose ist der
Schlüssel zu allen Zeichen der Natur.»
(J. W. Goethe, «Botanik: Zur Physiolo-
gie der Pflanzen», in: *Sämtliche Werke*, Bd. 17, S. 415)

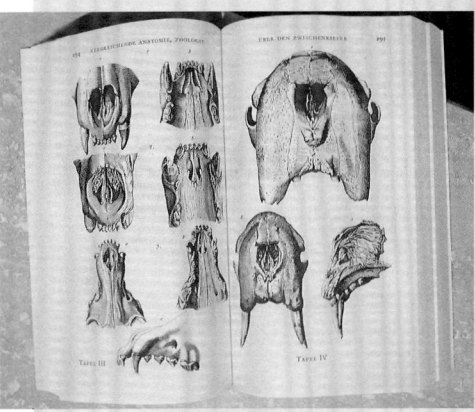

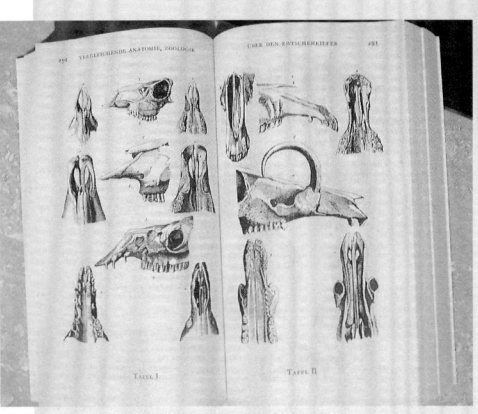

«Die Fortpflanzung wie die Fortset-
zung, welche durch die Entwicklung
eines Organs aus dem andern geschieht, hat uns hauptsächlich in der
Metamorphose beschäftigt. Wir haben
gesehen, daß diese Organe, welche
selbst von äußerer Gleichheit bis zur
größten Unähnlichkeit sich verändern,
innerlich eine virtuelle Gleichheit haben.» (*Ebd.*, S. 112) «Ein jeder, der das
Wachstum der Pflanzen nur einigerma-
ßen beobachtet, wird leicht bemerken,
daß gewisse äußere Teile derselben
sich manchmal verwandeln und in die
Gestalt der nächstliegenden Teile bald
ganz, bald mehr oder weniger übergehen.» (*Ebd.*, S. 22) Goethe studierte

Abb. 47 – 48. Zeichnungen nach wissenschaftlichen Skizzen von
J.W. Goethe.

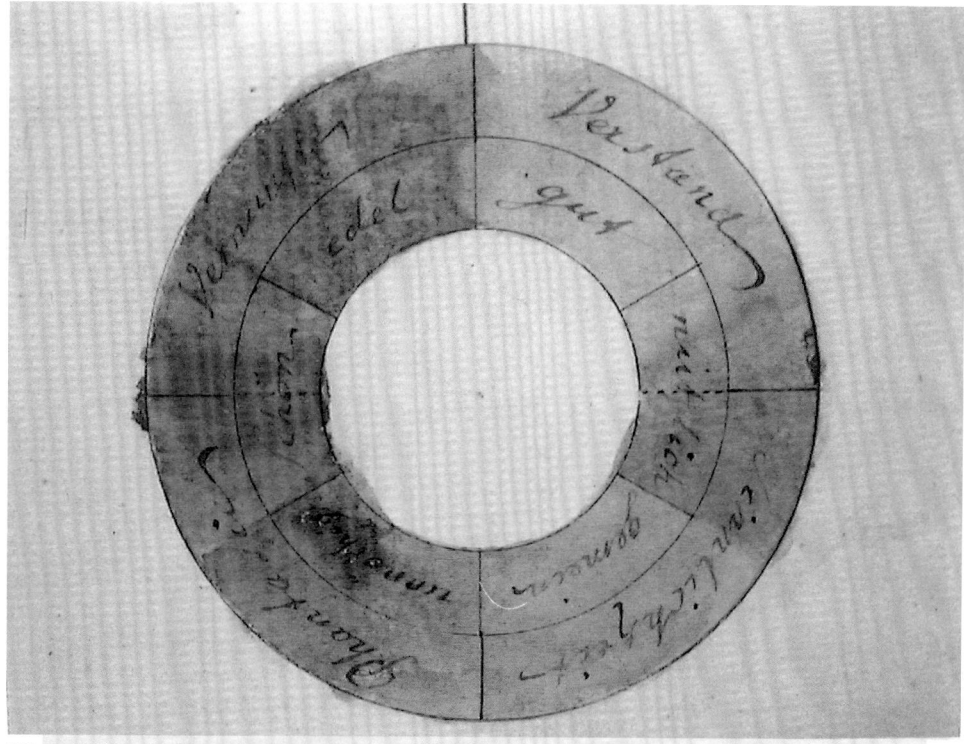

Abb. 49. J.W. Goethe, Skizze aus der Farbenlehre.

auch die Metamorphosen der Insekten und beschäftigte sich mit Zoologie («Verglei-
chende Anatomie, Zoologie»), mit Geologie und Mineralogie («Dynamik der
Gebirgsbildung»), und, was für uns besonders interessant ist: Er hat, wie viele gründ-
liche Beobachter, nicht nur seine Erkenntnisse in Worten beschrieben – obwohl ihm

dies als Dichter nahelag –, er hat sie auch immer wieder visuell durch Zeichnungen dargestellt! Denn, zum Beispiel: «Daß die drei hin-
tersten Knochen des Schädels aus Wirbelkno-
chen abzuleiten seien, läßt sich mit den Augen des Leibes gar wohl erkennen.» (*Ebd.*, S.
198)

Noch heute ist es für Designer sehr anre-
gend, sich mit Goethes Gedanken über *For-
men* und *Formenwandel* zu beschäftigen
(«denn Bild und Wort wetteifern unablässig,
Naturgeschichte näher zu bestimmen», *Ebd.*,
S. 315). Goethe erkannte, daß Formen in der
Natur, anders als vom Menschen entworfene
Formen, stets aus anderen Formen hervorge-
hen und in andere Formen übergehen. Eine
Form existiert in der Natur nur als Phase im
Formenwandel. Insofern Goethe diesen Sach-
verhalt anhand von Zeichnungen erforschte,
ließe sich der Formwandel-Gedanke auch fürs
Design fruchtbar machen.

Abb. 50 – 51. J.W. Goethe, Skizzen.

Abb. 52 – 59. J.W. Goethe, Skizzen.

Infobox 7: Paul Klee (1879 – 1940)

Der schweizer Maler ist in Münchenbuchsee geboren und in Muralto gestorben. Seine Malerei ist wie aus musikalischen Rhythmen geboren – dank seines ausgeprägten musikalischen Talents (er war zeitweise Berufsmusiker). 1920 erreicht Klee ein Ruf von Walter Gropius, am Bauhaus zu lehren. Im Bauhaus sollten die einzelnen Künste nicht isoliert nebeneinander stehen, sondern ihre Wiedervereinigung erleben: Architektur, Bildhauerei, Malerei und Kunsthandwerk. Für das Wintersemester 1921 kündigt Klee eine «Bildnerische Formenlehre» an. Er präsentiert in Gestalt von Übungen durch Zeichnungen und farbige Darstellungen die Natur der Bewegungsfunktionen, der Bewegungshandlungen und Bewegungsformen (siehe: Paul Klee, *Das bildnerische Denken*).

Paul Klee studierte visuell die Natur und ihre Gesetze, weil er in der künstlerischen Produktion seine Werke «parallel zur Natur» heranwachsen sehen wollte. In seinem pädagogischen Skizzenbuch versucht er, eine Sprache der Malerei zu finden, die mit bildnerischen Mitteln eine Welt parallel zur Natur auszudrücken gestatte. Man sieht in seinen Studien, wie er durch vielfältige Konstruktion etwa von Arabesken Naturgesetze und Natur-Rhythmen nachempfinden wollte. Er nimmt sich ein Modul her und beobachtet dann in Zeichnungsvariationen, was sich ergibt, wenn man das Modul verschiebt, spiegelt, dreht und verzerrt. Er kombiniert alle diese Variationen, um neue Formen zu finden (siehe: Werner Haftmann, *Paul Klee. Wege bildnerischen Denkens*). Wie andere Künstler studiert Klee unermüdlich seine Umwelt und notiert die Beobachtungen in experimentellen, höchst prägnanten Skizzen, die nur als Vorstudien seiner Arbeit gedacht sind und nicht als selbständige Kunstwerke. Von Bedeutung für ihn ist die beständige Nähe zur Natur, er will sie nicht einfach nur kopieren oder perspektivisch auf die zweidimensionale Darstellungsebene transformieren, er will, daß die Kunst sich nach ihren eigenen Gesetzen erzeugt, darin verwandt der Natur, die immer neue und unvorhersehbare Formen hervorbringt.

Verschiebung:

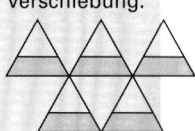

Spiegelung:

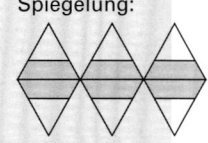

Fraktale Kunst

Die Kunst von Paul Klee folgte den Gesetzen der Natur. Seine Arbeiten erwachsen wie in der Natur durch Selbstorganisation, durch die Gesetze der Nachbarschaft. Klee war ein Künstler der Fraktale. (Siehe van den Boom und Romero-Tejedor, *Arte Fractal. Estética del localismo*, 1998 und van den Boom, Hrsg., *Öffnungszeiten. Papiere zur Designwissenschaft*, 1/96 – 9/99.)

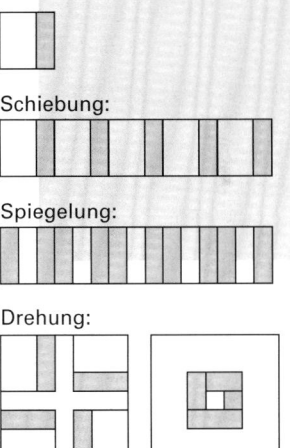

Schiebung:

Spiegelung:

Drehung:

11. Arbeitsjournale in der Praxis

Unsere Studienanfänger sind zuerst oft nicht schlecht überrascht, wenn wir ihnen zumuten, im Geiste Leonardos, Goethes oder Klees, ein tägliches Arbeitsjournal zu führen. Sie finden das furchtbar lästig und überflüssig. Wir leben anscheinend in eiligen Zeiten. Außerdem haben sie nach eigenem Bekunden nicht die geringste Vorstellung, was wir von ihnen erwarten. Die Schule übt solche Dinge bedauerlicherweise gar nicht. Was wir erwarten, ist indes etwas sehr Einfaches: daß Studenten *für sich selbst arbeiten* und nicht für uns! Designstudenten müssen alle etwa noch verbliebenen Schülerattitüden ablegen. Wenn sie sich dann doch herbeigelassen haben, die Seiten des Arbeitsjournals zu füllen, merken sie bald, daß es ganz von alleine weitergeht: Es ist wie beim Erraten von Zahlenfolgen;

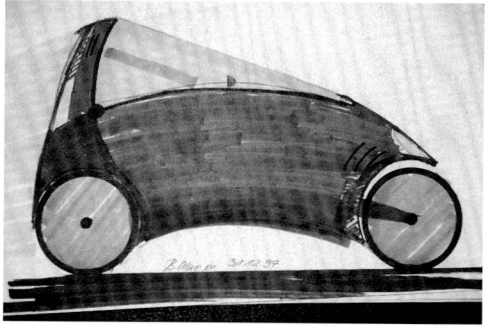

Abb. 60 – 65. Arbeitsjournale von Studenten des 1. Semesters 97/98 und 98/99.

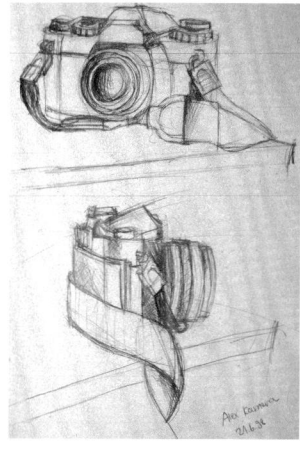

wenn einer «1, 2, 3…» hingeschrieben hat, wissen wir, wie es weitergeht, nämlich mit «4, 5, 6…». So einfach ist das. Man muß das Arbeitsjournal schlichtweg anfangen – und dann sieht man sofort, wie es weitergeht. Genauso, wie wir im täglichen Leben unsere mündliche Rede verwenden, indem wir plaudern, berichten, diskutieren, fragen, Fragen beantworten, genauso benutzen wir auch das Arbeitsjournal. Das Arbeitsjournal füllt sich, indem wir mit unseren Händen reden: schreiben und zeichnen. Und wieder und wieder schreiben und zeichnen, bis dies zur selbstverständlichen Gewohnheit geworden ist.

Studienanfänger haben oft Mühe, gerade «Anfänger» zu sein. Alles, womit sie das Arbeitsjournal anfangen könnten, erscheint ihnen zu zufällig, nicht zur Sache, zum Design, gehörig. Wir ermuntern sie dann, unmittelbar mit der zufälligsten Sache von der Welt anzufangen. Wem ein Gedicht im Kopf herumgeht, der fange eben mit dem Gedicht an! Wer an das Fußballspiel vom gestrigen Abend denkt, skizziere die entscheidende Torszene! Wer lieber vom Sommerurlaub träumt, zeichne sich sein Traumboot und vergesse dabei nicht, einen glücklichen Namen auf den Bug zu schreiben! Wer also *irgendwie* einmal angefangen hat, weiß ganz von selbst, wie es weitergeht. Und wer weiß, wie es weitergeht, der ist fortan gar nicht mehr zu bremsen!

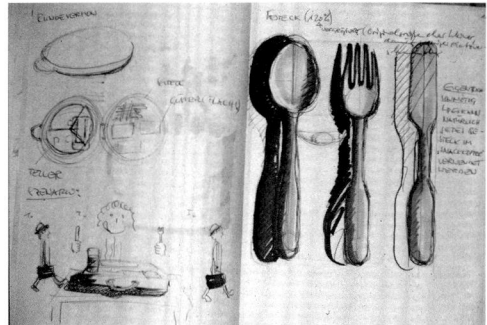

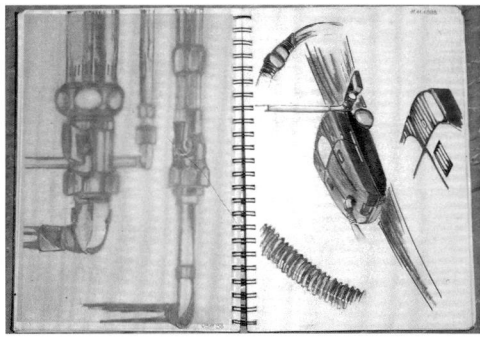

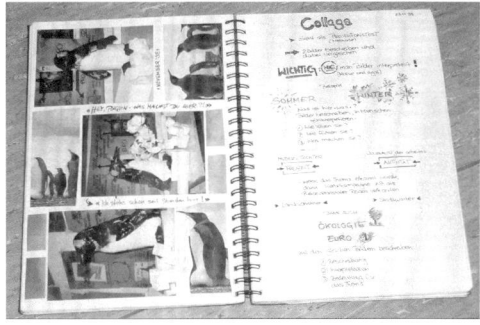

Abb. 66 – 69. Arbeitsjournale von Studenten.

Einige Studenten mochten nicht ihre eigenen Gedanken und die Unterrichtsthemen in dasselbe Heft integrieren, deswegen gaben sie schließlich zwei oder manchmal drei Hefte mit unterschiedlicher Thematik zur Benotung ab. Andere begriffen die ganze Geschichte schon mehr als einen Teil ihrer selbst, zeichneten in der U-Bahn auf einer Seite Phantasie-Raumschiffe und auf die nächste schrieben sie etwas über Ergonomie. Manche Arbeitsjournale sahen kunterbunt aus, andere erschienen wie die aufgeräumten Blätter einer Patentschrift.

Arbeitsjournale sind ganz individuelle Ausdrucksformen. Die Arbeitsjournale unserer Studienanfänger sind, wie zu erwarten, schließlich so verschieden geworden wie die Persönlichkeiten, die sich in ihnen ausgedrückt haben. Obwohl die Aufgabe für alle dieselbe war, begriff jeder sein Miniatelier auf andere Weise. Wichtig ist vor allem, zu erkennen, wozu das Arbeitsjournal dient: Es repräsentiert unser Atelier, von uns selbst eingerichtet und mit Leben erfüllt, es ist die *Praxis* selbst.

Abb. 70 – 72. Arbeitsjournale von Studenten.

Methode und Konzept

12. Collage oder die Überwindung der Anfangsängste

Das tägliche Arbeitsjournal bildet die Minimalform eines Designstudios. Das Arbeitsjournal füllt sich gleichsam von selbst, aufgrund reiner Betätigungslust. In einem richtigen Designbüro aber stellen sich Aufgaben, die von Auftraggebern formuliert werden. Auf solche von außen gestellten Aufgaben müssen Designer nun ihr spezifisches Können loslassen, das die erfolgreiche Abwicklung eines *Designprozesses* beinhaltet. Der Designprozeß enthält, wie erwähnt, die vier Phasen: Analyse, Konzept, Entwurf, Präsentation. Die Analyse ist der erste methodische Schritt in Richtung eines Konzeptes für den Entwurf. Im Folgenden zeigen wir, wie eine Aufgabe zu analysieren ist.

Zwecks Analyse erweitern wir nunmehr unser rudimentäres Studio, das Arbeitsjournal, um einen wichtigen Baustein des Designprozesses. Irgendwo finden wir ein altes Stück Tapete von der Größe einer Tischplatte. Uns interessiert nicht die Tapete, sondern deren leere Rückseite. Nun folgt ein magischer Akt. Wir haben nämlich eine alte Illustrierte zur Hand (eine neue tut's auch) – und außerdem ein *Thema*, sagen wir: Zukunft. Jetzt schlagen wir die Illustrierte an einer beliebigen Stelle auf und schneiden mit der Schere irgendeinen Bildfetzen heraus. Diesen Bildfetzen kleben wir irgendwo auf die Tapetenrückseite. Was wir da gemacht haben, ist der Anfang einer wissenschaftlichen Konzept-Collage. Das zufällige Bild, das wir aufgeklebt haben, illustriert die Zukunft. Wie bitte? fragt jemand: ich habe doch gerade Claudia Schiffer auf dem Fahrrad erwischt, das soll Zukunft sein? Das erste, was wir jetzt lernen müssen, ist, daß jedes, aber auch wirklich *jedes* Bildchen, daß wir zufällig aufraffen, für uns das Thema Zukunft illustriert. Natürlich illustriert Claudia Schiffer auf ihrem Fahrrad einen Aspekt der Zukunft! Wir wollen nämlich entweder in der Zukunft vermehrt fahrradfahren – anstelle von autofahren – oder ge-

Abb. 73. Anfang mit Collagen.

Abb. 74 – 77. Collagen-Präsentation von Studenten.

rade nicht, weil uns das Fahrrad antiquiert erscheint. Wir werden in Zukunft allesamt auch so jung und schön sein wie Claudia Schiffer – oder vielleicht werden in Zukunft gerade die Alten munter auf dem Fahrrad fahren. Claudia Schiffer lächelt: Sie scheint die Zukunft optimistisch zu sehen, die Welt kann nur noch besser werden. Oder ist das Lächeln hohl, eine bloße Maskierung etwa der Tatsache, daß die Zukunft schwarz aussieht? Und so weiter. Das Spiel läßt sich ziemlich lange fortsetzen, besonders dadurch, daß wir noch andere zufällige Bildchen neben das erste kleben. Wir haben zum Beispiel ein Bild der Frankfurter Skyline erwischt. Wird Claudia Schiffer dort in Zukunft wohnen? Im 27. Stockwerk eines Hochhauses? Zusammen mit ihrem Fahrrad? Und ihrem Lächeln, das sie trägt, wenn sie zum Fenster hinausschaut? Ist das die Zukunft unserer Städte? Natürlich werden wir alle diese «Assoziationen» aufzuschreiben haben. Wir können die Kommentare gleich neben die Bilder schreiben. Wer mehr zur doppelten Buchführung neigt, numeriert die Bilder und kommentiert sie mit Filzer auf einer zweiten Tapetenrückseite.

Wer nach einer Stunde nicht unendlich viel mehr über die Zukunft weiß als vorher, der hat die falsche Tapete erwischt!

Machen wir uns klar, die Collage ist *kein* Kunstwerk, sondern ein wissenschaftliches Instrument zur Analyse von Problemsituationen. Wenn Sie, statt eine Collage anzufertigen, einen Besinnungsaufsatz über die Zukunft verfassen würden, könnten Sie nur auf das zurückgreifen, was Sie schon im Kopf parat haben – das sind, pardon!, vor allem Klischees. Hätten Sie je gedacht, daß sich in dem Fahrrad, auf dem Claudia Schiffer uns alle vertritt, ein we-

Collage als Kunstwerk

Die Collage hat sich immer wieder als Ausdrucksmittel für Künstler bewährt (siehe: Herta Wescher, *Die Collage. Geschichte eines künstlerischen Ausdrucksmittels*), aber Collagen sind auch, wie wir hier zeigen, ein hervorragendes Werkzeug, um die Analyse für Designer ergiebig zu machen.

Abb. 78 – 79. Collagen über «Die Welt der Zukunft».

Infobox 8: Projektions-Tests

Unsere Collage-Methode ist weit entfernt von einer «kindischen» Methode, als welche sie einem Studenten zuerst vorkam. Die Collage-Methode hat ihren Ursprung in der Psychologie, und zwar in den sogenannten *Projektions-Tests*. Dieser Begriff war von Sigmund Freud eingeführt worden; er verstand unter «Projektion» die Ersetzung einer inneren Wahrnehmung durch eine äußere Wahrnehmung. Der Betrachter reagiert auf einen Reiz und produziert ihm gegenüber positive oder negative Assoziationen. In Projektions-Tests bedient sich die Psychologie der Phantasien ihrer Probanden, indem sie die Phantasie durch mehrdeutige Reizvorlagen herausfordert. Für die Psychologie erwiesen sich die Reaktionen auf mehrdeutige Bildvorlagen als wesentlich ergiebiger als die Assoziationen auf bloße Reizwörter. Der schweizer Neuropsychiater Hermann Rorschach (1884 – 1922) entwickelte Anfang des 20. Jhs. einen Projektions-Test mit den inzwischen berühmten Tintenklecks-Figuren. Er stellte fest, daß die Probanden ganz unterschiedliche Interpretationen hinsichtlich der Bedeutung dieser Figuren in sie «hineinsahen». Bilder erlauben auf solche Weise eine produktive Entfaltung der Phantasie.

Die Umkehrung projektiver Tests führt zu Kreativitätstechniken. Während dem Psychologen die Assoziationen der Probanden Rückschlüsse auf deren Persönlichkeit erlauben, setzt der Kreative sich selbst an die Stelle des Psychologen und nutzt den Reichtum seiner persönlichen Phantasien, um eine Vielfalt von weiterverwendbaren Assoziationen zu gewinnen.

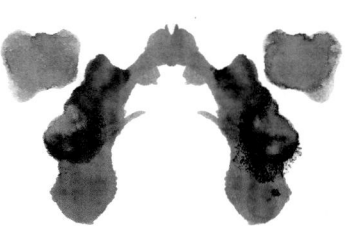

Abb. 80. Rorschach-Tintenklecks-Test.

sentlicher Aspekt zukünftigen Designs versteckt? Nämlich ein Design «light», in Konkurrenz, beispielsweise, zum Lastwagen, der, wie wir alle wissen, eigentlich gar nicht auf die Straße gehört. Die Straße gehört uns, der normale Weg für Lasten ist die Schiene. Das hat uns Claudia Schiffer beigebracht.

Die Collage ist ein seriöses Instrument in der Hand des Designers. Es wurde von Psychologen entwickelt und repräsentiert eine weitaus fruchtbarere Kreativitätstechnik als die üblichen, die man sonst in älteren Büchern dargestellt findet (à la «brain storming»). Die Collage hat viele Vorteile. Der größte ist vielleicht, daß sie ungeheuer viel Vergnügen bereitet. Man kann die Collagetechnik sehr gut auch dann verwenden, wenn man ganz allein ist (brain storming allein ist hingegen ziemlich mühsam und frustrierend). Aber vielleicht der allerwichtigste Vorteil ist der visuelle Charakter der Collage. Buchstäblich *sieht* man viel mehr in ihr als der Magier in seiner Glaskugel! Sie ist in ihren Möglichkeiten unendlich reich: Wir brauchen uns nur einfach klar zu machen, was wir alles *sehen* und dies in Beziehung zum vorgegebenen Thema zu setzen. Es klappt immer! Natürlich bedarf auch hier das Sehen einer gewissen Übung, aber das Sehenüben ist ja die Grundübung des Designers schlechthin.

 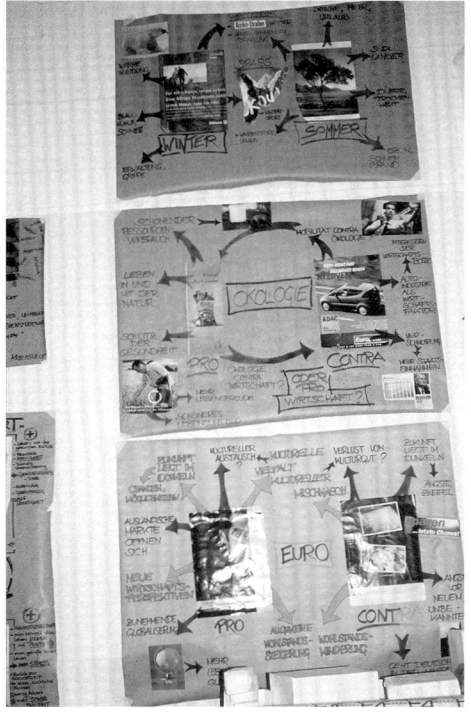

Abb. 81 – 82. Collagen-Beispiele.

Irgendwann brechen wir den Collage-Vorgang ab (wir können ihn später jederzeit fortsetzen), befestigen die Collage – besser: mehrere – an der nächstbesten Wand, treten ein wenig zurück, und fragen uns, welche Aspekte unseres Themas uns am meisten aufgefallen sind, als wir den Assoziationen zu den Zufallsbildern einfach folgten. Diese sich wiederholenden Hauptaspekte schreiben wir noch einmal in Kurzform plakativ auf und setzen vielleicht auch einige Skizzen oder «Piktogramme» hinzu, die uns visuell an sie erinnern.

Fassen wir nochmals zusammen: Die Collage beruht ganz und gar auf dem Zufall, wir wollen nicht das Thema absichtsvoll illustrieren. Denn der Zufall ist viel lehrreicher als jedes Nachdenken. Der Zufall verschafft uns Aspekte, die uns niemals eingefallen wären, wenn wir uns nur auf unser Nachdenken verlassen hätten. Die Collage erzeugt von selbst Zusammenhänge und Kontraste, die weit über das hinausgehen, was man normalerweise «eine Idee haben» nennt. Das einzige, was wir tun müssen, ist dies: die zufälligen Bilder *ganz genau anschauen* und in Worte kleiden, was wir sehen. Wir beschreiben die Szene aus der Perspektive unseres Themas und aus der Perspektive der Elemente des Bildes. Wir sehen einen giftgrünen Pudding, was hat der mit Zukunft zu tun? Nun, entweder wird's in Zukunft grellbunt oder besser nicht, wir haben schon genug davon. Beide Aspekte analysieren für uns die Zukunft und wir werden uns zu entscheiden haben, was wir bevorzugen. Aus der Summe all dieser subjektiven Interpretationen entsteht ein ziemlich objektives Bild!

Abb. 83. Collage über «Die Welt der Zukunft».

Infobox 9: Ingenium

Die Collage-Methode ist *ingeniös*. Das will sagen, sie fördert entscheidend unsere *Einbildungskraft*, lateinisch Ingenium (vgl. «Ingenieur»). Manche Leute berufen sich sehr gerne auf ihre Phantasie, das ist die Fähigkeit, ohne äußeren Anlaß Vorstellungsbilder zu entwickeln. Wir sagen zum Beispiel, ein Kind habe viel Phantasie, wenn es in seinen Bauklötze-Spielen eine ganze eigene Welt präsent zu haben scheint. Natürlich brauchen Designer Phantasie; phantasielose Menschen interessieren sich nicht für kreative Berufe. Aber Phantasie reicht nicht. Was Designer noch mehr brauchen, ist Einbildungskraft, die Fähigkeit im Gegebenen neue Aspekte zu entdecken. Und das ist genau die Fähigkeit, die man einsetzen muß, wenn man die Collage-Methode zum Erfolg führen will.

Was ist das Ingenium? In der Berufsbezeichnung Ingenieur ist uns das Wort geläufig. Der Ingenieur ist ursprünglich der römische Militärtechniker, der sein Ingenium dazu benutzte, dem Gegner mit listigen Machwerken Schaden zuzufügen. Natürlich kann man, was noch willkommener ist, mit demselben Ingenium auch Gutes stiften, Brücken bauen, Autos entwerfen und Mikrochips zum Laufen bringen. Das ist der Ingenieur von heute, ihm steht der Designer sehr nah. Eine *ingeniöse* Behandlung seiner Aufgaben ist wohl dasjenige, was einen guten Designer am meisten auszeichnet.

Der junge René Descartes schreibt mit 23 Jahren, weil er schon unzufrieden mit der scholastischen Logik geworden war, seine *Regeln zur Anleitung der Einbildungskraft*, lateinisch *Regulae ad directionem ingenii*. Descartes meint in seiner Schrift, die Logik könne nur dazu gebraucht werden, ein Wissen zu ordnen, das man schon hat; aber die Logik sei nicht imstande, Neues zu erfinden. Dazu bedürfe es des Ingeniums. Was ist das Hauptmerkmal der Einbildungskraft? Das Ingenium oder die Einbildungskraft verkörpert sich in der erfinderischen Metapher, die uns zu neuen Erkenntnissen führt, indem sie weit auseinander liegende Dinge in assoziative Beziehung zueinander setzt.

René Descartes (1596 – 1650)

Französischer Philosoph, Mathematiker und Naturwissenschaftler. Begründer des Rationalismus, d.h. der Lehre, daß es angeborene Begriffe gibt, die unsere Welterkenntnis leiten. Er hob in mehreren Schriften die grundsätzliche Bedeutung des *methodischen Vorgehens* hervor zur Auffindung von etwas Neuem. Er erfand die Analytische Geometrie, dargestellt in einem «cartesischen» Koordinatensystem.

Das Ingenium erlaubt, neue Wege zu gehen und nicht nur ausgetretenen Pfaden zu folgen. Dies ist bereits die Meinung des Humanisten Luis Vives.

Juan Luis Vives (1492 – 1540)

Spanischer Humanist, der in Paris studierte und in Paris, Oxford und Louvain unterrichtete. Freund des Erasmus von Rotterdam, der großen Einfluß auf ihn ausübte. Er hat historische Bedeutung als Theoretiker der menschlichen Erfindungsgabe und Einbildungskraft, des *Ingeniums*.

Die Einbildungskraft verbindet weit auseinander liegende Dinge. Was haben ein Zahnstocher und eine Mondrakete gemeinsam? Wer hier antwortet, sie haben beide eine schlanke längliche Form, muß seine Einbildungskraft noch ein bißchen üben. Diese Gemeinsamkeit wäre suggestiv zu naheliegend. Wir müssen die Dinge etwas weiter herholen und lernen, um die Ecke zu denken. Zahnstocher und Mondrakete haben in ihren Bezeichnungen das «o» gemeinsam. Diese Antwort ist sicher nicht genial, aber ein bißchen ingeniöser als die vorige schon. Ingeniöses Assoziieren holt weit auseinander liegende Dinge auf eine gemeinsame Ebene. Ein Hochhaus mit zig Stockwerken und ein Fahrrad: das beißt sich irgendwie, das paßt irgendwie nicht zusammen und man fragt sich, warum nicht? Gewiß kann ich mein Fahrrad im Fahrstuhl in das siebenundzwanzigste Stockwerk transportieren, wo mein Apartment liegt, aber ein Fahrrad auf dem Flur der 27. Stockwerks ist eine Absurdität. Es scheint, als müßten wir uns irgendwie entscheiden, ob wir in Zukunft das Fahrrad wollen oder das 27. Stockwerk.

13. Collage als Instrument der Analyse

Die Collage ist eine während des Entwerfens ständig weiterfließende Informations- und Inspirations-quelle. *Die Collage weiß mehr als wir!* Die Collage erzieht zum visuellen Denken. Sie begleitet uns bei jeder neuen Fragestellung. Sie eignet sich für jedes neue Thema. Indem wir die Collage analysieren, ohne den Raum zu verlassen, entdecken wir fortwährend neue Perspektiven, Dimensionen und Bewertungsaspekte des Problems. Die Collage weiß mehr als wir, das heißt, daß wir mit ihrer Hilfe einen visuellen Zugang zu unserem verborgenen Wissen finden.

Es ist stets wichtig, zu beachten, daß wir von beliebigem Bildmaterial ausgehen und keine künstlerische Bearbeitung des Themas versuchen wollen. Die Aufgabe ist nicht, irgendetwas zu illustrieren, also etwa die zum Thema «passenden» Bilder herauszusuchen. Um die Technik zu lernen, nehmen wir ein-

Abb. 84 – 86. Collagen von Studenten über «Winter/Sommer».

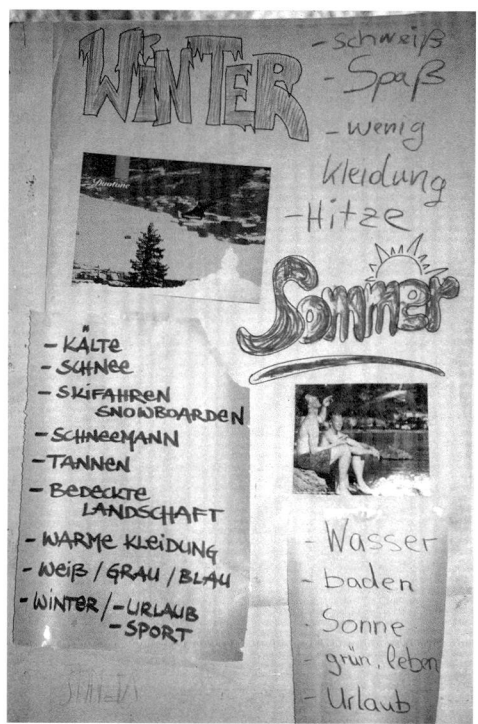

Abb. 87 – 88. Zwei beliebige Bildfragmente.

fach zwei beliebige Bildfragmente – unsere «Tintenkleckse» –, blind herausge-
fischt aus Illustrierten, kleben sie nebeneinander hin und vergleichen sie unter
dem Gesichtspunkt des Themas. Für den Anfang ist es gut, ein Thema aus
einem Gegensatzpaar zu bilden, sagen wir «Winter» und «Sommer». Wir betrachten jetzt die zwei Bilder. Spielregel eins besagt (und mehr Regeln gibt's

Winter / Sommer

 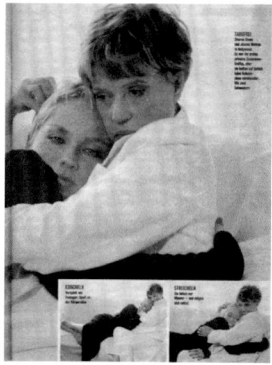

Wintertag.	Sommerabend.
Draußen, im Wetter.	Drinnen, beschützt.
Arbeitszeit.	Freizeit.
Er friert.	Sie frieren nicht.
Berichtet über etwas.	Ohne Worte.
Formell gekleidet.	Sinnlich, nachdenklich.
Improvisation.	Romantisch.
Er berichtet über: Sport,	Menschliche Wärme.
Geschehenes, Ereignisse.	Relax.
Steht vor Hotel, Promis.	Ohne Erwartung.
Krach: Ohr zu.	
Es hat geregnet.	

nicht), daß eines der beiden Bilder für uns den Sommer repräsentiert, das andere den Winter. Die Zuordnung kann spontan erfolgen, ohne tiefere Gründe (wer will, kann das Spiel nachher so treiben, daß er eine umgekehrte Zuordnung trifft, dann ergeben sich natürlich wiederum andere, neue Aspekte). Nun beschreiben wir einfach, was wir sehen, worin die Bilder sich unterscheiden, und das setzen wir jeweils in Beziehung zu Winter bzw. zu Sommer. Wir beschreiben das visuell Gegebene, *als ob* es etwas Winterliches bzw. Sommerliches enthielte.

Wir schlugen also eine Illustrierte auf, und schon schnitt die Schere drauflos: Zufällig erwischten wir eine Anzeige für ein Automobil, sowie ein Reportagebild zweier Schauspielerinnen. Die Autoanzeige wurde unser Winter, die beiden Frauen vertraten den Sommer. Warum? Zufall!

Was *sehen* wir? Es ist Wintertag, ein Mann steht irgendwo da draußen, im Wetter (es hat geregnet: sein Haar ist naß und zerzaust); er ist Reporter und berichtet über irgendetwas – über irgendein aktuelles Ereignis, vielleicht ein Wintersport-Ereignis; er friert, man sieht das an seinem halb heiteren, halb skeptischen Gesichtsausdruck. Er befindet sich in seiner Arbeitszeit, in forma-

Winter
Stadtwinter

Aktivität.
Ohne bestimmtes Thema.
Gut angezogen.
Hektisch, dynamisch.
Ereignisse programmiert.
Vorgeplant, wenig Nachdenken.
Allein, aber kommunizierend.
Mit vielen Leuten: Bekannte.

Sommer
Landsommer

Viel Zeit (anderer Rhythmus).
Freizeit.
Introspektiv.
Zu sich selbst finden.
Entspannung.
Menschliche Wärme.

ler, städtischer Kleidung. Er steht vor einem Hotel, Prominente in seiner Nähe. Das Ganze wirkt eilig improvisiert, es herrscht Lärm in der Szene (der Reporter hält sich ein Ohr zu). Er ist Fachmann für das, was er sagt und trägt eine «kluge» Brille. Was ihm fehlt, ist ein Mantel.

Hingegen: Wir sehen an einem warmen Sommerabend zwei Frauen in vertrauter Umarmung. Sie befinden sich irgendwo drinnen, beschützt, vielleicht auf einer überdachten Terrasse. Sie haben Ferien (Freizeit). Ohne Worte, ohne Hektik genießen sie eine sinnliche, nachdenkliche Ruhe. Die Szene lebt von der romantischen Aura des Sommers. Neben die sommerliche Wärme tritt die menschliche Wärme der Nähe. Die Situation zwischen Mutter und Tochter ist völlig entspannt im Hier und Jetzt. Die Gegenwart ist entscheidend und nicht von der Erwartung irgendeiner unmittelbaren Zukunft berührt.

Wir treten nun ein wenig zurück und vergleichen. Ersichtlich baut sich vor uns der Gegensatz von städtischem Winter und ländlichem Sommer auf. Der Stadtwinter ist charakterisiert von dynamischer, bisweilen lautstarker Aktivi-

Reiseveranstalter

Winter -> Stadt

Stimmung!
Kommen Sie im Winter auch...
(Promis, Skilaufen...)

Spektakulär

Sommer -> Land

Natur, Zeit
Kururlaub im Kurhotel
in Österreich...

Eintreten in Ruhe-Raum

In-
szenierung!

Echt,
authentisch!

tät, unter wechselnden Themen. Die Ereignisse sind vorprogrammiert, es bleibt wenig Zeit zum Nachdenken. Extrovertierte Geselligkeit findet statt, man trifft in der Oper gut gekleidete Bekannte. Der Landsommer steht unter einem ganz anderen Rhythmus: Die Menschen bringen viel Zeit mit. Sie neigen zur Introspektion und zur Selbstfindung. Ziel ist die Entspannung im kleinen Kreis in ruhiger Atmosphäre.

Wohlgemerkt, es geht uns nicht darum, das «Wesen» des Winters oder des Sommers zu ergründen, wir interpretieren mögliche Situationen und nicht unsere Klischeevorstellungen von Winter und Sommer. Unsere *Meinung* zu Winter und Sommer ist (noch) nicht gefragt. Wir sind Forscher und möchten erfahren, was alles Sommer und Winter beinhalten können. Wer mehr wissen will, muß eben mehr Collagen machen! (Man kann auch einfach die Bilder umtauschen: schwitzender Reporter vor lustiger Kulisse, sich gegenseitig wärmende Frauen auf dem Sofa, weihnachtlicher Musik lauschend…)

Wir kommen zur Auswertung. Wir stellen uns zum Beispiel einen Reiseveranstalter vor, der für eine Stadt im Winter und für ein Hügelland im Sommer werben möchte. Dem Winterreisenden verspricht er tolle Stimmung, spektakuläre Ereignisse, alles in gepflegter Umgebung – kurz: Inszenierung. Der Sommerreisende soll Natur und viel freie Zeit erfahren. Das Eintreten in die Ruhe-Räume eines Kururlaubs wird gewährleistet – kurz: Authentizität. Wer passende Hotelzimmer einzurichten hätte, könnte sich die jeweiligen Szenarien nun deutlicher vor Augen führen.

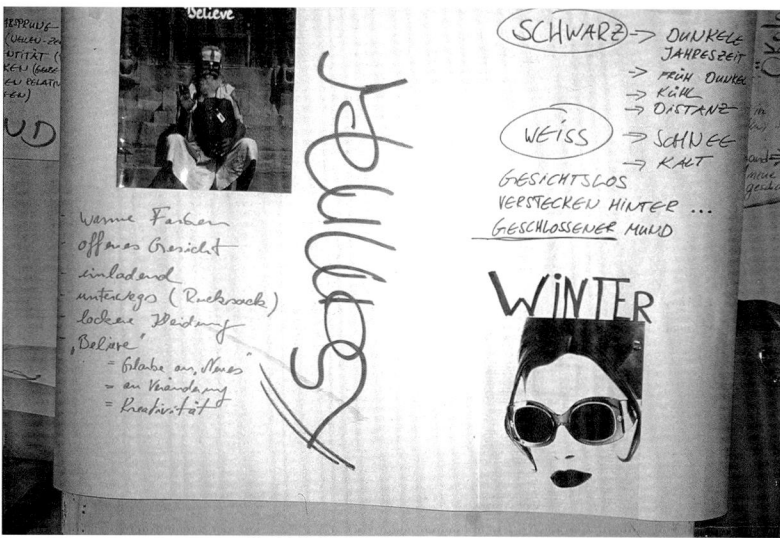

Abb. 89. Collage von Studenten «Winter/Sommer».

14. Collage in Beispielen

Ökologie Pro/Kontra

Pro / Kontra

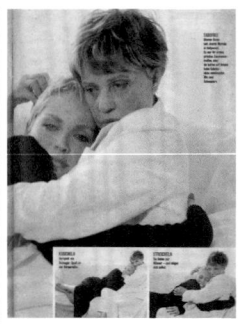

Wer hartnäckig glaubt, wir hätten unser Winter/Sommer-Beispiel eigens für dieses Buch präpariert, der irrt durchaus. Um ihn zu überzeugen, wollen wir demonstrieren, daß man mit denselben Bildfragmenten auch andere, abstraktere Themen erforschen kann. Aus aktuellerem Anlaß wählen wir die Themen «Ökologie» und «Euro».

Unser bereits bekannter Reporter berichtet über ein ökologisch relevantes Ereignis; Mutter und Tochter sitzen erschüttert vor dem Fernseher, weil wieder einmal 8000 tote Seevögel gezählt wurden. Der Reporter hat das Thema sicher in der Hand; er ist Naturwissenschaftler und hat den entsprechenden Durchblick bei komplexen Systemen. Was er zu berichten hat, ist wenigstens

Halb erfreulich.	Melancholisch.
Aktiv.	Passiv.
Wenig emotional.	Emotional.
Journalist.	Wollen leben wie bisher.
Naturwissenschaftler.	Schuldgefühl: ihre Klasse
(Durchblick bei	trägt Mitverantwortung.
komplexen Systemen).	Sie wissen: Draußen sind
Spricht über Fakten.	Katastrophen passiert.
Gehört zur Standardkultur.	Sie sehen Nachrichten,
Bericht, Aktion von	und denken, sie können
Greenpeace: Lustige	nichts ändern.
Aktion, ernste Botschaft.	Sich selbst belügen.
Gesellschaftlich denken.	Nicht gesellschaftlich
Er will eine Botschaft	denken.
überbringen.	Auf sich bezogen.

halb erfreulich: mit aktiver Miene der Befriedigung schildert er einen neuen Erfolg von Greenpeace gegen die Automobil-Hersteller. Dennoch ist seine Schilderung weniger emotional und eher sachbezogen. Er versteht sein journalistisches Handwerk und spricht über Fakten. Er selbst gehört, wie man an seiner formellen Kleidung sieht, zum Standardestablishment und nicht zur Ökobewegung der Grünen. Die lustige Aktion enthält für ihn eine ernste Botschaft, über die wir alle Bescheid wissen müssen. Der junge Mann fordert uns auf, aktiv gesellschaftlich zu denken und zu handeln.

Hingegen: Die beiden Frauen, eng umschlungen, versinken in Melancholie. Sie können sich aus ihrer emotionalen Passivität nicht recht lösen. Sie wissen, daß sie als Ange-

Abb. 90. Collage von Studenten über Ökologie.

⌐1. Öko Pro

↳Änderung!
Rational

Öffentlichkeit,
Alle sollen mitmachen.
Anpacken mit guter Laune.
Die Sache nüchtern sehen.
Ohne Moral, Glaubensfimmel,
Ideologie.
Er sieht die Dinge
wissenschaftlich und stellt sie
überzeugend dar.

⌐2. Öko Kontra

↳«Zu spät»
Emotional

Individualisierung des
Erlebnisses, als Schicksal
betrachtet, obwohl sie wissen,
es ist nicht schicksalhaft.
Nichts tun.
Ignorieren so lange wie möglich.
Naturliebhaber, Kunstliebhaber.
Sie sehen die schönen Seiten
des Lebens.

hörige der gehobenen Schicht (so sehen sie aus) mit guter (vielleicht musischer?) Ausbildung letztendlich Mitverantwortung tragen. Doch sie möchten weiter leben wie bisher. Sie wissen: da draußen passieren immer neue Katastrophen; sie sehen die Nachrichten und denken doch, sie können nichts ändern. Ein wenig Selbstlüge steht in ihren Gesichtern geschrieben. Trotz eines gewissen Schuldgefühls können sie nicht gesellschaftlich denken. Ihr ganzes Leben war auf sie selbst bezogen und so wird es bleiben.

Auswertung: Das junge, erfolgreiche Establishment will endlich Änderung. Es besteht auf Öffentlichkeit. Alle sollen mitmachen, die Probleme sollen endlich rational und mit guter Laune angepackt werden. Man muß die Dinge nüchtern sehen, ohne Moral, ohne Glaubensfimmel, ohne Ideologie. Der Reporter selbst sieht die Sache wissenschaftlich und stellt sie überzeugend dar. Dagegen steht die emotionale «zu spät»-Klage der beiden Frauen (typisch für Frauen? gewiß nicht! Aber durch Zufall erscheint es so). Die ökologischen Katastrophen werden als schicksalhaft betrachtet, wenn auch in stillschweigender Anerkennung von Mitverantwortung. Man ist Naturliebhaber, Kunstliebha-

Werbekampagne

Neue Ökopartei aus dem Establishment

Botschaft von Pro zu Kontra
Wacht endlich auf! Löst Euch aus Eurer Passivität!

Tut
etwas!

ber und hat einen Blick für die schönen Seiten des Lebens. Resultat ist, daß am Ende wieder nichts getan wird.

Was wir brauchen, ist jetzt klar: eine «Neue Ökopartei aus dem Establishment» mit der Botschaft: Wacht endlich auf! Löst Euch aus Eurer Passivität! Tut etwas Vernünftiges! (Auch das Design einer Partei ist Design.)

Szenenwechsel: Kurz nach Einführung des Euro spricht unser Reporter aufgeschlossen über die neue Situation. Ersichtlich steht ihm die Aufregung und das Vergnügen über das Neue ins Gesicht geschrieben, auch wenn er als studierter Ökonom durchaus die Risiken kennt, welche mit einem solchen drastischen Währungseinschnitt verbunden sein können. Seine Kompetenz in der Angelegenheit wirkt sehr überzeugend. Er ist vierzig Jahre alt und zählt noch zur jüngeren Generation, die eher optimistisch in die Zukunft blickt. Als Wirt-

Einführung des Euro

A / B

Kurz nach Einführung des Euros

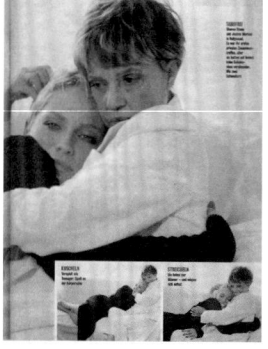

Reporter spricht über die neue Situation.	2 Frauen + 1 Problem.
40 Jahre alt.	Sorgenvoll.
Skeptisch lächelnd.	Single: Mutter / Tochter.
Reporter über Business.	Ältere: Ernste Sorge.
Kompetent.	Junge: Es ist nicht so ernst.
Anzug, Krawatte:	Sie haben Geld geerbt.
Journalist + Ökonom.	Nicht kompetent.
Es ist kompliziert.	Sorgen wegen
Köpfchen.	Ungewissheit.
Gedanken.	Emotional geprägt.
Nicht schlimm.	Sorgen um das Erreichte.
Freude und Aufregung	Konservativ.
über das Neue.	Mit dem Blick sprechen.
Kommt aus großer Familie.	Sorfältiger Umgang
Extrovertiert.	mit Geld.
Haar: frisch, lässig,	Einzelkind.
sportlich, jung.	Konventionell.
Designer-Brille.	Traditionen.
Mediengesellschaft.	Klavier spielen.
Kultur, um Leute zu treffen.	Theater, Kultur,
Mitmischen.	Ausstellungen.
Viel Kommunikation.	Wenig Kommunikation.

schaftsjournalist gehört er selber zum Business. Mit Köpfchen und fixem Börsendenken und mit viel Kommunikation wird man die Probleme schon meistern. Wichtig ist für seine Generation, daß in der Politik überhaupt einmal wieder etwas passiert, was mit Aufbruchsstimmung zu tun hat. Der Mann vermittelt einen frischen und lässigen Eindruck, sportlich, jung. Er trägt eine Designerbrille, was ihm das Zeichen von Extrovertiertheit verleiht; er, der aus einer großen Familie stammt, verfügt über die Kultur, Leute zu treffen und zu kommunizieren, auch mitzumischen, wenn's drauf ankommt.

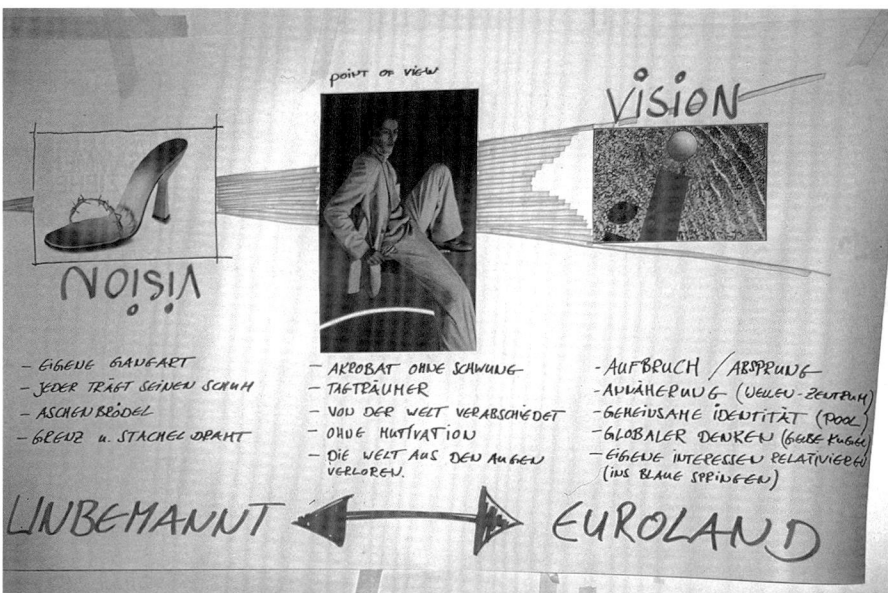

Abb. 91. Collage über «Euroland».

Dagegen: Wir sehen zwei alleinstehende Frauen und ein Problem. Mutter und Tochter, einander in der Sorge Nähe spendend, blicken eher angstvoll in die Zukunft. Besonders der Älteren steht die ernste Sorge um ihre, aber vor allem ihrer Tochter Zukunft ins Gesicht geschrieben. Die Jüngere begreift die neue Situation nicht ganz so ernst. Mutter und Tochter leben in einigem Wohlstand (Kleidung!), der ihnen schon immer durch Familienerbe zur Verfügung stand. Doch die Decke ist dünn. Sie sind es gewohnt, mit Geld sehr sorgfältig umzugehen. Als jeweiliges Einzelkind stehen sie von jeher in dieser konventionellen Tradition. Ihr Klavierspiel (wir stellen uns das so vor), ihre vielen Theater- und Ausstellungsbesuche, ihre Reisen – kurz: ihr kulturell orientiertes Dasein ist nur möglich bei wohlüberlegtem Einsatz von Geld. Man kann nicht gerade sagen, daß ihr Verhältnis zum Euro rational bestimmt wäre, daß sie gut informiert seien und sich mit ihren Bekannten, die ohnehin nicht sehr zahlreich sind, darüber unterhalten hätten. Sie fühlen sich nicht kompetent, für sie ist der Euro mit großer Ungewißheit verbunden – ihr ganzes vertrautes Leben scheint auf einmal in Frage gestellt. Ihre Reaktion ist emotional geprägt und von Bangen um das Erreichte begleitet. Ihre konservative Grundhaltung erlaubt es ihnen nicht, einen fröhlich gestimmten Anfang mit dem Euro zu machen.

Auswertung: Eine von den breiten Mittelschichten geprägte Gesellschaft muß dem tiefgreifenden Währungswechsel offenbar in zwei Grundhaltungen begegnen: Eine skeptischere Befürchtungshaltung, die an mögliche Unsicher-

heit, Instabilität und Diskontinuität zum Bisherigen denkt. Die zweite Grundhaltung ist optimistischer und baut weiterhin auf die Zukunft, sie ist unter-
nehmerisch und von der Lust am Mitmachen angesteckt; dieser Haltung erscheinen die Möglichkeiten attraktiver, die Sorgen weniger begründet.

Genau auf diese zwei Seiten der Medaille zielt die Werbekampagne der
Regierung. Die Kampagne richtet sich vor allem an den Mittelstand und ver-
sucht, dessen Sorge zu zerstreuen, verbunden allerdings mit der Mahnung,
Leichtsinn bei der Eurospekulation zu vermeiden.

Werbekampagne
An Mittelstand gerichtet

Keine Sorgen, aber
ein bißchen aufpassen!

15. Fortsetzung der Collage im Theater: das Szenarienspiel

Die Collage verschafft uns Einsichten in unsere jeweilige Aufgabenstellung, die man keinem Informationsdienst entnehmen kann. Die Collage weiß mehr als wir, aber auch mehr als das Internet! Doch wir wissen noch nicht genug, wir müssen einen weiteren Schritt in Richtung Konzept zurücklegen.

Drei oder vier große Collagen zu einem Thema ergeben ein *Szenario*. Zum Beispiel ein Szenario der Zukunft. Wir schauen wie auf eine Bühne – wir haben ja die Collagen um uns herum aufgehängt – und sehen dort ein munteres Treiben. Die Einschränkung ist bloß, daß wir selbst noch nicht beteiligt sind. Aber wir können die Wäsche nicht waschen, ohne sie – und uns! – naß zu machen. Wir selbst müssen zu Mitspielern unserer Szenarios werden! Im Szenario mitzuspielen bedeutet, das Entwurfs-Projekt nicht von außen als Objekt zu betrachten, sondern als eine subjektive *Form des Handelns* zu begreifen, des eigenen möglichen Handelns. In die Kulisse, die wir durch die Collagen aufgebaut haben, müssen wir jetzt eine Handlung einbauen, dies ist der nächste Schritt im visuellen Denken. Bewegen wir uns mit der Collage hauptsächlich auf der Objektseite, so müssen wir uns jetzt auch der Subjektseite zuwenden, d.h. der Frage, wie das Design

Abb. 92. Inszenierung eines Hamburger-Essens in einem Luxus-Restaurant.

Abb. 93 – 94. «Busfahren»-Inszenierung.

von «innen» aussieht, nämlich von der Innenschau des Menschen her. Im Unterricht hatten wir das Thema «Busfahren» zunächst mit Hilfe von Collagen
untersucht. Im nächsten Schritt kam es darauf an, selber Bus zu fahren. Man
nehme acht Stühle oder ein paar mehr und stelle sie so, daß sie wie ein Bus
von innen aussehen. Noch einen Stuhl für den Fahrer. Und es geht los! Wer ist
der Fahrer? Er sitzt da und fährt und verkauft Tickets. Ein Fahrgast möchte
hinein, aber wie und wo soll man einsteigen? «Jetzt ist es so», beschreibt ein
Student, «Ja, aber es könnte ganz anders aussehen»; «Was wäre, wenn wir
nicht an der Seite die Tür hätten, sondern irgendwie von unten, so daß auch
Rollstühle bequemer mitfahren könnten». Warum nicht? Wie und wo sollen
Eingang und Ausgang sein? Wie soll man bezahlen? Wie könnte man es Behinderten einfacher machen? Wie und wo sollen die Sitze plaziert sein? Wie
soll die Bushaltestelle aussehen? Soll ein Bus fahren oder fliegen…?

   Na ja. Es wurde gespielt, gestritten – und vor allem wurde es *dokumentiert.*
Da hatte es Protokollanten gegeben, die alles Verbale notiert haben. Da hatte
es die Kamerafrau gegeben, die das ganze Spiel auf Video festgehalten hat.
Nun konnte man alles noch einmal gemeinsam durchgehen. «Wie komisch,
daß der Fahrgast wie selbstver-
ständlich davon ausgehen möchte, daß der Fahrer vorne sitzt, daß
es vorne eine Tür gibt und daß
man vorne bezahlen kann.» «Das
Ganze sieht aus wie ein Stoff-
wechselprozeß…»

Abb. 95. Visuelle Darstellungen in schematischer Form zum «Busfahren».

Infobox 10: Welttheater

In allen Kulturen gibt es Formen des Theaters. Das Theater simuliert die Welt. Im Theater läßt sich alles ausprobieren: große oder kleine Geschehnisse, große oder kleine Gefühle, große oder kleine – auch kleinliche – Handlungen. Das Theater ist ein Experimentierfeld, aus dem Kinderspiel ins Erwachsenendasein herübergeholt. Friedrich Schiller (1759 – 1805) spricht in berühmten Worten vom Theater als den Brettern, die die Welt bedeuten.

Die Welt selbst ist schließlich eine Bühne: Man kann das, was in der Welt passiert, als ein einziges großes Theater ansehen. Dies war die Gemütsstimmung William Shakespeares (1564 – 1616) und überhaupt des Barocktheaters. Pedro Calderón de la Barca überschreibt sogar eines seiner einflußreichsten Werke *Das große Welttheater*. Realität und Phantasie, Erdboden und Bühne schieben sich ineinander. Noch die heutige Soziologensprache spiegelt diese Einschätzung wider: die Menschen spielen ihre «Rolle» – in der Antike lernten die Schauspieler ihren Text aus Papyrusrollen. Die Menschen haben «Persönlichkeit» – das Wort kommt vom lateinischen «personare», wörtlich hindurchtönen, nämlich durch das Mundloch der Theatermaske.

Heute mischen sich Realität und Fiktion mehr denn je. Aufgrund der neuen Medien sprechen wir von virtuellen Realitäten oder virtuellen Welten. Das Virtuelle dringt immer tiefer in die Realität ein. Zum Beispiel braucht ein Pilot, der ein Verkehrsflugzeug steuert, das Gefühl, Kraft auf die Steuersäule ausüben zu können. Theoretisch könnte er das Flugzeug mit einem elektronischen Joystick steuern. Die Gegenkraft, die der Pilot spürt, ist pure Simulation. Designer gestalten also heute nicht nur die äußeren Formen der Dinge, sondern vor allem die Vorstellungen und Illusionen («Benutzerillusionen»), die sich die Leute vom Funktionieren der Dinge bilden. Designer sind also wesentlich auf dem Feld der Illusionen tätig – gerade dies ist aber die Domäne des Theaters, darum müssen Designer ihre Einbildungskraft auf Szenarien und deren Begleitvorstellungen lenken.

Pedro Calderón de la Barca (1600 – 1681)

Neben William Shakespeare ist Calderón der wichtigste Repräsentant des Barocktheaters. Sein Theater ist von der Vorstellung geprägt, daß die Welt selbst eine Theateraufführung sei, mit Gott als Zuschauer. *El gran teatro del mundo* (*Das große Welttheater*, um 1645) und *La vida es sueño* (*Das Leben – ein Traum*, 1635) sind sprichwörtlich geworden. Calderón bemühte sich, das Theater durch Effekte aller Art, insbesondere technische, zu einem großartigen Spektakel zu machen, das die Zuschauer nachhaltig beeindruckt. Die heutigen Formen inszenierter Realität in unserem Alltag (Schaufenster!) befinden sich in bester Übereinstimmung mit den Intentionen Calderóns.

Strategien des Entwerfens

16. Von der Analyse zum Entwurf

Wir haben unser Thema durch Collagen und Szenariospielen gründlich analysiert, erforscht und durchleuchtet. Wir sind prall voller Gedanken und Ideen. Wir fühlen uns nun reif, den Entwurf zu wagen. Wir laden den Leser ein, mit uns zu verfolgen, wie wir beispielsweise das *Hotelzimmer der Zukunft* entwerfen. Diese Aufgabe stellten wir Studenten als erste Entwurfsaufgabe nach dem Vordiplom zu Beginn des Hauptstudiums, sowie zum Vergleich auch den Studenten des ersten Semesters. Zum Schluß zeigten wir den Erstsemestern die Entwürfe des sechsten Semesters, damit sie erkennen konnten, was die fortgeschrittenen Studenten schon besser machten. Uns scheint, daß es auch den Lesern dienlich wäre, aus diesem Vergleich Erkenntnisse zu gewinnen.

Das Thema Zukunft für sich haben wir schon berührt. Eine der wichtigsten Fragestellungen der zukünftigen Lebenswelt, etwa zwanzig bis dreißig Jahre im voraus gesehen, wird die nach der Entwicklung der Mobilität sein. Es ist absehbar, daß die reine Quantität der Ortsveränderungen sich nicht mehr wesentlich steigern läßt. Mit der Entwicklung der Informationstechnik (über die wir uns später ausführlich unterhalten wollen) und der damit einhergehenden Dezentralisierung der Arbeitsplätze wird ein erheblicher Teil des Berufsverkehrs entbehrlich werden. Studenten der Universität Padua werden im eu-

Abb. 96. Anfertigen von Collagen über «Das Hotelzimmer der Zukunft».

ropäischen Hochschulsystem, das über Internet läuft, Gelegenheit haben, Kurse der Universität London zu belegen (übrigens auch in den Designfächern!). Was sich vor allem ändern könnte im Bezug auf Mobilität, wird die *Qualität* der Ortsveränderung sein, das betrifft die Motive des Reisens, die Motive des Aufenthalts beim Reisen, die Art des Gepäcks, das man mit sich

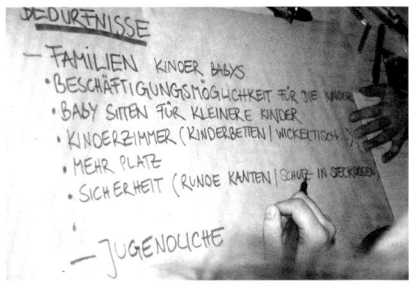

Abb. 97. Collage-Ausschnitt mit Schlagwörtern zum «Hotelzimmer der Zukunft».

führt, etc. In diesem Kontext stellt sich die Frage nach dem Hotelzimmer der Zukunft. Was erwarten wir von einem Hotelzimmer in zwanzig bis dreißig Jahren?

Die Collagenaktion führte einige Studenten des ersten Semesters beispielsweise zuerst auf exakt folgende Schlagwörter, zukünftige Bedürfnisse betreffend:

Bedürfnisse:

— Familien Kinder Babys
- Beschäftigungsmöglichkeit für die Kinder
- Baby-Sitten für kleinere Kinder
- Kinderzimmer (Kinderbetten / Wickeltisch…)
- Mehr Platz
- Sicherheit (runde Kanten / Schutz-Steckdosen)

— Jugendliche / Gesellschaften / Gruppen / Vereine
- Lärmschutzwände
- Fernseher / Stereoanlage…
- Schmutzunempfindliche Einrichtung
- Minibar / Kühlschrank / Mikrowelle

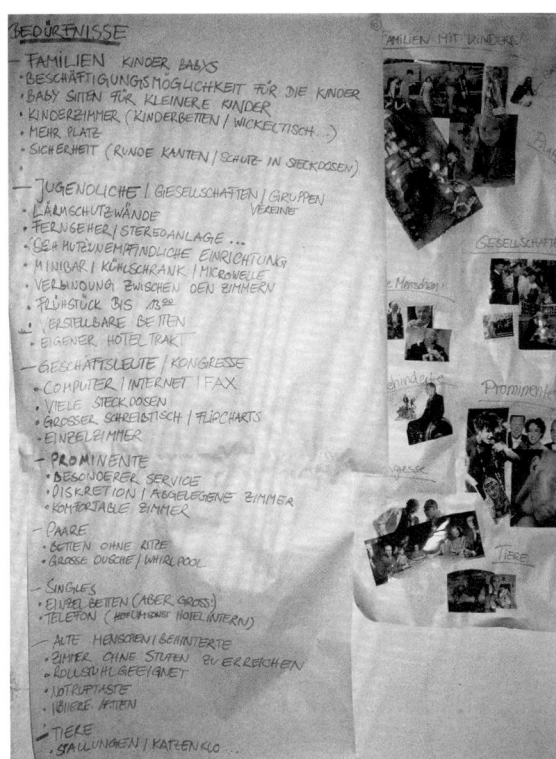

Abb. 98. Studenten-Collage mit Schlagwörtern zum «Hotelzimmer der Zukunft».

- Verbindung zwischen den Zimmern
- Frühstück bis 13 Uhr
- Verstellbare Betten
- Eigener Hoteltrakt
— Geschäftsleute / Kongresse
- Computer / Internet / Fax
- Viele Steckdosen
- Großer Schreibtisch / Flipcharts
- Einzelzimmer
— Prominente
- Besonderer Service
- Diskretion / Abgelegene Zimmer
- Komfortable Zimmer
— Paare
- Betten ohne Ritze
- Große Dusche / Whirlpool
— Singles
- Einzelbetten (aber groß)
- Telefon (umsonst hotelintern)
— Alte Menschen / Behinderte
- Zimmer ohne Stufen zu erreichen
- Rollstuhlgeeignet
- Notruftaste
- Höhere Betten
— Tiere
- Stallungen / Katzenklo…

Abb. 99 – 101. Visuelle Darstellungen in schematischer Form zum «Hotelzimmer der Zukunft».

Ersichtlich hat sich die Einbildungskraft hier noch nicht sehr weit vom Bestehenden entfernt! Die Themen sind ohne große Inspiration aufgenommen und eher konventionell behandelt. Das Thema wurde nicht *durchdrungen*. Wir sehen prominente Paare in Begleitung von Katzen diskret abgelegene Zimmer betreten, die in einem anderen Trakt liegen als die der alten, behinderten Menschen. Das Paar sitzt im Whirlpool und kocht sich währenddessen etwas Schmackhaftes in der Mikrowelle. Und so weiter und so fort.

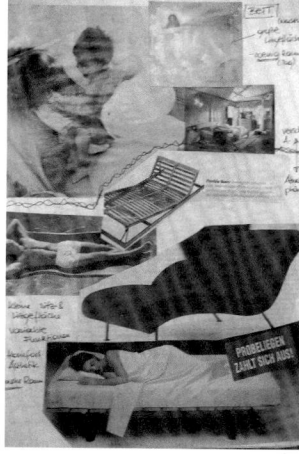

Abb. 102. Visuelle Darstellung zum «Hotelzimmer der Zukunft».

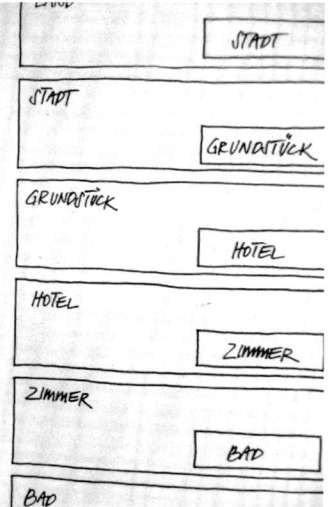

Spaß beiseite, nur Übung macht den Meister. Die aufgeführten Schlagwörter entsprangen natürlich *nicht* wirklich dem, was in den Collagen zu *sehen* war. Vielmehr wurden sie erfunden beim Anstarren der Zimmerdecke. Und auch die Collagen enthielten vorwiegend Illustrationen zu den Schlagwörtern, die ihrerseits aus dem Gedächtnis bezogen wurden. So bleibt man außen vor. Gewiß ist Kritik leicht und Bessermachen schwer. Aber nochmals: Die Collage ist ein Forschungsinstrument und kein Veranschaulichungsmittel! Es ist vollkommen nutzlos, vorgefaßte Begriffe illustrieren zu wollen. Je mehr wir uns in das vertiefen, was wir wirklich in beliebigem Bildmaterial *sehen* – einfach in Beziehung gesetzt zu unserem Thema – um so mehr Neues und Unerwartetes lernen wir.

Die erwähnten Schlagwörter schielten bereits allzu deutlich in Richtung Entwurf. Sie entsprangen der Ungeduld, deshalb blieben sie oberfläch-

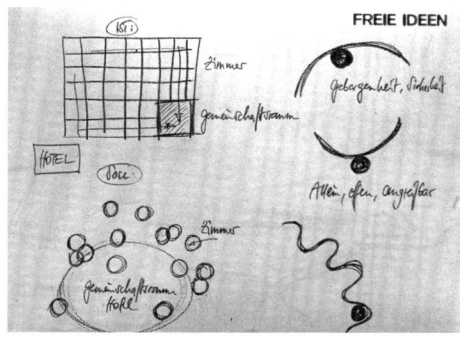

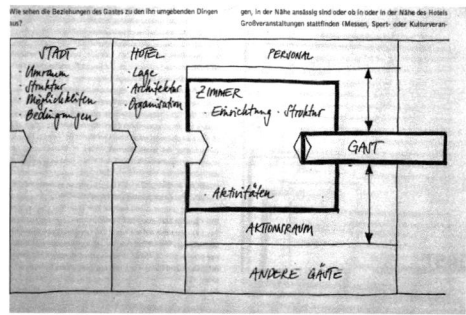

Abb. 103 – 108. Beispiele des 6. Semesters zum «Hotelzimmer der Zukunft».

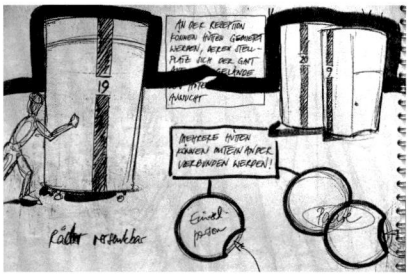

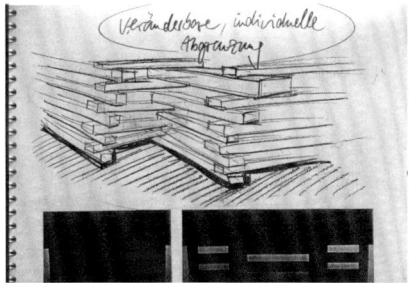

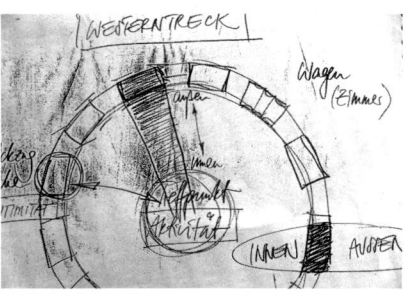

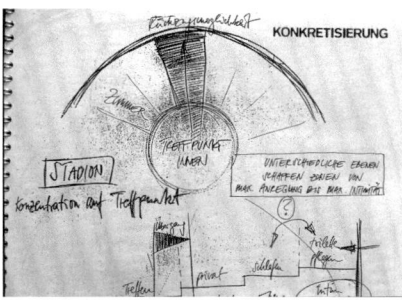

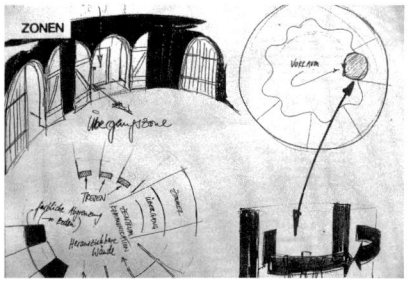

Abb. 109 – 113. Beispiele des 6. Semesters zum «Hotelzimmer der Zukunft».

lich. Wir brauchten uns nur noch die Geschäftsleute herauszugreifen und für sie einen großen Schreibtisch hinzumalen, auf dem ein gebräuchlicher Computer steht mit Internet- und Faxanschluß. Dies wäre eine hübsche kleine Vereinfachung unseres Problems, aber leider verboten. Probleme zu simplifizieren ist Designern strikt verboten! (Design ist komplex; Design ist deswegen komplex, weil der Designprozeß komplex ist, der zur *Reduzierung von Systemkomplexität* führt. Die Systeme müssen vereinfacht werden, aber nicht die Probleme! – Dies wird später noch genauer erklärt.)

Alle lernen wir aus Fehlern, besonders aus unseren eigenen. Manchmal ist es auch möglich, aus Fehlern Anderer zu lernen. Nur wer Fehler macht, kann sich verbessern. Wir können versichern, daß unsere Studenten sehr rasch aus ihren Fehlern lernten!

Vielleicht erwarten nun der geneigte Leser, die geneigte Leserin, daß *wir*, die Autoren, hier vor ihren Augen das ultimative Hotelzimmer der Zukunft entwerfen. Aber abgesehen davon, daß es das «ultimative» Hotelzimmer gar nicht geben kann, hätte dieser Versuch keinen Sinn. Denn auf das Ergebnis käme es ja gar nicht an. Wir sind hier nicht wirklich an einer Lösung interessiert, sondern an dem Weg, der zu einer Lösung führt. Wir kommentieren daher lieber noch eine Arbeit von Thomas Kuhl aus dem 6. Semester (1997), die sich ebenfalls mit dem Hotelzimmer der Zukunft befaßt. Mit dem Vergleich wollen wir natürlich nicht die Studienanfänger in ein schlechtes Licht rücken, ganz im Gegenteil. Wir wollen zeigen, wie rasch Studenten in relativ kurzer Zeit lernen. Der Hauptunterschied zwischen den Anfängern und den Fortgeschrittenen des 6. Semesters liegt in der Beherrschung der Methode. Die Phasen des Designprozesses – Analyse, Konzept, Entwurf, Präsentation – werden viel sicherer, zielstrebiger und konzentrierter durchlaufen. Nach einer Sichtung existierender Hotelzimmer begann die eigentliche Forschungsarbeit auf der Grundlage von Collagen und Handlungsszenarien. Die Collagen beschäftigten sich mit der Zukunft, dann spezifischer mit der Zukunft der Mobilität und danach mit verschiedenen Zielgruppen (einzelreisende Touristen, Berufsreisende, Gruppenreisen, Familien). Zur Szenarienanalyse befragte man den Manager eines großen Hotels, der den typischen Ablauf eines Aufenthalts des Geschäftsgastes für die Gegenwart so beschreibt: «Bleibt im Durchschnitt 1 – 2 Tage. Kommt so spät wie möglich abends an. Erwartet prompte

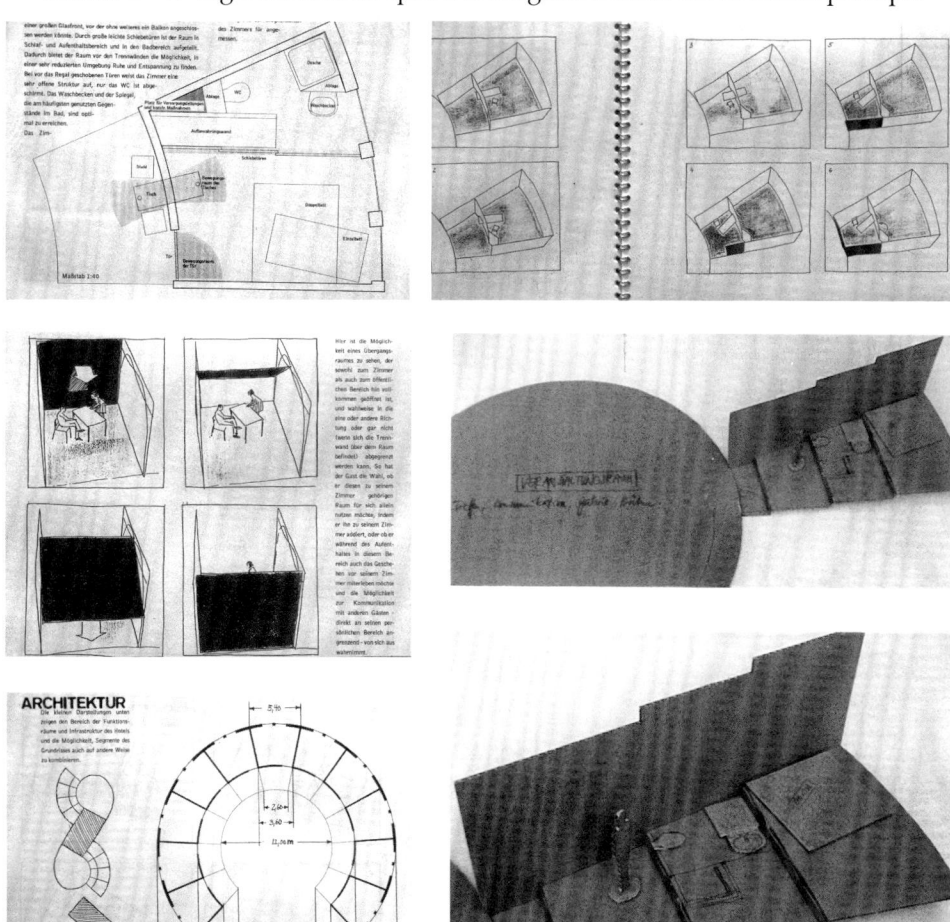

Abb. 114 – 119. Beispiele des 6. Semesters zum «Hotelzimmer der Zukunft».

Abb. 120 – 124. Beispiele des 6. Semesters zum «Hotelzimmer der Zukunft».

und schnelle Bedienung. Trinkt (extrem selten) noch ein Bier in der Bar. Legt sich ins Bett. Schaltet noch eine halbe Stunde den Fernseher ein (Kanal 4, Pay TV). Steht früh auf und macht sich schnell fertig. Erwartet ein mannigfaltiges Frühstücksbuffet, das toll aussehen soll. Nimmt dann eine Scheibe Brot, Wurst und Käse und einen Kaffee. Die Sache mit der Rechnung muß schnell und reibungslos ablaufen. Und dann ist er wieder weg!» (Zitat aus der Dokumentation von T. Kuhl.)

Der Entwurf versuchte besonders, in dem, was wir im folgenden «Systemtopologie» nennen und näher beschreiben werden, neue Wege aufzuzeigen. Das Gesamtsystem «Hotelzimmer» wird nach seinen Elementen, Funktionen und deren Beziehungen untereinander detailliert. In den Mittelpunkt rückte der Entwurf den topologischen Begriff der «Zone»: Hotels bestehen aus Außenzonen (Umfeld, Lage, Parkmöglichkeiten etc.) und Innenzonen (Eingangshalle, Aufzüge, Flure, Restaurant, Hotelzimmer etc.). In der Innenzone unterscheiden wir wiederum Zonen wie «Treffpunkt», «Ein-/Aus-Checkzone», «Wohnen», «Speisen» usw. Soweit wie möglich wurden hierbei schon einfache Arbeitsmodelle eingesetzt, teilweise sogar im Maßstab 1:1, die unter szenarischen Gesichtspunkten erprobt wurden. Mit etwas Stoff, Pappe und Rollenpapier ist mühelos aus der elterlichen Garage ein Hotelzimmer zu machen, sozusagen als dreidimensionale Skizze. Wenn man keine 1:1-Modelle erstellen kann, sind auch kleinere Modelle von Nutzen, die mit Hilfe einer Videoaufnahme oder von Fotos entsprechend «vergrößert» werden. Außerdem lassen sich mit einer Taschenlampe oder einer Büroleuchte, vor die jeweils farbige Papiere oder Folien gehalten werden, schon Elemente des Lichtdesigns untersuchen.

Ein flexibles Konzept – Phase zwei im Designprozeß – wird metaphorisch ganz einfach durch eine Art von Zeltkonstruktion (Abb. 122), die noch gleichsam in der Luft hängt (Abb. 123), repräsentiert, weil wir ja nicht mit Skizzen davon, wie die unterschiedlichen Zimmer und ihre Einrichtung aussehen könnten, anfangen wollen – das ergibt sich erst zum Schluß. Durch das Systemkonzept drücken wir aus, wie das System, seine Elemente und deren Funktionen sein *sollten*, während wir durch die nachfolgende Systemtopologie ausdrücken, wie die Elemente sich aufeinander beziehen, ähnlich einer Landschaft: *was ist wo, was schneidet sich, was ist vorne, was ist hinten…* Durch fortgesetzte Festlegungen reifen das Systemkonzept und die Systemtopologie nach und nach heran; und am Ende erhalten wir so eine argumentativ ausweisbare Lösung

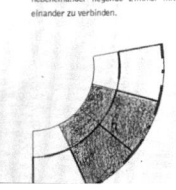

Der Vorraum hebt sich durch eine kleine Stufe vom Treffpunkt ab und ist gleichzeitig durch Holzpfosten gekennzeichnet, die als Führung für lichttransparente Rollos dienen. Mit Hilfe der Rollos kann der Gast diesen Raum ganz für sich allein beanspruchen. Da die Rollos optisch, aber nicht akustisch hemmen, kann der Gast trotzdem noch einen Teil der Atmosphäre außerhalb seines Vorraums aufnehmen. Durch die offenen Grenzen kann jeder Gast diesen Raum als Eigenraum für sich identifizieren ohne sich von anderen zu isolieren. Kommunikation wird ermöglicht und angeregt. Die Rollos bieten darüber hinaus die Möglichkeit zwei nebeneinander liegende Zimmer miteinander zu verbinden.

TREFFPUNKT · VORRAUM

Endoskopkamera

Besonders im Bereich von Architekturmodellen werden handelsübliche Videokameras mit spezieller Endoskopoptik verwendet, d.h. eine Optik, die das Innere des Modells so aufzunehmen gestattet, daß die Räumlichkeiten in der nachfolgenden Videobetrachtung in natürlicher, menschlicher Größe erscheinen (also wie 1:1).

Abb. 125 – 127. Beispiele des 6. Semesters zum «Hotelzimmer der Zukunft».

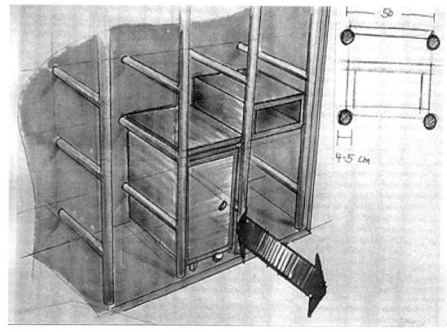

zu dem Problem. Als Hauptgesichts-
punkte für den Entwurf ergaben
sich schließlich die Ermöglichung
und Wahrung von Intimität, die Unterstützung von Geselligkeit und die
Kommunikationsmöglichkeit innerhalb und außerhalb des Hotels. Die
Arbeitsmodelle müssen sich für die
Präsentation zu überzeugenden De-
taillösungen geometrisch weiter
konkretisieren. Das Konzept realisiert sich in der endgültigen Entscheidung von Form, Farbe, Licht
und Material – nach Durchlauf des
Designprozesses wollen wir wissen
und anderen mitteilen, wie unser
Entwurf aussieht und wie er technisch produziert werden könnte.

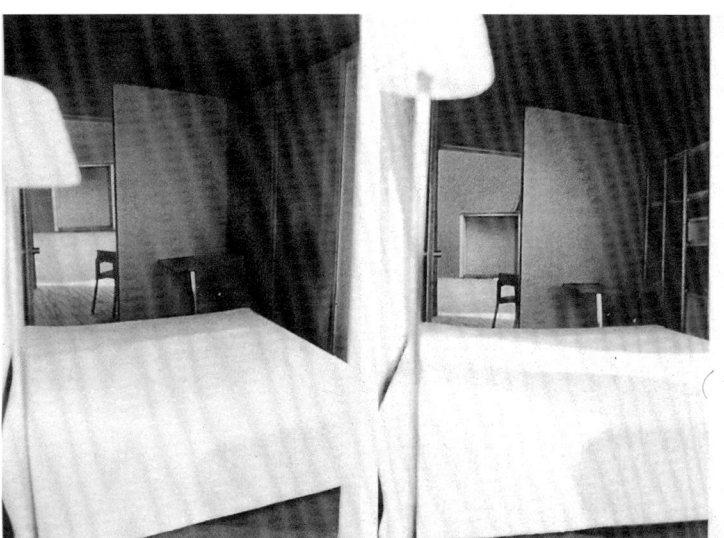

Abb. 128 – 129. Beispiele des 6. Semesters zum «Hotelzimmer der Zukunft».

17. Räume des Entwerfens

Auf den Anfänger, der exzellent präpariert und nun mit großem Eifer an den Entwurf herangehen möchte, wartet gewöhnlich noch eine unvermutete Frustration: Wir wissen nicht recht, wie wir, den Kopf voller *Analyse*, zu einer *Synthese*, zu einer konkreten Gestaltung kommen sollen.

Unsere Studienanfänger hatten fleißig ihre Analyse mit Collagen und Szenarien vielfältig erarbeitet. Sie wußten jetzt wirklich etwas Aufschlußreiches über die Zukunft, etwas Aufschlußreiches über Hotelzimmer und das, wozu sie dienlich sind. Wie sollte aber das zukünftige Hotelzimmer aussehen? Prompt trat ihnen alsbald ein allzu geläufiges Bild vor Augen: ein kleiner Flur, ein Doppelbett, rechts ab ein Badezimmer mit Toilette. Die Analyse war total vergessen! Die Zukunft bestand in einer kleinen Variation des Heute. Es handelte sich eigentlich nur noch um die Frage, wo das Fernsehgerät untergebracht werden sollte.

Abb. 130. Systemkonzept zum «Hotelzimmer der Zukunft».

Natürlich empfanden die Studenten diese Situation als sehr frustrierend. Zwischen den großartigen Perspektiven von Zukunft und zukünftiger Mobilität einerseits und der konkreten Vorstellung eines neu zu konzipierenden Hotelzimmers andererseits klaffte eine breite Lücke. Da hatte man einen riesigen Anlauf genommen, wollte jetzt einen großen Sprung wagen – und schaffte nur einen winzigen Hüpfer. Denn da drängte sich immer wieder diese kleine bekannte Schachtel auf, die man heute Hotelzimmer nennt und die, so gut es geht, «wohnlich» gemacht worden ist. Wie kommen wir aus dieser Schachtel heraus, mit ihrer albernen Stehlampe, ihrem unansehnlichen Papierkorb und ihrer kleinkarierten Zimmerbar? Wie

kommen wir von der Analy-
se zur Synthese?

Wir gehen wieder schritt-
weise vor. Was wir als erstes
brauchen, ist ein *Systemkonzept*. An dieser Stelle spricht
die Fachwelt häufig vom
«Pflichtenheft». Gemeint ist
damit eine Liste von Eintra-
gungen darüber, was das Sy-

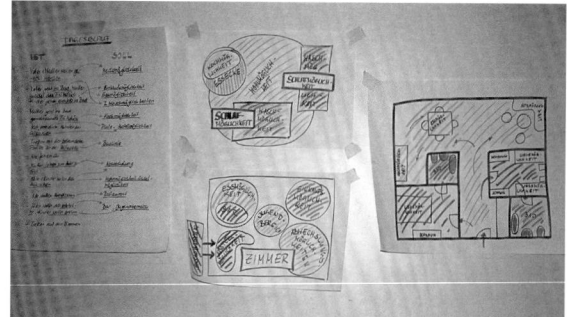

Abb. 131. Schema zum «Hotelzimmer der Zukunft».

stem, das wir zu entwerfen haben, leisten soll. Das müssen wir aufschreiben
und vielleicht piktografisch in Erinnerung halten. Wir sprechen vom «System»,
um uns vom assoziativen Gravitationsfeld des «Hotelzimmers» erst einmal
zu befreien. Wer sich bei der Gestaltung eines Hotelzimmers ein Hotelzimmer

Piktogramm

ist eine schematisierte Grafik, die sich in der
Mitte hält zwischen abstraktem Schriftsymbol
und konkretem Abbild. Viele Schriften gingen
aus Bilderschriften, d.h. aus Piktogramm-
systemen hervor (Hieroglyphen, chinesische
Schrift). Piktogramme eignen sich hervorragend für Mitteilungen, die universell und unmittelbar verständlich sein sollen. Designer im
Team können sich über Piktogramme mühe-
loser verständigen als über langatmige Texte.

vorstellt, fällt in ein tiefes Loch, aus dem schwer
wieder herauszukommen ist. Wer in diesem Loch
steckt, denkt über Tapetenmuster, Gardinen-
farben und Badezimmer-Kacheln nach, aber nicht
über die Zukunft.

Wir müssen in unserem Pflichtenheft die Frage beantworten, was in Zukunft ein Hotel sein
soll und was darin ein Zimmer bedeuten soll. Hier müssen wir Entscheidungen treffen, die von unserer Analyse her vorgezeichnet sind, entsprechend dem
Handlungsszenario, das wir wirklich *durchgespielt* haben. Es hat wenig Sinn,
beim Stichwort «Manager» an einen Faxanschluß zu denken und an drei, vier
andere Sachen, die einem gerade so einfallen. Wer sich entschlossen hat, das
Hotelzimmer der Zukunft für Manager zu konzipieren, der muß sich vorüber-

gehend in einen Manager verwandeln und dessen Tages-
ablauf vom Wecken bis zum
Einschlafen einmal durch-
spielen, ganz theatralisch auf
der eigenen «Studiobühne».
Ein Designer, der sich anhei-
schig macht, für Behinderte
zu entwerfen und selbst noch
nie in einem Rollstuhl geses-
sen hat, macht sich schlechter-
dings lächerlich.

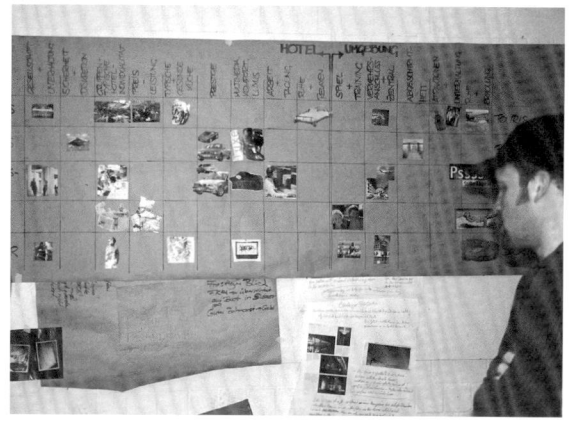

Abb. 132. Systemkonzept, visuell-piktografisch.

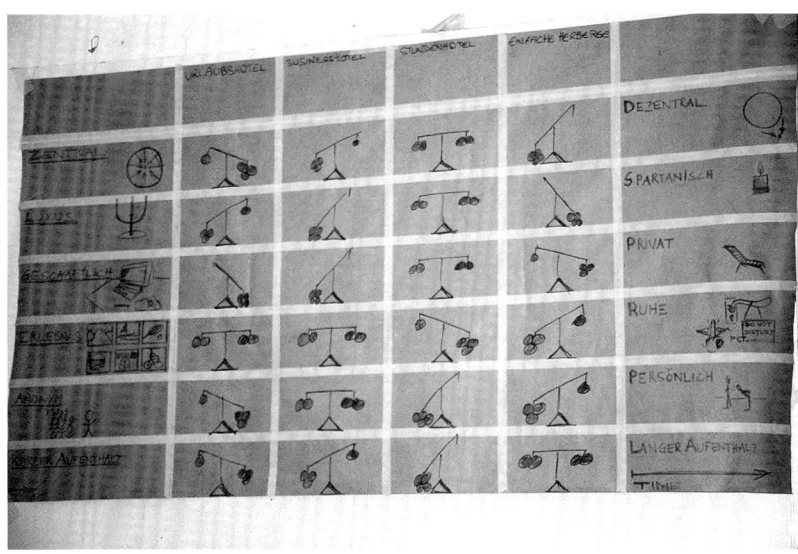

Abb. 133. Systemkonzept, visuell-piktografisch.

Wir stellen uns vor, daß das Systemkonzept in einem bestimmten Darstellungsrahmen entwickelt wird, in einem Rahmen, innerhalb dessen wir also nichts anderes tun als uns um das Systemkonzept zu kümmern; wir konzentrieren uns vollkommen auf das Konzept, wir denken hier nur an das Konzept und an nichts anderes, insbesondere an nichts, was der Sache nach erst später festgelegt werden muß.

Was ist ein Konzept? Ein Konzept ist die Festlegung dessen, was und wie eine Sache sein *soll*, was sie leisten *soll* – vorweg zu dem Wissen, wie dies konkret eingelöst werden könnte. Wer umgekehrt seine Konzepte schon vorhandenden Mitteln folgen läßt und sie daran anpaßt, vermag nicht mehr innovativ zu sein. Das Konzept drückt also ein *Sollen* aus, ohne schon über das einlösende *Können* vorweg irgendetwas Konkretes wissen zu müssen. Das Systemkonzept muß insofern auf der Ebene reiner «Bedeutung», man sagt auch: im *semantischen Raum* oder im Raum purer Geltungen bleiben. Das Systemkonzept rekombiniert

Semantik = Bedeutungslehre

Die Semantik ist eine Teildisziplin der Semiotik – der Wissenschaft vom Zeichen. Sie wird definiert als die «Lehre von der Beziehung des Zeichens zum Bezeichneten», womit der Sinn, die Bedeutung oder ein Gegenstand gemeint ist.

nicht einfach bekannte Elemente der Wirklichkeit. Das Systemkonzept *gilt* für den weiteren Entwurfsprozeß. Das Konzept hat für uns Geltungscharakter wie eine Spielregel. Semantik ist die Lehre von Sinn und Bedeutung; sie sagt aber nichts darüber aus, wie der angestrebte Bedeutungszusammenhang *realisiert* werden kann. Der Feuerwehrmann lernt in seiner Ausbildung vorweg verschiedene Konzepte der Brandbekämpfung kennen; wie aber der Brand in *dieser* bestimmten Situation gelöscht werden kann, sagt das Konzept natürlich nicht.

Aus dem Systemkonzept im semantischen Raum gehen wir sodann zwecks weiterer Konkretisierung zur *Systemtopologie* im topologischen Raum über. Die Systemtopologie ist ein noch immer abstraktes *Ordnungsschema*, das räumliche

Topologie

Teilgebiet der Mathematik, sie ist die Lehre von Lage und Anordnung geometrischer Gebilde im Raum. Im Design wird die Topologie als Problem der räumlichen *Ordnung, Kontinuität* und *Nachbarschaft* untersucht.

Beziehungen des Systems zu seiner Umwelt und zu seinen Teilsystemen aufgrund des Systemkonzepts festlegt. Ein Stuhl braucht, wie auch immer er sonst aussehen mag, eine «Vorderseite» und eine «Rückseite»; niemand besteigt einen Stuhl von hinten über die Lehne hinweg, es sei denn ein Student, der im Unterricht zu spät kommt (so geschehen). Man kann zum Beispiel kein Hotelzimmer konzipieren, ohne auch etwas darüber zu sagen, ob es in seiner «Umgebung» ein Hotelrestaurant geben soll. Wir duschen einsam, aber speisen in einem Saal. Wieso? Wie wäre die Welt, wenn es topologisch umgekehrt geschähe? Heraus käme eine Art Schwimmbad mit angegliederten Dinier-Séparées…

Erst nach Absolvierung der Systemtopologie kommen wir zur konkreten *Systemgeometrie*. Hier liegt die Schwierigkeit für den Anfänger. Er ist nämlich mit seinen Vorstellungen immer schon gleich bei der Systemgeometrie, d.h. bei den konkreten einzelnen Dingen, wie Telefonapparat, Sessel und Schuhputzmaschine. «Geometrie» soll heißen, daß es hier um die genaue Fixierung von Abmessungen, Materialien und Farben geht, um das, was wir die endgültige Gestalt nennen. Der Anfänger begibt sich zumeist gleich auf diese Ebene und kann hier allenfalls Variationen bewirken, aber nicht das ganze System revolutionieren. Dazu muß man lernen, sich zuerst auf den abstrakteren Ebenen des semantischen Raums und des topologischen Raums zu

Abb. 134 – 135. Systemtopologie für «Das Hotelzimmer der Zukunft».

bewegen, dort also, wo Ordnungs-Verhältnisse festgelegt werden wie Außen/
Innen, Oben/Unten, Vorne/Hinten, Links/Rechts, Verbunden/Unverbunden,
Untergeordnet/Übergeordnet usw. Auf der topologischen Ebene wird festgelegt, aus wieviel Teilsystemen das System bestehen soll: Wäre es nicht verführerisch, Badewanne und Bett als einunddasselbe Teilsystem zu betrachten? Auf
die geometrische Ebene steigen wir zuallerletzt hinunter. Wenn wir ein Hotelzimmer der Zukunft erdenken wollen, verbieten wir es uns also kategorisch,
mit Skizzen von Betten, Schreibtischen und Raumaufteilungen anzufangen.
Es gibt japanische «Hotelzimmer», die aus einer Röhre bestehen, die man über
eine Leiter erreicht und in denen es nur eine Liegemöglichkeit gibt, aber sonst
jeden Komfort zur Hand. Ein
solches Hotelzimmer (unabhängig davon, ob wir uns so
die Zukunft vorstellen) kann
man nicht erfinden, indem
man mit Skizzen von Toilet-
ten-Einrichtungen und Fern-
sehtischchen beginnt. In einem Vortrag erklärte einmal
ein bekannter Architekt, es
komme während der Kon-
zeptphase darauf an, «so spät
wie möglich als Architekt zu
denken», das sollte heißen,
daß ein Architekt nicht gut
beraten ist, gleich mit Skizzen
zu beginnen, wie das Gebäude aussehen könnte, noch bevor er selber richtig verstanden hat, wozu das Gebäude
dienen wird.

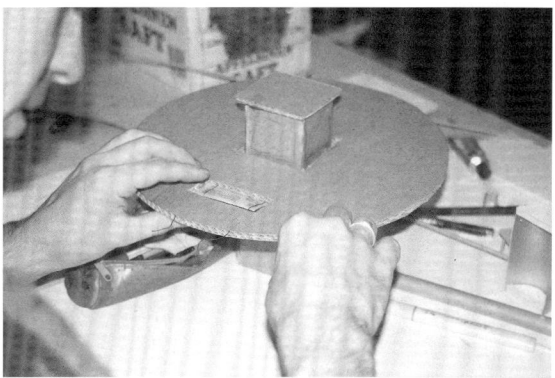

Abb. 136 – 137. Bei der Arbeit an der Systemgeometrie und ihre 3-D-Dar-
stellung durch ein Modell mit einfachen Mitteln.

18. Systemkonzept im semantischen Raum

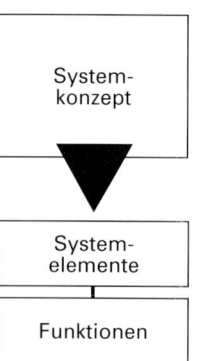

Designer müssen also im Verlauf des Designprozesses zu Anfang ein Systemkonzept bestimmen, gewonnen aus der vielfältig erarbeiteten Problemanalyse. Das Konzept bezieht sich auf die Zukunft und drückt insofern ein Sollen aus; wir müssen innerhalb des Systemkonzepts darstellen, was das System zukünftig beinhalten soll. Dies bedeutet, daß wir die Systemelemente und ihre Funktionen benennen. Das System «Hotelzimmer» sollte zumindest etwa eine «Abgrenzung» nach Außen enthalten, eine «Liegemöglichkeit», eine «Hygienemöglichkeit», eine «Kommunikationsmöglichkeit», eine «Beleuchtungsmöglichkeit», eine «Ablagemöglichkeit».

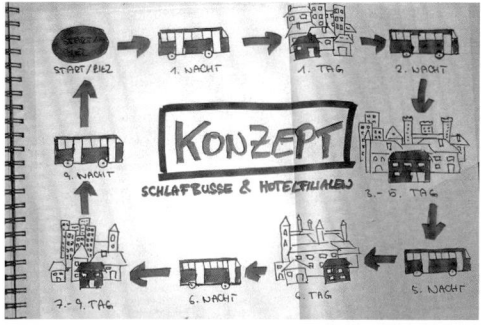

Die Wörter in Anführungszeichen repräsentieren Unterkonzepte des Systemkonzepts, die weiter aufgelöst werden können: die «Hygienemöglichkeit» sollte aus «Toilette» – dies ist hier ein Konzept, noch kein konkreter Gegenstand! –, «Waschmöglichkeit» und «Körperpflege-Möglichkeit» bestehen. Auf der Konzeptebene sprechen wir zum Beispiel also nicht von einem «Bett», sondern von einer «Liegemöglichkeit» oder einer «Schlafgelegenheit» oder sogar einfach von «schlafen», nicht von einer «Stehlampe», sondern von der «Raumbeleuchtung» oder einfach von «Licht». Ein bekannter Hersteller von Lampen pflegt mit gutem Recht zu sagen: *Wir verkaufen nicht Lampen, sondern Licht.* Geläufig ist auch der Spruch: Wenn die alten Ofenbauer rechtzeitig gemerkt hätten, daß sie Wärme verkaufen und nicht Öfen, wären sie heute noch im Geschäft. Die schwei-

Abb. 138 – 140. Systemkonzept-Darstellungen des «Hotelzimmers der Zukunft».

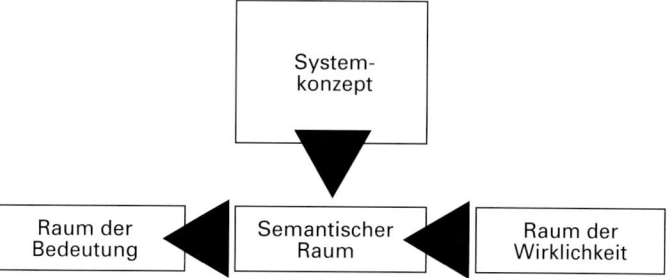

zer Uhrenindustrie ist fast vollständig verschwunden, weil sie zu lange glaubte, Uhren aus Zahnrädern zu verkaufen. Daß man die Zeit auch elektronisch messen kann, überraschte die schweizer Uhrenmechaniker; erst mit der *Swatch*, einem völlig neuen Konzept, mit der Uhrzeit umzugehen, gab es eine schweizer Antwort auf die fernöstliche Herausforderung.

Um den Entwurfsprozeß von einer vordergründigen Fixierung auf vereinzelte Formen zu befreien, sprechen wir von *Systemen*. Vorteil des Systembegriffs ist es, den Designer daran zu erinnern, daß vorweg zu jeder dinglichen Realisierung im Entwurfsprozeß schon mannigfache Entscheidungen zu treffen sind, die sich nicht unmittelbar auf Gestalthaftes beziehen (sondern z.B. auf Handlungskontexte). Andernfalls ist der Designer oft versucht, sich von vornherein gleich eine ausgestaltete Form vorzustellen und seinen gesamten Arbeitsprozeß auf diese abzustimmen. Ein System ist aber, besonders mit Rücksicht auf die Handlung, eher aus Funktionen und Systemelementen «aufgebaut» als aus Gestaltelementen. Man kann nicht oft genug wiederholen, daß wir, bevor wir die letztendliche Gestalt festlegen können, schon viele andere Dinge festzulegen haben, die noch nicht geometrischer Natur sind. Wir müssen zuerst den *Zusammenhang* (System) der Elemente bestimmen und im zweiten Schritt diesem Zusammenhang *räumliche Nachbarschaften* (Topologie) zuordnen.

Was ist ein Systemkonzept? Ein artefaktisches System ist allgemein ein nach Prinzipien geordnetes Gan-

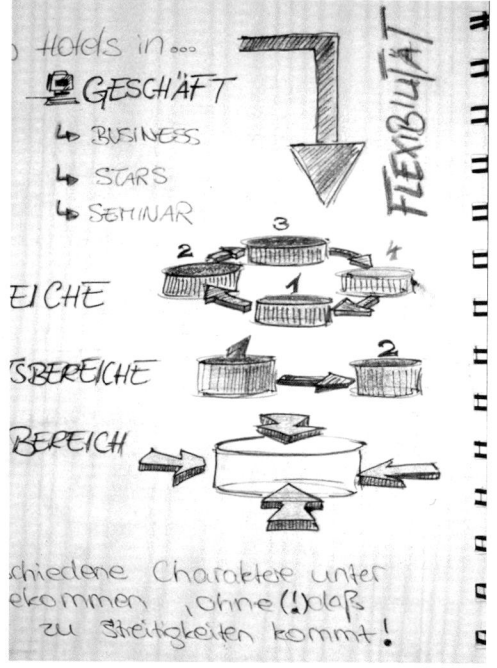

Abb. 141. Systemkonzept-Darstellung des «Hotelzimmers der Zukunft».

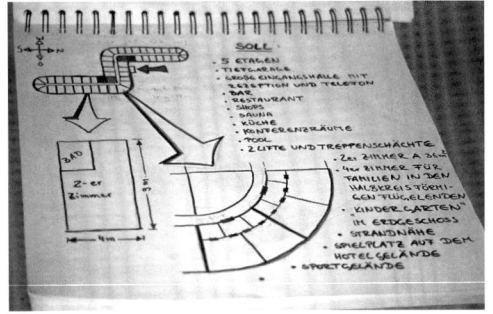

Abb. 142. Grafische Darstellung des «Hotelzimmers der Zukunft».

zes der Erkenntnis, der Technik oder des Handelns. Konzept bedeutet Entwurf, erste Fassung, Planung, Strategie. Das Konzept bezieht sich als Zusammenhang erwünschter Sachverhalte stets auf die Zukunft und drückt also ein Sollen aus; wir müssen innerhalb des Systemkonzepts darstellen, was das System zukünftig beinhalten soll. Dies bedeutet, daß wir die Systemelemente und ihre Funktionen in ihrem Zusammenhang benennen. Das Systemkonzept existiert als Bedeutungsgehalt; es ist ein «Objekt» im semantischen Raum.

Was ist der semantische Raum? Die Semantik ist als Teildisziplin der Semiotik – der Wissenschaft vom Zeichen – die Lehre von der Bedeutung; sie ist, wie sie gewöhnlich näher

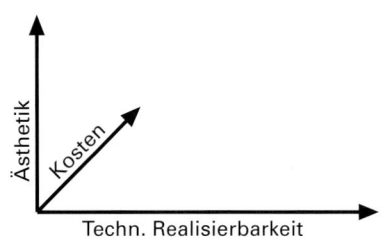

definiert wird, die «Lehre von der Beziehung des Zeichens zum Bezeichneten». Ein Raum ist in der modernen Auffassung alles, wofür die Frage «wo?» Sinn hat, worin es also benachbarte Orte gibt, die man durch bestimmte Angaben identifizieren und voneinander unterscheiden kann. Raum wurde in der Antike von Euklid durch Länge, Breite und Höhe festgelegt, also dreidimensional. Ein simpler dreidimensionaler semantischer Raum wäre zum Beispiel einer mit den drei Dimensionen «Ästhetik», «Kosten» und «technische Realisierbarkeit». In diesem Raum ist ein Ort durch eine Ästhetik-«Größe», eine Kostengröße und eine Realisierbarkeitsgröße definiert und in diesen Angaben von anderen Raumpunkten unterscheidbar.

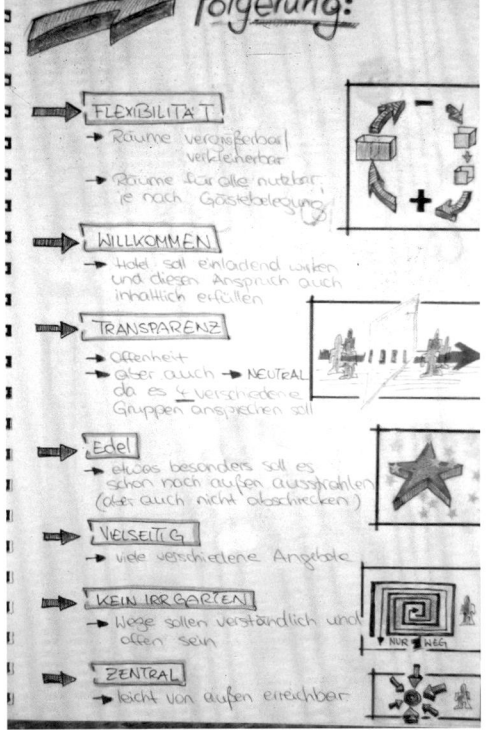

Abb. 143. Systemkonzept-Darstellung.

Am besten stellt man sich einfach einen durch ein rechtwinkliges Koordinatensystem bestimmten euklidischen Raum vor, dessen Achsen andere Bezeichnungen als «Länge», «Breite», «Höhe» tragen. Natürlich wird ein komplexerer semantischer Raum erheblich mehr Dimensionen haben, eventuell sogar unendlich viele, je nachdem, wie viele Beurteilungsdimensionen oder Kriterien wir für unser Systemkonzept voraussetzen wollen oder müssen. Verschiedene Konzepte liegen in verschiedenen Punkten des semantischen Raumes; z.B. unterscheiden wir ein ästhetisch betontes Konzept, mit geringen Kosten, das aber leider nur sehr schwer technisch realisierbar ist, von einem Konzept, das äs-

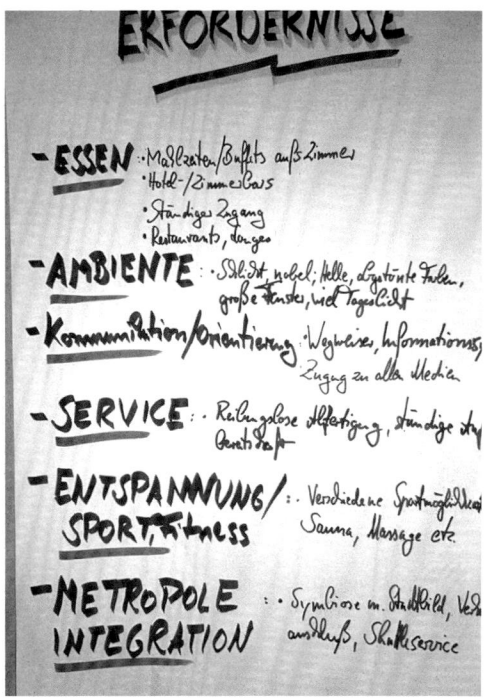

Abb. 144. Systemkonzept-Stichworte.

thetisch unauffälliger, auch nicht so kostengünstig, dafür aber technisch gut realisierbar ist. (Wenn man die Mathematik weit genug entwickelte, ließe sich ein Distanzbegriff für Entfernungen zwischen Konzepten im semantischen Raum definieren und berechnen. Vielleicht werden in dieser Frage eines nicht allzufernen Tages Computer uns auch bei dieser Art von Aufgaben dienlich sein.)

Das Systemkonzept ist also eingebettet in den semantischen Raum, noch ganz ohne Beziehung auf irgendeine konkrete Realität. Kinder pflegen sich bei ihren Spielen mehr im semantischen Raum als im wirklichen Raum aufzuhalten, sie orientieren sich an semantischen Dimensionen, unabhängig von dem physischen Gegenstand, der zur Repräsentation semantischer Dimensionen benutzt wird: Aus drei Holzklötzen schaffen sie sich das Systemkonzept «Eisenbahnzug», im nächsten Augenblick aus den selben Klötzen das Systemkonzept «Turm», dann wieder «Kochküche». Kinder

«Bedeutungslehre»

«In ungenauer Ausdrucksweise bezeichnen wir alle unsere Gebrauchsdinge (obgleich sie samt und sonders menschliche Bedeutungsträger sind) kurzweg als Gegenstände, als wenn sie einfache beziehungslose Objekte wären. Ja wir behandeln nicht selten ein Haus mit allen in ihm befindlichen Dingen als objektiv existierend, wobei wir die Menschen als Bewohner des Hauses und als Benutzer der Dinge völlig außer acht lassen. Wie verkehrt diese Betrachtungsweise ist, zeigt sich sofort, sobald wir an die Stelle des Menschen einen Hund als Bewohner des Hauses einsetzen und seine Beziehungen zu den Dingen ins Auge fassen.» (Jakob von Uexküll, *Streifzüge durch die Umwelten von Tieren und Menschen. Bedeutungslehre*, S. 107)

sind oft viel rascher zu produktiven
Abstraktionen bereit als Erwachsene. Gerade darum gelten Kinder als
besonders kreativ. Kreativität besteht darin, etwas als etwas anderes
sehen zu können. Wer einen Holz-
klotz als Eisenbahnwagen sehen
kann, der hat das Zeug zum Designer von Systemkonzepten.

Der semantische Raum ist, vereinfacht gesagt, vorstellbar als der

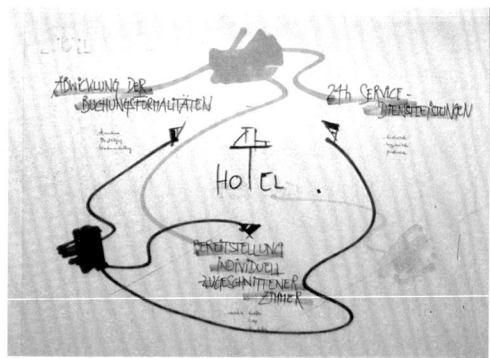

Abb. 145. Systemkonzept-Darstellungen.

Raum der Wirklichkeit, aus dem aber alles Wirkliche entfernt gedacht wird
und in dem nur die Bedeutungen zurückbleiben – wie bei Lewis Carroll das
berühmte Grinsen des Katers, wenn der Kater schon verschwunden ist. «Ohne
Form wie auch ohne Stoff oder Materie sind Dinge unmöglich. Auch bei Ari-
stoteles erhält die Form eine höhere Bedeutung als der Stoff zugesprochen. Sie
ist Ursache und Zweck der Dinge» (Peter Hübner, *Einführung in die Methodenlehre der Psychologie*, S. 167). Der semantische Raum verleiht dem Systemkonzept einen semantischen Ort für seine Bedeutung, die darauf antwortet, wie
das zukünftige System sein soll. Wir sagten, wie es sein soll, nicht aber, wie es
aussehen soll; soweit sind wir noch nicht. Unser «Stoff» ist hier vorläufig nur
die Bedeutung. Weil die Semantik vielfach der Sprachstruktur ähnelt, können
wir unsere semantischen Systemkonzepte wie eine grammatische Struktur organisieren. Die verzweigende Struktur unseres Systems wird top-down bis
hinunter auf die unterste Bedeutungsebene – die einzelnen Systemelemente –

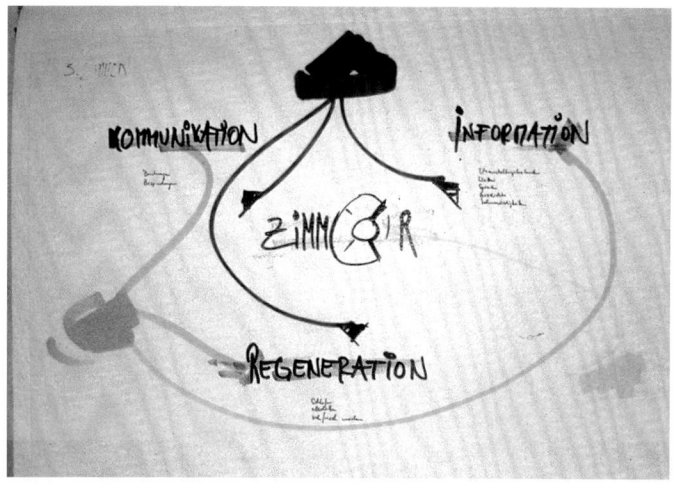

Abb. 146. Systemkonzept-Darstellung.

festgelegt. Hierarchien überhaupt helfen uns, unsere Gedanken zu strukturie-
ren. Ein Sprecher strukturiert seine Gedanken und gliedert sie durch die Syntax in einzelnen Phrasen bis hinab zu den phonologischen Einheiten, den Lau-
ten. Der Sprecher kodifiziert so seine Botschaft. Der durch seine vorweg ge-
wählten Dimensionen aufgespannte semantische Raum hilft, durch Vernet-
zung interdependenter Punkte auf den «Koordinatenachsen», das Systemkonzept zu entwickeln. «Conceptual meanings of a language seem to be organized
largely in terms of contrastive features, so that (for example) the meaning of
the word woman could be specified as +HUMAN, –MALE, +ADULT, as distinct
from, say, boy, which could be ‹defined› +HUMAN, +MALE, –ADULT.»
(Geoffrey Leech, *Semantics*, S. 11) Ein binär strukturierter semantischer Raum
ist noch einfacher aufgebaut als unser obiger «euklidischer», mit den Dimensionen ÄSTHETIK, KOSTEN, REALISIERBARKEIT, die jetzt nur noch jeweils
zwei Werte, «+» und «–» annehmen können.

Infobox 11: Semantischer Raum

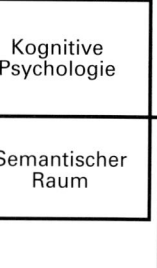

Der Begriff eines «semantischen Raumes» fand ursprünglich
im Grenzbereich zwischen Kognitiver Psychologie und Linguistik
Verwendung. Wir alle verfügen über eine kognitive Raum-
orientierung: Wir wissen z.B. intuitiv, daß wir uns im dritten Stock
eines achtstöckigen Gebäudes in einem Raum zur Parkseite hin
befinden. Dies Wissen ist nicht rein geometrischer Art, sondern
die geometrischen Vorstellungen sind hier «semantisch besetzt»,
das heißt, von Bedeutungen begleitet (*sema* [gr.] = Zeichen). Im
dritten Stock sind wir eben nicht ganz oben (in der «Chefetage»),
aber auch nicht ganz unten (im «Keller»). Die Parkseite könnte überdies die Prestige-Seite des Gebäu-
des sein. Ein Linguist, der das sprachliche Denken untersucht, sieht
diese Verhältnisse noch abstrakter: er interessiert sich nur für die
Bedeutungen, sie haben für ihn Priorität, die rein räumlichen Vorstellungen treten ganz zurück, der wirkliche Raum ist aus linguisti-
scher Sicht ein «semantischer» Raum, ein Raum voller Bedeutungen und nur aus Bedeutungen aufgebaut. Der linguistische Seman-
tiker erkennt nur, daß wir uns zwischen «Chefetage» und «Keller»
befinden, aber etwas näher zum «Keller» als zur «Chefetage».
   Genauso, wie sich im täglichen Leben der semantische Raum
ständig mit neuen Bedeutungen auflädt, können wir ihn auch in die
Zukunft projizieren und mit erwünschten Bedeutungsgehalten auf-
laden, das heißt, wir können in ihm *Konzepte* bilden.

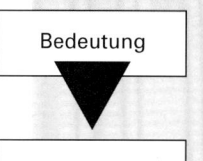

Infobox 12: System

Die Designer haben sich seit vielleicht zwanzig oder dreißig Jahren angewöhnt, bei ihren Aufgaben statt von Gegenständen lieber von «Systemen» zu sprechen. Hinter dem Begriff System steht tatsächlich eine komplette Wissenschaft, die interdisziplinäre *Systemwissenschaft*. Was ist nach ihr ein System? Gemäß der Systemwissenschaft ist ein System S eine Menge M von Elementen E, zusammen mit einer Menge R von Relationen (Beziehungen) zwischen den Elementen von M, die *Struktur* des Systems. Also S = (M, R). Der Mengenbegriff stammt seinerseits aus der Mathematik: Eine Menge ist eine Zusammenfassung von Einzelheiten («Elementen») zu einem Ganzen. Eine Menge wird zu einem System, wenn es mindestens eine Beziehung zwischen den Elementen gibt. Zwischen den Elementen der Menge {Fritz, Franz, Ferdinand} existiert, sagen wir einmal, die Beziehung «x ist Bruder von y». Für ein System als solches ist es ganz unerheblich, welcher Art die Elemente sind und welcher Art die Beziehungen. Es gibt soziale Systeme (z.B. Familie), physikalische Systeme (z.B. das Sonnensystem), philosophische Systeme (z.B. der Platonismus).

Der Vorteil des Systemdenkens besteht darin, daß man sich zunächst auf sehr allgemeine, abstrakte Merkmale von Systemen beziehen kann, noch bevor man auf die Details eines einzelnen Systems eingehen muß. So kann man offene von geschlossenen Systemen unterscheiden: Offene Systeme haben «Randelemente», über die ein materieller, energetischer oder informationeller Austausch mit der Umgebung bzw. einem anderen System stattfindet; geschlossene Systeme, die es in der Realität nur näherungsweise gibt, beziehen sich bloß auf sich selbst; und alles, was in ihnen passiert, bleibt völlig unbeeinflußt von der Umgebung. Ob man ein System als offen oder geschlossen betrachtet, hängt davon ab, wie wichtig einem die Berücksichtigung des *Kontextes* ist, in dem sich das System aufhält.

Dynamische Systeme, also solche, die nicht statisch in sich ruhen, können ihrem Verhalten nach «linear» sein oder «nichtlinear» (nach dem Typ der Gleichungen, die sie beschreiben). Nichtlineare Systeme heißen auch, wie wir früher sahen, komplexe Systeme; sie sind in ihrem Verhalten unvorhersagbar. Es ist klar, daß Design versuchen sollte, keine in ihrem Verhalten unvorhersehbaren Systeme zu gestalten. Vielmehr muß es darum gehen, *Komplexität zu reduzieren*, damit das Verhalten überschaubar und verläßlich wird, damit, anders gesagt, unser Handeln an Systemen glücken kann («felicity conditions»). Das bedeutet jedoch nicht, daß wir die zu gestaltenden Systeme uns nach Lust und Laune vereinfachen können: *Gerade die Reduktion von Komplexität macht den Designprozeß selbst komplex!*

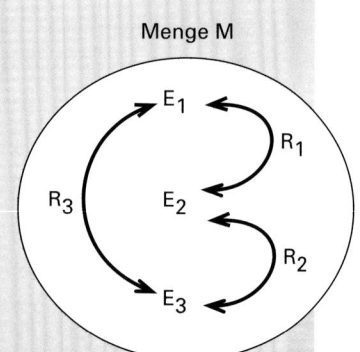

System S

Menge M

Komplexes Design:

System-Komplexität reduzieren

Verhalten überschaubar machen

«felicity conditions» des Handelns

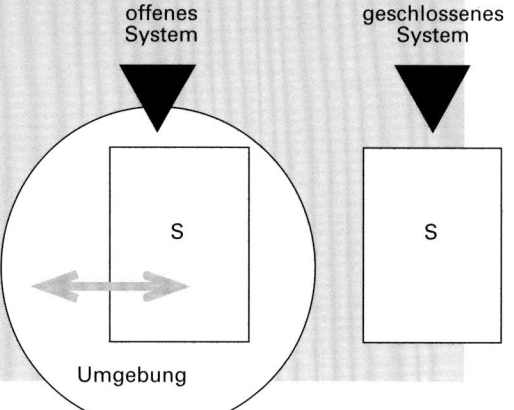

offenes System

geschlossenes System

Umgebung

19. Beziehungen im topologischen Raum

Das Systemkonzept bestimmt sich im semantischen Raum. Der semantische Raum ist der Raum der Wirklichkeit, aus dem alles Wirkliche entfernt gedacht wird und in dem nur die Bedeutungen («Konzepte») zurückbleiben. Im nächsten Schritt des Designprozesses müssen wir wieder einen Schritt auf den Raum der Wirklichkeit zu gehen. Dieser Schritt besteht darin, daß wir zu den semantischen die «topologischen» Beziehungen hinzufügen, jedoch noch nicht die geometrischen Gestalteigenschaften. Diese letzteren sind dem «geometrischen Raum» vorbehalten, der aus dem topologischen Raum durch weitere Konkretisierung hervorgeht.

Anfänge der Systemtopologie

Zu topologischen Ansätzen im Design hatte es ernsthafte Versuche bereits in der Grundlehre der HfG Ulm gegeben. Aus dem Wunsch nach Anwendung der exakten Wissenschaften und insbesondere der mathematischen Disziplinen im Design wurde die Topologie als Problem der räumlichen *Ordnung, Kontinuität* und *Nachbarschaft* untersucht, Kategorien, die im Designprozeß von offensichtlicher Bedeutung sind.

Zentral für jede methodologische Überlegung muß dabei gerade die schwierige Problemzone zwischen Konzept und Entwurfskonkretisierung sein, an der die meisten Entwurfslehren sich auszuschweigen pflegen. An dieser Stelle sprechen wir von der «Systemtopologie». Die Systemtopologie steht gemäß unseren Überlegungen in der Prozeßabfolge nach dem «semantischen Raum» und vor der «Systemgeometrie». Die Phase der Systemtopologie ist ein zentraler Zwischenschritt in der Entwurfsentwicklung. Ohne die Ausdifferenzierung einer Systemtopologie wäre der Sprung zwischen Konzept und Gestalt zu groß und zu willkürlich. Die «konzeptuelle» Natur des Konzepts und die «geometrische» Natur der Gestalt liegen offensichtlich auf ganz verschiedenen Ebenen, die gar nicht ohne weiteres auf einander bezogen werden können. Wir sehen besonders bei Anfängern die Gefahr, die erarbeitete Analyse und das Konzept nicht mehr wirklich in Betracht zu ziehen, sobald sie vor der Formfrage stehen. Die Systemtopologie nun folgt im Designprozeß direkt auf das Systemkonzept im semantischen Raum und geht der Systemgeometrie im physikalischen Raum voraus. *Die Systemtopologie stellt ganz konkret die Beziehung her zwischen der Konzeptsemantik und der Gestaltgeometrie.*

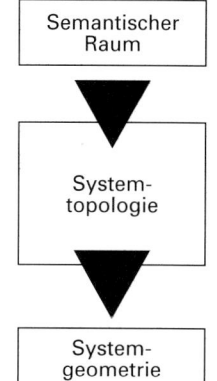

Semantischer Raum

Systemtopologie

Systemgeometrie

Wir fügen unserem Systemkonzept die Systemtopologie dadurch hinzu, daß wir eine Darstellung davon geben, wie die Beziehungen des konzipierten Systems zu seiner Außenwelt und seiner Innenwelt eine *räumliche Ordnung* erfahren sollen. Das klingt sehr abstrakt, ist aber gar nicht so schwer verständlich. Wenn wir einen Stuhl gestalten, sollte die «Unter»-Seite der Sitzfläche, wie sie von uns vorgesehen wurde, natürlich

Systemtopologie:

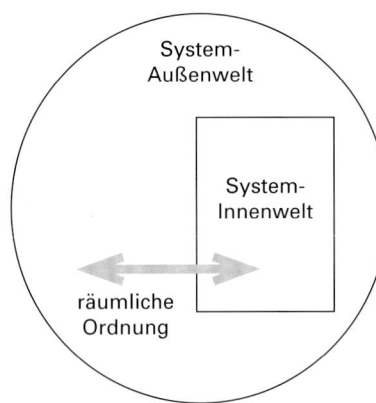

nicht mit der «Ober»-Seite verwechselt werden, mit der wir ja etwas anderes vorhaben. Wir stellen uns den semantischen Raum nun als um «Örter» (griechisch *topoi*) ergänzt vor. Das Kind spielt mit einem Bauklotz und erklärt, daß dieser ein Haus sein solle. Die Erklärung stellt ein Konzept dar. Wenn wir nun mitspielen und mit dem Auto (ein anderer Bauklotz) uns dem Haus nähern, wird uns vielleicht mitgeteilt, daß wir uns von *dieser* Seite (das Kind zeigt darauf) zu nähern haben, weil hier die Vorderseite des Hauses sei. Das Kind hat begonnen, sein Konzept «Haus» in *räumliche* Beziehungen einzuspinnen. Der «Eisenbahnzug», bestehend aus drei gleichen Bauklötzen, fährt in eine bestimmte *Richtung*. Wenn die drei Klötze einen «Turm» bilden, so ist die Turmspitze natürlich *oben*. Ein Topos ist also ein «Ort» mit semantischer Besetzung, *in Relation zu anderen Orten*, die ebenfalls semantisch besetzt sind. Ein Topos ist z.B. die «Vorderfront» eines Hauses; die Vorderfront ist wie ein Gesicht; das Haus (auch ein Auto) wendet uns mit seinem Gesicht eine bestimmte Miene zu und begrüßt uns durch sie; das Gesicht des Hauses wirkt einladend oder abweisend, «von oben herab» oder uns gemütlich «bei der Hand nehmend». Die Front des Hauses ist hervorgehoben gegenüber den drei anderen «Seiten», insbesondere gegenüber der «Rückseite», auf die man topologisch z.B. nicht direkt das Gesicht eines anderen Hauses schauen lassen darf. Wie könnte ein Haus aussehen, bei dem alle vier Seiten als topologisch (sozusagen «ortssemantisch») gleich behandelt werden? Wenn eine Seite eine Tür hat, müssen die drei anderen auch eine Tür haben, usw.

Für das Design sind die intuitiven, topologischen Verhältnisse der Ordnung, Nachbarschaft, Kontinuität, des Geschlechts von größter Bedeutung. Wir nehmen zum Beispiel einige Bauklötze und bilden eine Ordnung durch Nachbarschafts-Vernetzung. Natürlich ist diese Ordnung eingefügt in ein semantisches Konzept, das ein Objekt im semantischen Raum bildet, zum Beispiel «Eisenbahnzug» (vielleicht mit den Dimensionen «Bequemlichkeit», «Zuglänge», «Geschwindigkeit», «Sicher-

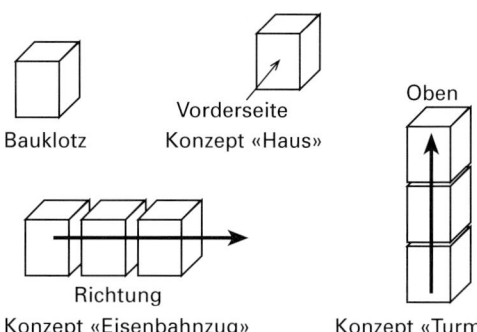

Topologische Konzept-Differenzierung

Bauklotz

Vorderseite
Konzept «Haus»

Oben

Richtung
Konzept «Eisenbahnzug»

Konzept «Turm»

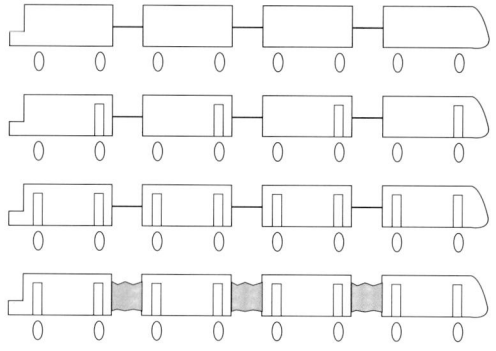

heit» usw.). Der semantische Raum verwandelt sich in den topologischen Raum, wenn topologische räumliche Beziehungen zur Semantik hinzugefügt werden, zum Beispiel daß hier die Elemente linear verkettet sind. Im semantischen Konzept «Eisenbahnzug» sehen wir nicht, wie ein Eisenbahnzug aussieht; auch im topologischen Raum

sehen wir noch immer nicht, wie ein Eisenbahnzug aussieht, wissen aber jetzt, daß er aus Systemelementen (den Wagen) besteht, die linear miteinander verkettet werden, so daß zwei «Orte» (topoi) ausgezeichnet sind, die wir als «Hinten» bzw. «Vorne» zu interpretieren haben (auch Regenwürmer haben schon eine Vorn/Hinten-Differenzierung, die jedoch für Laien meist unentscheidbar ist; schneidet man einen Regenwurm in zwei Teile – was man vielleicht nicht tun sollte –, so erhält man zwei Linearverkettungen, die jeweils von sich aus eine neue

Topologisches «Geschlecht»

Die Topologen kennen mehr als zwei «Geschlechter»: Die Geschlechtsordnung einer topologischen Form richtet sich nach der Zahl von Durchlochungen, welche die Form aufweist.

Vorn/Hinten-Differenz ausbilden, anders als Eisenbahnzüge dies bis heute können).

Bleiben wir noch bei unserem Beispiel. Jeder Bauklotz unseres «Eisenbahnzuges» bildet für sich das Subsystem «Wagen» und ist noch vom Geschlecht 0; man kann den «Wagen» noch nicht betreten. Dies kann man jedoch dann tun, wenn man den «Wagen» zwar im Zustand des Geschlechts 0 beläßt, ihn aber wie einen Becher mit einer Aushöhlung versieht. Auf demselben Weg, auf dem man dann den «Wagen» betritt, muß man ihn auch wieder verlassen (der Kaffee muß den Becher auf exakt demselben Weg verlassen, auf dem er in ihn hineingekommen ist; bei manchen Tieren

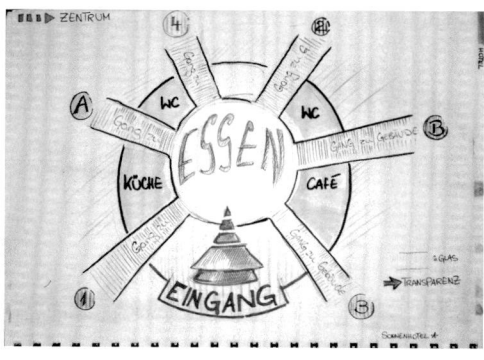

Abb. 147 – 148. Systemtopologie-Schemata des «Hotelzimmers der Zukunft».

fallen Mund und Kloakenöffnung zusammen, das Tier ist kein Rohr, sondern ein Becher). Man kann die Sicherheit für die Reisenden erhöhen, wenn wir vorsehen, daß wir nicht immer den «Wagen» an derselben Stelle verlassen müssen, an der wir hineingekommen sind. Um Eingang und Ausgang zu unterscheiden, muß allerdings das Geschlecht des «Wagens» auf 1 erhöht werden. Auch durch diese Maßnahme ist der «Eisenbahnzug» als ganzer noch keine Röhre (also vom Geschlecht 1); dazu müßte es möglich sein, die Wagen so zu verketten, daß ein Ausgang des einen Wagens ein Eingang des nächsten Wagens wird. Tatsächlich verzeichnet die Eisenbahn-Historie das zweite Konzept (Gesamtröhre) später als das erste (Wagenröhre); ganz zu Anfang gab es sogar nur Abteilröhren (oder Abteilkrapfen, wie man will).

Ein Hotelzimmer könnte z.B. in folgende topologische Ordnung eingebettet sein: Region, *darin* eine Stadt, *darin* ein Stadtteil, *darin* ein Gebäude, *darin* ein Zimmer. Eine andere Ordnung wäre z.B.: Wüste, *darin* eine Oase, *darin* eine Wasserstelle, *an deren Seite* ein Gebäude, *darin* ein Zimmer. Es ist klar, daß diese beiden Hotelzimmer etwas ganz Verschiedenes darstellen. Oder

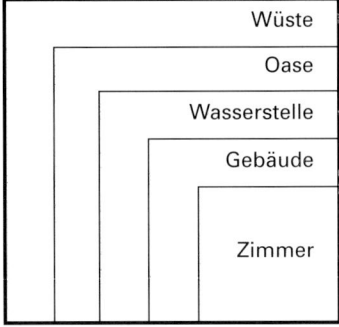

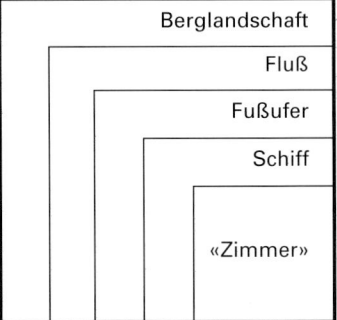

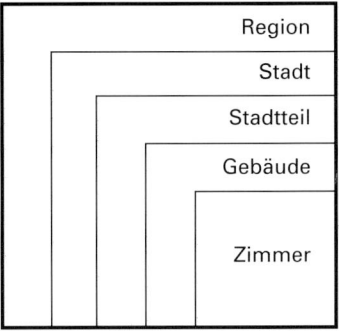

Abb. 149 – 150. Systemtopologie-Schemata.

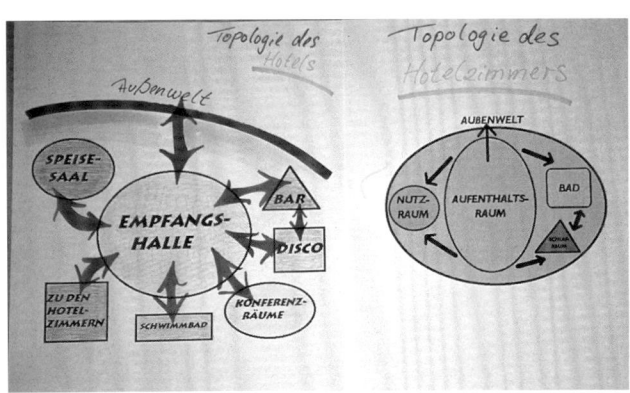

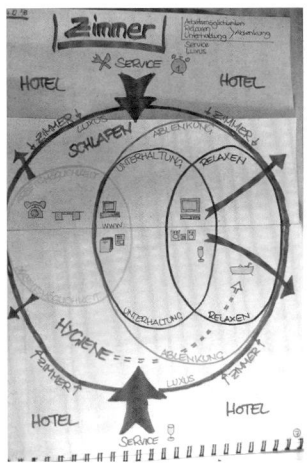

so: Eine Berglandschaft, *darin* ein Fluß, *am* Flußufer ein Schiff, *darin* ein «Zimmer». Stellen wir uns vor, ein Zauberer versetzt uns im Schlaf in eines dieser Zimmer; wir wachen morgens auf: Wie erkennen wir an unserem Zimmer, in welchem der drei Zimmer wir uns befinden? Wer uns rät, aus dem Fenster zu schauen, ist offensichtlich denkfaul. Wir wollen nur im Zimmer herumschauend erkennen, wo wir sind. Hierfür eine gestalterische Lösung zu finden, hieße, der topogologischen Ordnung einen Reflex im Zimmer zu verschaffen. Das Stadtzimmer muß städtisch anmuten und uns in die lebendige Stadt hinaus rufen – das Stadtzimmer ist «explosiv»; das Oasenzimmer muß wie konzentriert anmuten und uns bei sich behalten wollen, es muß «implosiv» sein; das Schiffszimmer muß wie unterwegs anmuten und uns ein «Reisebegleiter» sein wollen, es muß «mobil» sein, eben eine Kajüte.

Die Topologie erlaubt es, die Semantik plausibler mit der Geometrie zu verknüp-

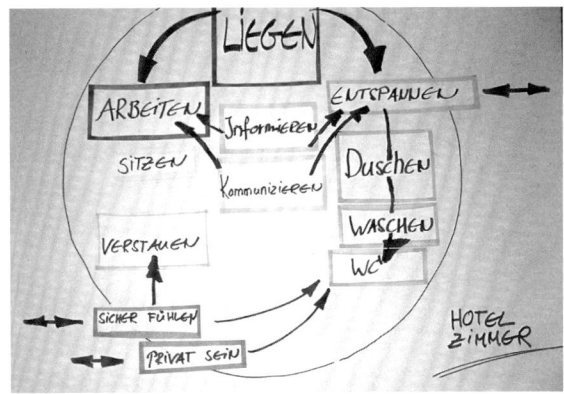

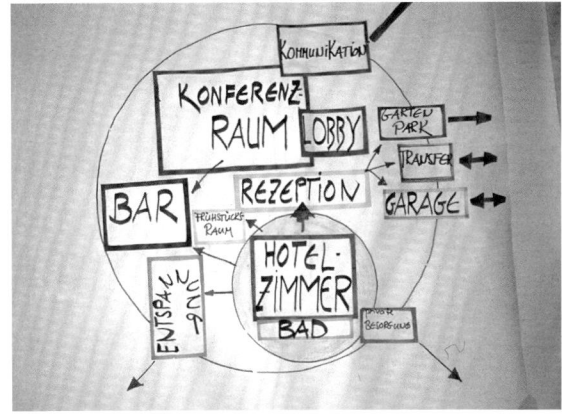

Abb. 151 – 152. Systemtopologie-Schemata des «Hotelzimmers der Zukunft».

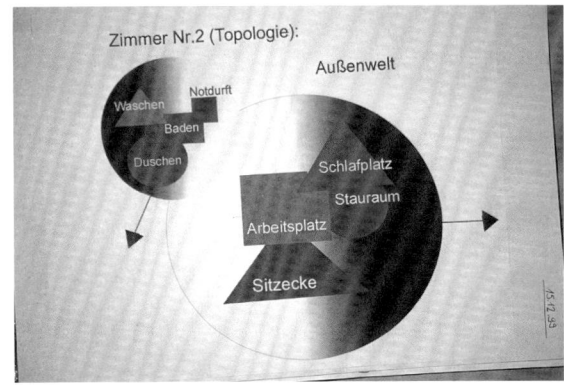

Abb. 153. Systemtopologie-Schema des «Hotelzimmers der Zukunft».

fen, weil sie ein Vermittlungsfeld zwischen ihnen liefert. Wer Semantik direkt in Geometrie umsetzen will, kann eigentlich nur zufällige Berührungspunkte zusammenaddieren. Wer hingegen aus der Semantik heraus das topologische Netz ständig feinmaschiger knüpft, wird schließlich gewissermaßen automa-

tisch bei der Geometrie ankommen. *Die Geometrie resultiert aus der Semantik durch topologische Approximation.* Der Nutzen, vom Systemkonzept im semantischen Raum nicht direkt in den geometrischen Raum zu springen, sondern zuerst eine topologische Ordnung im topologischen Raum zu entwickeln, liegt darin, daß wir so eine kontextuelle «Vernetztheit» in Richtung Handlungsszenario gewinnen, und zwar ein *räumliches Netz*, in welchem die schließlichen Systemelemente szenarisch verdichtet aufeinander bezogen sind, wie in einem gelungenen Bühnenbild für die Aufführung. Die im Systemkonzept vorgesehene «Schlafgelegenheit», die, ohne topologische Verknüpfung, unmittelbar geometrisch realisiert werden soll, muß den Kontext des Hotelzimmers notwendigerweise verfehlen: Der Anfänger vergißt im Extremfall, für welches der drei Zimmer er die Schlafgelegenheit entwirft und richtet sich nur nach geometrischen Einfällen. Stattdessen: Das Kind beginnt sein Spiel mit dem Konzept «Haus», repräsentiert durch einen Bauklotz. In Verfolgung seines Szenarios entsteht aber das Bedürfnis, ins Innere des Hauses zu gehen und dort das Spiel fortzusetzen. Also knüpft das Kind seine topologische

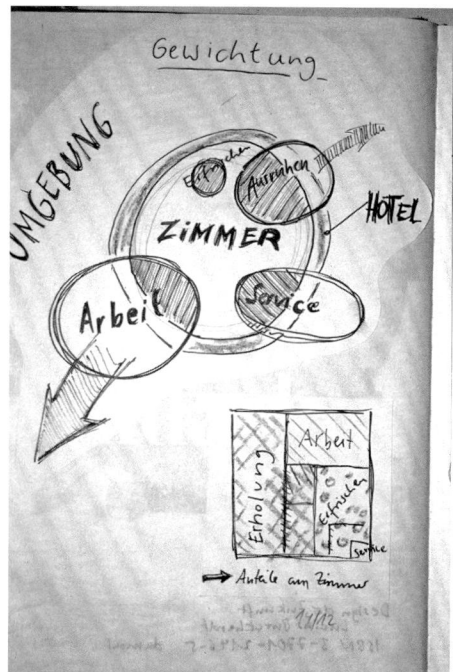

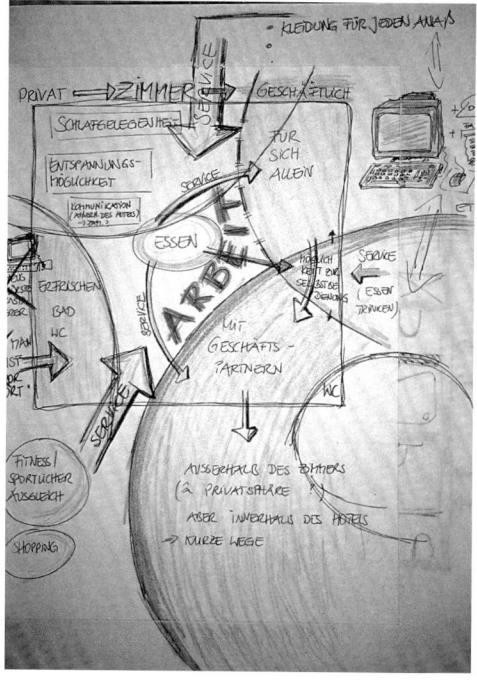

Abb. 154 – 155. Systemtopologie-Schemata des «Hotelzimmers der Zukunft».

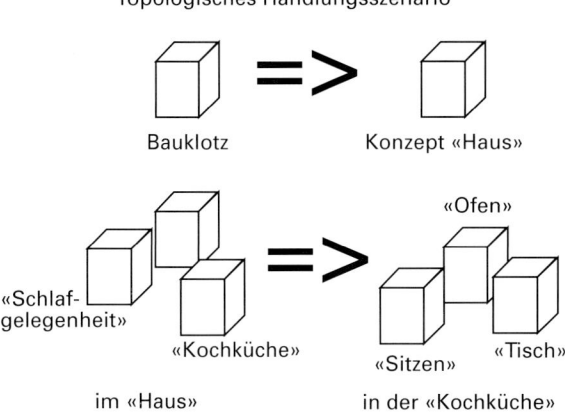

Topologisches Handlungsszenario

Bauklotz   Konzept «Haus»

«Schlaf-
gelegenheit»

«Kochküche»   «Ofen»

«Sitzen»   «Tisch»

im «Haus»   in der «Kochküche»

Ordnung engmaschiger: Es braucht jetzt den Bauklotz «Schlafgelegenheit» neben dem Bauklotz «Kochküche» und weitere, um seine Spiellandschaft kontextuell zu vervollständigen. Das Kind «zoomt» sich in zunehmender Konkretion in seine Welt hinein, ohne daß die Bauklötze für einen zuschauenden Erwachsenen irgendetwas anderes wären als völlig gleiche Holzklötze. Das Kind trifft seine topologischen Dispositionen bis zu dem Punkt, da im Spiel gekocht werden muß. Jetzt braucht es weitere Bauklötze für den «Ofen» und den «Tisch», die wiederum in eine topologische Ordnung eintreten. Das kann man fortsetzen bis hin zu den «Kochtöpfen», «Tellern» und «Tassen».

Betrachten wir noch weitere Beispiele für Systemtopologie. Wir haben zwei gleiche Tassen, wovon die eine nach unten gedreht ist, um nach dem Spülen zu trocknen, und die andere nach oben; dafür sagt uns die Topologie, daß sie sich in verschiedenen Beziehungen zu ihrer Umwelt, hier nämlich ihrer Ablage befinden. Die Tasse muß die Öffnung oben haben, sonst würde ihr Inhalt aus der Tasse fallen. Jeder kennt den Scherz, jemanden, der gerade eine Tasse Kaffee in der Hand hält, nachschauen zu lassen, welches Fabrikationszeichen die Tasse trägt… Solche topologischen Unterschiede machen sich drastisch bemerkbar, wenn man dem Computer, der in einem Roboter steckt, beibringen will, wie Objekte sich verhalten. Der Computer besitzt nicht von sich aus die topologische Kenntnis, daß der Inhalt einer Tasse ausgeschüttet wird, wenn man die Tasse herumdreht; dies Wissen muß ihm eigens einprogrammiert werden, sonst könnten wir eine böse Überraschung erleben, wenn wir den Roboter starten. Ein weiteres Beispiel: Wir haben zwei Funktionen aus dem semantischen Raum, eine besagt «Ölflasche» und die andere «Essigflasche» für den Tisch. Im topologischen Raum fragt es sich, ob wir nicht aus beiden Flaschen einen einzigen zusammenhängenden Körper machen können, der dann natürlich durch keine topologische Transformation mehr in zwei Teile aufgetrennt werden kann. Wir hätten ein siamesisches Zwillingspaar aus zwei Fla-

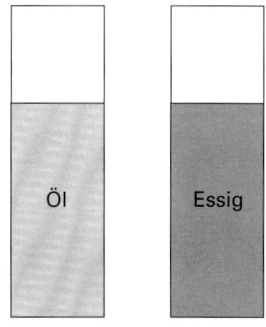

Öl   Essig

Zwei Flaschen, keine topologische Verknüpfung

schen. Der Vorteil wäre, daß für Öl und Essig nicht zweimal nach einer Flasche gegriffen werden muß. Die Schwierigkeit einer solchen topologischen Anordnung bestünde allerdings darin, zu verhindern, daß bei Ölentnahme auch der Essig ausfließt und umgekehrt. Die Lösung dieser Schwierigkeit müßte, wenn wir an ihr interessiert wären, auf geometrischem Wege gefunden werden (siehe Abbildung).

Wie wir gesehen haben, steht die Topologie zwischen Semantik und Geometrie. Topologie bedeutet aber doch viel mehr als einen bloßen Zwischenschritt; die Systemtopologie gibt den Funktionen «Orte», aber noch kein Aussehen. Die Topologie interessiert sich für die Teilungen, die Ordnungen und Anordnungen, die Nachbarschaften, die strukturellen Verknüpfungen der Subsysteme des Systems. Und die Topologie ist dasjenige Bestimmungsfeld des Designs, woran sich die Handlungsüberprüfung festmachen läßt. Hauptziel ist, den Gebrauch der Dinge für die Menschen effektiver zu machen. Die kalte Gestaltgeometrie der «guten Form» vieler Geräte und technischer Apparaturen entfernt sie vom Menschen und verbreitet Schrecken. Entwerfen ohne topologisches «Sehen» ist eigentlich nur ästhetisch zu rechtfertigen, nicht anthropologisch. Die menschliche Kognition arbeitet topologisch – und dies ist schon in frühester Kindheit der Fall: Wie der schweizer Psychologe Jean Piaget gezeigt hat, lernen Kleinkinder ihre Umwelt zuerst topologisch zu erfassen und erst später auch geometrisch (vgl. insbesondere J. Piaget, *Gesammelte Werke*, Bd. 6, S. 45 ff.: «Stadium I: Erkennen der vertrauten Gegenstände, sodann Erkennen der topologischen Formen, aber noch nicht der euklidischen Formen»). Dieser Primat der Topologie vor der Geometrie bleibt auch dem Erwachsenen erhalten. Leider scheinen viele Designer nicht zu wissen, wie sie selbst ihre Welt erfassen; ihr Entwerfen geht offensichtlich von der irrigen Hypothese aus, der Mensch erfasse die Welt geometrisch. Wir müssen in Zukunft lernen, im Design der Wahrheit zu ihrem Recht zu verhelfen, daß die Topologie kognitiven Vorrang vor der Geometrie und deren Ästhetik hat.

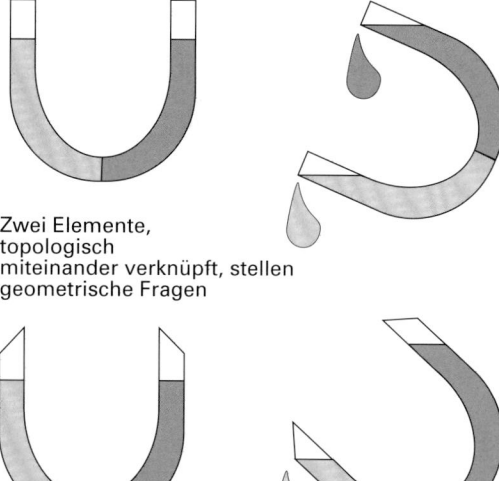

Zwei Elemente, topologisch miteinander verknüpft, stellen geometrische Fragen

Infobox 13: Topologischer Raum

Das Wort «Topologie» kommt von griechisch «topos», Ort, und bedeutet, vereinfacht gesagt, Geometrie auf einer Gummihaut: Für die mathematische Topologie sind nur diejenigen räumlichen Eigenschaften von Belang, die sich auf einer Gummihaut, an der man beliebig herumzieht, nicht ändern («stetige Abbildungen»). Ein Quadrat ist topologisch nicht von einem Kreis zu unterscheiden, weil man an dem Quadrat so geschickt ziehen kann, daß aus ihm ein Kreis wird; es macht also keinen Sinn, Quadrat und Kreis zu unterscheiden, solange es nur darauf ankommt, eine geschlossene Begrenzungslinie zu haben; von hier aus sehen wir nicht nur Quadrate und Kreise, sondern auch Dreiecke als gleich an, ja überhaupt jede Figur, deren Linienzug geschlossen ist. Eine Kugel, die sich durch Zug in einen Würfel verwandelt, hat sich topologisch nicht verändert. Es verhält sich hier in etwa so, als ob wir einem Kind Knetmasse in die Hand gäben und es die «Form» immer wieder umknetete, die Masse aber immer dieselbe bliebe. Für die Topologie wären alle diese Figuren immer dieselben – unter einer Voraussetzung: In dem Moment, wo das Kind ein Loch durch die Masse «bohrt», hat es eine «Geschlechtsveränderung» in der Figur zustande gebracht, die topologisch von Relevanz ist, denn Löcher lassen sich, anders als Ecken, durch einfaches Ziehen nicht wieder zum Verschwinden bringen, sie bilden eine Unstetigkeit.

Was ist «Topologie»?

Wir greifen zu einem Lexikon: Die *Topologie* sei ein Teilgebiet der Mathematik, sie sei die Lehre von Lage und Anordnung geometrischer Gebilde im Raum. Die Topologie untersuche geometrische Figuren und ihre Invarianzen. Als Vater der Topologie gilt der große schweizer Mathematiker Leonhard Euler, der auf diesem Gebiet als einer der ersten Forschungen anstellte. «In den dreißiger Jahren des 18. Jahrhunderts wurde der berühmte Mathematiker Leonhard Euler (1707 – 1783) gefragt, ob es einen Rundgang durch die Stadt Königsberg gäbe, bei dem jede Brücke über den Pregel genau einmal zu überschreiten sei. […] Seine Lösungen zu diesem Problem und zu verwandten Fragestellungen publizierte Euler 1736; er gilt als (einer) der Begründer der Graphentheorie bzw. Topologie.» (Günter Leßner, *Elemente der Topologie und Graphentheorie*, S. 10)

«Mathematiker definieren manchmal einen Kollegen von der Topologie als jemand, der einen Krapfen nicht von einer Kaffeetasse unterscheiden könne. […] d.h. daß das eine mindestens theoretisch ins andere transformiert werden kann.» (David Bergamini, *Die Mathematik*, S. 176) Der Begriff der Transformation ist ein Hauptbegriff der Topologie. «Topologen zitieren gern eine *Hiawatha*-Parodie über einen Indianer, der sich Pelzfäustlinge machte, indem er im Versuch, ‹die warme Seite zur Innenseite zu machen, die Innenseite, also die Hautseite, zur Außenseite machte› und ‹um die kalte Seite zur Außenseite zu machen, die warme Seite, also die Pelzseite, zur Innenseite machte›. Mit dem Wenden seiner Handschuhe führte der Indianer also eigentlich eine topologische Operation durch.» (David Bergamini, *Die Mathematik*, S. 176)

Die Topologie numeriert die Geschlechter der «Formen» nach der Anzahl ihrer Löcher. In welchem Teil der Masse das Loch sich befindet, ist aber wiederum kein Problem der Topologie, sondern der Geometrie. Die Topologie zählt nur die Löcher, deren Lage sie nicht interessiert. Eine Tasse unterscheidet sich hingegen von einem Becher topologisch radikal: Entscheidend ist das Henkelloch der Tasse, man kann es durch kein Ziehen zum Verschwinden bringen, während der Bauch des Bechers vom Tassenbauch ununterscheidbar ist. Eine Tasse, sagen die Topologen, ist vom «Geschlecht» eins, während der Becher vom «Geschlecht» null ist. Eine Tasse mit zwei Henkeln wäre vom «Geschlecht» zwei. Es ist klar, daß z.B. eine Eigenschaft wie das Geschlecht einer Form für ihren Gebrauch von erheblicher Bedeutung sein kann. Topologische Eigenschaften bringen Verhältnisse der räumlichen Ordnung zum Ausdruck, ohne Abmessungen, ohne Nähe oder Ferne in Betracht zu ziehen.

Topologischer Vergleich

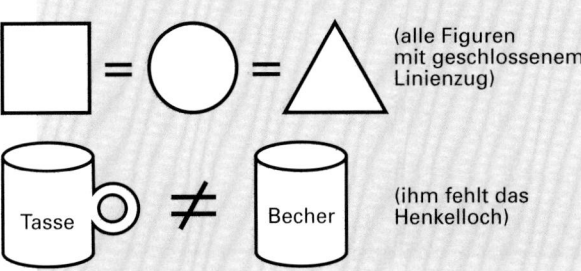

(alle Figuren mit geschlossenem Linienzug)

Tasse   Becher

(ihm fehlt das Henkelloch)

Topologische Räume sind Räume, in denen von den Dingen nur gesagt wird, wie sie systematisch untereinander zusammenhängen, aber nicht, wie sie aussehen. Topologische Verhältnisse lassen sich gut in schematischen Darstellungen – z.B. Blockdiagrammen (sogenannte «Graphen») – erfassen. Konkretere, abbildende Zeichnungen enthalten immer Züge, die topologisch irrelevant sind und daher in diesem Entwurfsstadium nur verwirren. Sie sind, wie man sagt, «überbestimmt» in dieser Phase. Wir sollten sie vermeiden.

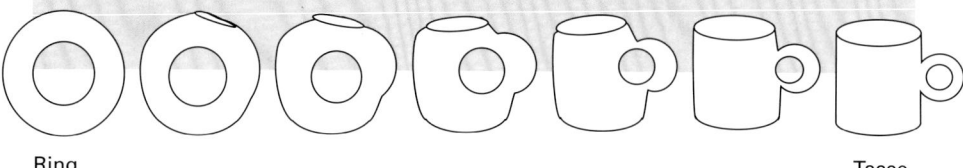

Ring   Tasse

20. Gestalt im geometrischen Raum

Viele junge Leute, die irgendwann den Berufswunsch hegen, Designer zu werden, stellen sich vor, daß Designer schlichtweg Formgestalter sind. Und Formen sind ja, so denken sie einfach, die Begrenzungsflächen dreidimensionaler Körper. Formen sind Gestalten im geometrischen Raum.

Gestalt ≠ Beliebigkeit

Erst kommt der
Designprozeß
Später die Gestaltung

Nun, das ist sicherlich alles richtig, aber die *Kriterien* für die Gestaltung der Begrenzungsfläche eines dreidimensionalen Körpers liegen selbst nicht im dreidimensionalen Raum. Die Kriterien, wie wir sahen, liegen auf der Ebene der Bedeutung (semantischer Raum) und auf der Ebene der Beziehungsordnung (topologischer Raum). Wir haben davor gewarnt, einen Entwurf damit zu beginnen, daß man sofort Gestalten im geometrischen Raum zu skizzieren versucht. Um es scheinbar paradox auszudrücken: Gestaltung beginnt nicht mit Gestaltung; Gestaltung *endet* mit Gestaltung. Die Gestalt ist ja dasjenige, was wir finden wollen aufgrund eines Designprozesses. Was ist falsch daran, Formgestaltung mit Formskizzen zu beginnen? Das Falsche daran ist die Beliebigkeit! Falls es sich noch nicht herumgesprochen hat: *Beliebigkeit im Design ist immer falsch!* Eine Form, die überhaupt irgendwelchen Kriterien genügt, kann man nicht dadurch gewinnen, daß man sie prompt zu zeichnen versucht. Eine solche Form ist

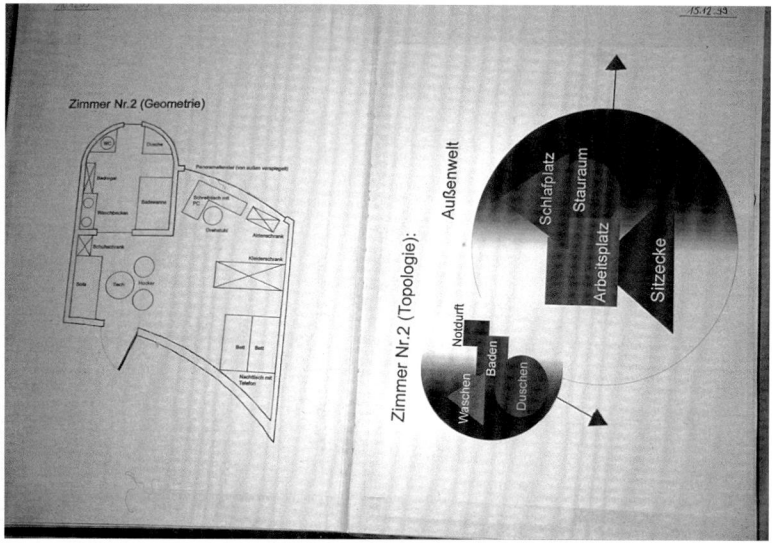

Abb. 156. Von der Systemtopologie zur Systemgeometrie des «Hotelzimmers der Zukunft».

immer «überbestimmt»; sie enthält zu vieles, was wir gar nicht meinen, vermischt mit dem, was wir tatsächlich meinen.

Stellen wir uns vor, wir wollten Automobildesigner werden. Autos zu gestalten scheint eine der beliebtesten Aufgaben für Designer zu sein. Welchen Kriterien soll die Form genügen? Ist sie beliebig? Betrachtet man eine moderne Automobilform so, als ob man noch nie ein Auto gesehen hätte, erschiene einem die Automobilform als völlig beliebig: Die Form erinnert uns an nichts. Sie erscheint als eine völlig willkürliche Verkleidung von soundsoviel Fahrgastraum-Volumen über vier Rädern. Tatsächlich ist die Automobilform aber keineswegs beliebig, sie hat sich vielmehr historisch entwickelt – und damit ist beinahe schon alles über ihre Kriterien gesagt. Die Form, so könnte man sagen, ist «absolut» gesehen vielleicht beliebig, jedoch «relativ» in jedem Fall bezogen auf Kriterien, die aus der Geschichte des Automobils, der besonderen Marke usw. hervorgegangen sind. Wer, sagen wir, bei der Volkswagen AG Automobile entwerfen möchte, kann die Autoform nicht neu erfinden. Man muß sich vielmehr danach richten, welche Form bis dahin als typisch für ein VW-Fahrzeug gilt: dies ist das Kriterium. Darüberhinaus gibt es Kriterien wie Windschlüpfrigkeit, Unfallverformbarkeit, Panoramasicht für die Insassen usw. *Keines dieser Kriterien läßt sich erfüllen, indem man anfängt, Autos zu skizzieren.* Man könnte sich denken, daß man, wenn man am Ende dreißig Skizzen hat, aus den dreißig Skizzen eine neue Zeichnung macht, indem man sich aus jeder Skizze einen passenden Zug heraussucht. Das wäre in etwa so, als hätte der liebe Gott sich zuerst einen Vorrat verschiedener Ohren, Nasen, Mäuler, Schwänze, Krallen, geschaffen, um aus diesen «gelungenen» Einzelheiten die Tierwelt zu kombinieren. Doch jeder halbwegs verständnisvolle Blick in die Natur zeigt uns, daß der liebe Gott

Entwerfen ist global
d.h.

Vom Konzept her in die Einzelheiten gehend.

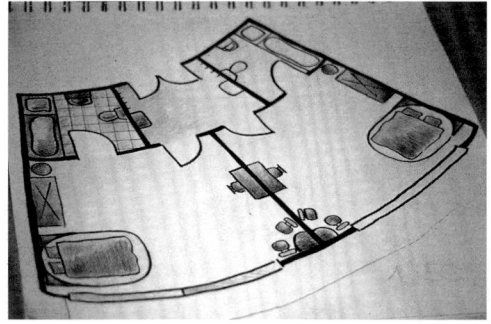

Abb. 157 – 158. Erste studentische Entwürfe zeichnerischer Art des «Hotelzimmers der Zukunft».

so nicht vorgegangen ist. Ein Tier ist nicht eine Summe von Merkmalen, sondern eine Ganzheit, bei der die Einzelheiten von der Gesamtgestalt abhängen. Entwerfen geschieht also nicht «lokal», sondern «global», d.h.

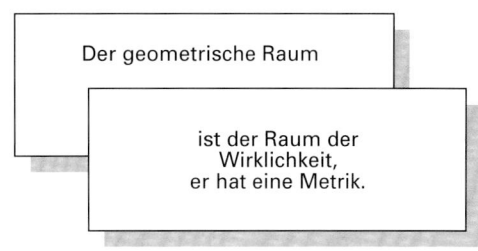

> Der geometrische Raum
>
> ist der Raum der Wirklichkeit, er hat eine Metrik.

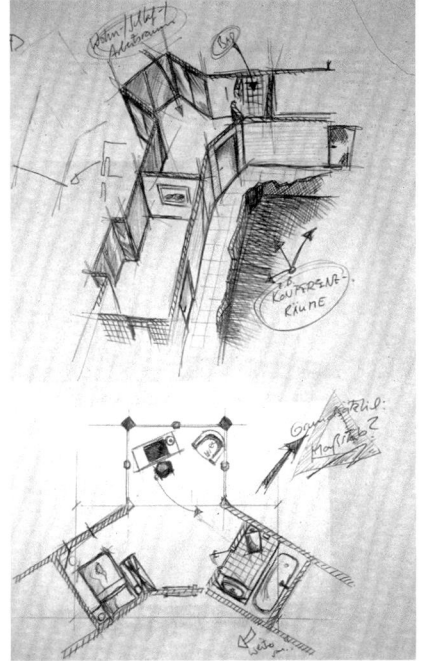

Abb. 159 – 160. Skizzen der Systemgeometrie des «Hotelzimmers der Zukunft».

von einem Konzept her in die Einzelheiten gehend und nicht aus den Einzelheiten ein Konzept zusammenbastelnd!

Aus diesem Grund haben wir so sehr betont, im Entwerfen die Stationen des semantischen Raumes und des topologischen Raumes der Gestalt im geometrischen Raum vorzuschalten. Der geometrische Raum, also der wirkliche Raum oder der Raum der Wirklichkeit, unterscheidet sich vom topologischen Raum vor allem dadurch, daß er zusätzlich eine *Metrik* enthält. Was ist eine Metrik? Eine Metrik legt die Distanz eines Punktes zu jedem anderen Punkt fest. Der Topologe kann ein Quadrat von einem Kreis nicht unterscheiden, weil er nicht sagen kann, der Kreis sei die Menge aller Punkte, die von einem bestimmten Punkt, dem Mittelpunkt, alle gleich weit entfernt sind. Der Begriff «gleich weit» unterscheidet einen Kreis von einem Quadrat.

Für uns gehört zum geometrischen Raum als dem wirklichen Raum natürlich neben der Form auch die Farbe, die Materialbeschaffenheit usw., d.h. auch alle physikalischen Eigenschaften (und, wer will, kann auch die chemischen Eigenschaften usw. noch hinzu zählen). Wer eine topologische Ordnung für sein Entwurfskonzept gefunden hat, muß nun die «Metrik» hinzufügen. Unter Metrik wollen wir hier al-

Abb. 161. Farbstudie zum «Hotelzimmer der Zukunft».

les verstehen, wofür man ein quantitatives Maß angeben kann. Solche «Bemaßung» ist notwendig, um die Gestalt im Prinzip industriell herstellen zu können. Ein Designer hat, nehmen wir an, zum Beispiel ein Schaumstoff-Modell einer Handsäge angefertigt. Die Farbe, die das Modell aufgrund seiner Schaumstoff-Materialität hat, ist wohl kaum die Farbe, die der Designer seiner Säge mitgeben möchte. Er möchte, daß der Sägegriff rot ist (und hat durch sein Konzept hoffentlich einen exzellenten Grund dafür, den wir hier allerdings nicht kennen). Er könnte auf den Griff des Modells das Wort «rot» schreiben. Das würde immer dann genügen, wenn es ihm gleichgültig wäre, *welches* Rot der Griff haben soll. Hat er eine genauere Vorstellung von dem Rot, so wird er sich mit irgendeiner Farbe ein ihm richtig erscheinendes Rot zusammenmischen und den Griff des Modells mit diesem Rot anstreichen. Der Hersteller hätte dann die Aufgabe, dieses Rot zu «treffen», da er ja die Farbe der Produktion aus anderen Materialien neu mischen muß. Der Designer könnte noch präziser sein: er könnte aus einer Normfarbtabelle die Nummer der Farbe heraussuchen, die er möchte, und diese Nummer seinem Entwurf hinzufügen. Der Hersteller wüßte dann aufgrund der Norm genau, welche Wellenlänge roten Lichts der Sägegriff aus einer weißen Mischlichtquelle (Sonne) reflektieren soll.

So ungefähr ist das Verfahren. Was sind nun Formen oder Gestalten? Die Systemgeometrie legt genaue Abmessungen fest,

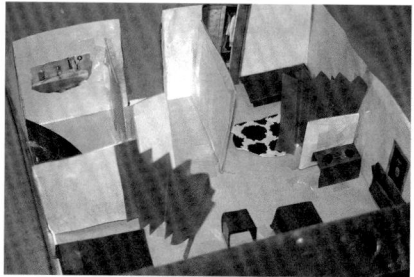

Abb. 162 – 165. 3-D-Arbeitsmodelle des «Hotelzimmers der Zukunft», erstes Semester.

Abb. 166 – 168. 3-D-Arbeitsmodelle des «Hotelzimmers der Zukunft», erstes Semester.

von Winkeln, Orientierungen, Radien usw. Sie legt ferner Bahnen für die Bewegung geometrischer Elemente fest. Für die Geometrie bewegt sich ein Punkt, und diese Bewegung zeichnet eine Linie, eine Form. In der Regel werden in die Geometrie sogenannte Elemente oder Primitive aufzunehmen sein, also doch die vom lieben Gott vorgefertigten Ohren, Nasen und Mäuler, die in diesem Falle Normteile sind, wie zum Beispiel Zahnräder oder Schraubengrößen. Ferner sind hier alle Normen zu berücksichtigen, die durch Fertigungstechnologien vorweg festgelegt sind (zum Beispiel Schrumpfungsmaße). Es stellt sich also hier heraus, daß die Freiheit des Designers oft an der Realität bestehender Fertigungsstrukturen ihre Grenzen hat. Aber erst hier, im letzten Schritt vor der Fertigung! Designer, die in vorauseilendem Gehorsam schon Ohren, Nasen und Mäuler entwerfen, nutzen ihren Freiheitsspielraum nicht aus. Sie beklagen sich darüber, daß ihnen die Industrie enge Grenzen setze. In Wirklichkeit haben sie sich die engen Grenzen selbst geschaffen, indem sie den semantischen Raum und den topologischen Raum ausgelassen haben bei der Entwicklung der Gestalt.

Wenn man die Elemente der Gestalt, die Distanzen und andere Abmessungen sowie jedes euklidische Detail angegeben hat, so läßt man die Grundelemente, die in der topologischen Ordnung vorgesehen sind, gleichsam aufeinander zu wachsen. Es ergeben sich die Formschlüsse fast von selber, die zuletzt die Form ausmachen.

Zurück zum Hotelzimmer. Nach Festlegung der Systemtopologie zum «Hotelzimmer der Zukunft» wußten die Studenten nicht nur, welche Systemelemente des Systemkonzeptes zu berücksichtigen waren; sie hatten

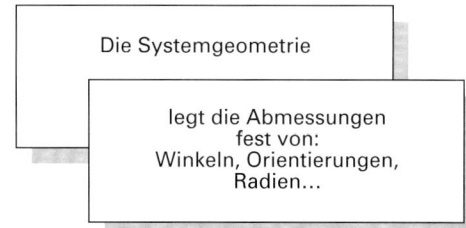

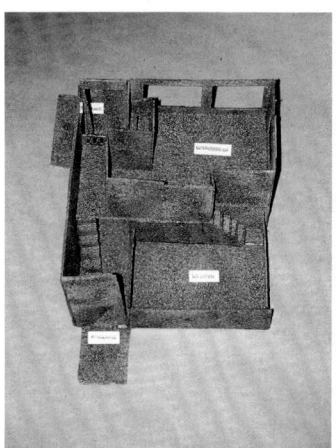

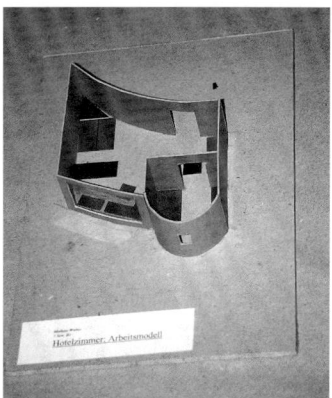

Abb. 169 – 171. 3-D-Arbeitsmodelle des «Hotelzimmers der Zukunft», Schemata zur Erklärung und Präsentation, erstes Semester.

die Elemente auch in Beziehungen eingeordnet, aufgrund der Handlungsszenarios. Jetzt skizzierten sie zum ersten mal die Systemgeometrie, in dem sie den Ordnungsbeziehungen eine «Hülle» gaben. Sie taten dies durch einfachere Renderings und 3-D-Modellzeichnungen. Um weiter an der Überzeugungskraft ihrer Lösungen zu arbeiten, bauten sie 3-D-Arbeitsmodelle. Dies sind natürlich nicht Präsentations-Modelle, wie sie ein Architekt oder ein Designer für den Auftraggeber erstellen würde. Arbeitsmodelle sind dazu da, nach stets wiederholter Überprüfung zu Korrekturen zu kommen, sie in die technischen Zeichnungen einzutragen und die CAD-Simulationen auf den jeweils neuesten Stand zu bringen.

CAD und technische Zeichnungen

Mit dem CAD (*Computer Aided Design*) hat sich die Arbeit der Designer bereits gewandelt. Im CAD kann der Designer parallel zum Designprozeß am Computer Daten eintragen und wieder ändern. Bei den technischen Zeichnungen mußte man früher für jede Korrektur eine neue Zeichnung machen, jetzt kann man einfach die Korrekturen am Computer eingeben, den Rest besorgt die Software. Mit CAD hat sich manch aufwendige Tätigkeit des Designers vereinfacht. Die Arbeit mit Computer erleichtert insbesondere viele Vorgänge zur Festlegung der Systemgeometrie.

Die Untersuchung der Farbkomposition stützte sich, wie die Collagen, wiederum auf Illustrierte. Am besten verfährt man so: Man nimmt sich ein Blatt Papier von mittlerem Grau, schneidet in die Mitte ein kleineres, unregelmäßig geformtes Loch und verschiebt dieses über farbige Abbildungen so lange, bis man eine erste Farbe antrifft, die im eigentlichen Sinne «einleuchtet». Wir schneiden dann dieses Farbfragment heraus und kleben es an irgendeine Stelle unseres Blattes mit dem Loch. Sodann suchen wir die nächste Farbe nach demselben Verfahren. Nach einiger Zeit hat man alle Farbnuancen beisammen, die man braucht. – Der Leser sollte nicht erwarten, hier abschließend eine Antwort auf die Frage nach dem Hotelzimmer der Zukunft zu erhalten. Uns geht es um Methoden, nicht um Lösungen.

Infobox 14: Modellbau

Wir unterscheiden zwischen *Arbeitsmodellen* und *Präsentationsmodellen*. Um gute Präsentationsmodelle zu erstellen, braucht man eine Menge recht spezieller Kenntnisse (die z.B. an der HBK Braunschweig in Modellbau-Kursen vermittelt werden). Für Anfänger ist es wichtig, sich möglichst früh an die Arbeit mit Arbeitsmodellen zu gewöhnen. Zur Erstellung von Arbeitsmodellen ist mehr Fantasie als Kenntnis erforderlich. Jeder, der in seinem Leben schon einmal ein wenig gebastelt hat, ist bestens gerüstet für Arbeitsmodelle. Wir benötigen nur einfachste Mittel wie Strohpappe, Zeichenkarton, Gips, Plastilin, farbige Papiere, Transparentfolien, Holzstäbe, Draht usw. Am ergiebigsten sind Arbeitsmodelle 1:1. Es handelt sich um Aufbauten, die wie Bühnenbilder das Erproben und Durchspielen von Handlungsszenarien erlauben. Gerade hierbei ist Einfachheit Trumpf! Es gehe zum Beispiel um eine solargespeiste Telefonzelle für Satellitenkommunikation in Sibirien. Zuerst entsteht die Telefonzelle aus von der Decke hängenden Wellpappe-Streifen, versehen mit filzgemalten Bedienelementen. Die Satellitenschüssel ist zuerst ein umgedrehter Regenschirm; die Solarzellen bestehen aus einem Pappsegel. Wir betreten unsere Telefonzelle in unserem dicksten Wintermantel, mit Schal, Wollmütze und dicken Handschuhen, denn in Sibirien ist es kalt. Unser Anruf soll zum sechzig Kilometer entfernten Krankenhaus gehen wegen eines Krankheitsfalles. Ist die Nummer irgendwo in oder an der Telefonzelle auf einen Blick auffindbar? Telefonieren wir mit Karte oder umsonst? Können wir beim Telefonieren die Handschuhe anbehalten oder nicht? Die Telefonzelle wird bei Beantwortung dieser Fragen immer konkretere Züge annehmen, aber immer noch aus Pappe und Papier bestehen, mit Filzstiften bemalt.

Abb. 172. 3-D-Arbeitsmodell des «Hotelzimmers der Zukunft».

Inhalte des Entwerfens

21. Ein Entwurf mit Schwerpunkt Analyse

Ist die Geschichte mit der Analyse – Collagen, Szenarios – nicht doch ein bißchen umständlich und übertrieben? Analysieren Designer im Beruf wirklich ihre Probleme derart gründlich? Nun, eine gute Analyse wird für die professionelle Arbeit der Designer jeden Tag wichtiger, und zwar deswegen, weil rein ästhetische Entscheidungen heute zunehmend an Bedeutung verlieren. Aber wie wäre es denn so: Man guckt sich halt an, was auf dem Markt ist, und bringt in den neuen Entwurf kleine, pfiffige, verkaufsfördernde Unterschiede ein (eine andere Farbe, ein größerer Griff an der Teekanne…). So

> **Essen- und Trinken-szenarios heute**
>
> Erfindung neuer Speisen
> Design der Präsentation
> Raum und Umgebung
> Verpackung
> Design neuer Geräte
> Szenarien des Essens

was gibt's tatsächlich. Das nennt sich «Redesign». Die Marketing-Abteilung kommt manchmal mit solchen Vorschlägen zur auffrischenden Überarbeitung eines vorhandenen Designs.

Doch neue Aufgaben verlangen neue Forschungen. Wir sagen betont «Forschungen» und meinen damit nicht ein gelangweiltes Blättern in Fachzeitschriften, um sich sogenannte «Anregungen» zu holen. Angenommen, wir sollten zum Beispiel ein «Eßgerät für unterwegs» entwerfen. Diese unseren Studenten tatsächlich gestellte Aufgabe, mit der wir uns im Folgenden beschäftigen wollen, klingt klein und bescheiden, entpuppt sich aber unter der näheren Analyse als ein veritables Problem der «Alltagskultur Essen und Trinken».

Auch Designer müssen essen. Was liegt näher als zu essen? Wir haben immer schon eine intime Beziehung zum Essen – und alles ist schon vollständig durchdesigned. Das macht die Aufgabe nicht leichter, im Gegenteil!

Erinnern wir uns der Vielzahl der alltäglich banalen Produkte im Supermarkt in designter Verpackung, designte Lebensmittel beinhaltend. Oder das Geschirr: Teller, Gabel, Löffel, Messer – alle haben ihre Form, und die haben wir tausendmal gesehen (wirklich gesehen?!); dann Gläser und was da hinein gehört, Bier, Tee, Fruchtsaft. Mechanische Küchengeräte, elektrische Küchengeräte, Eßtische mit Tischdekoration (Kerzen, Blumenvasen...), Tellerdekors.

Sodann Speisenlieferungen. Kleidung für die unterschiedlichsten Ereignisse um das Essen herum, wie Picknick, Jagd, Party, Hochzeitsfest, Begräbnis, Dorffest. Das Thema *Alltagskultur Essen und Trinken* erweist sich als eines der interessantesten und breitesten Themen, die es gibt. Erforschen wir es!

Abb. 173. Alltagskultur Essen und Trinken: Szenarienspiel.

22. Zur Analyse ins Kino!

Wer sagt denn, daß ein nachdenkliches Problematisieren nicht auch Vergnügen bereiten könnte? Im Kino wird gegessen: unter den Zuschauern Popcorn und oben im Film Kaviar. Um gründlich den Akt des Essens in Gesellschaft zu studieren, geht man (wenn man sich ein teures Restaurant nicht leisten kann) am besten einfach ins Kino! Überhaupt sind viele Themen in Filmen szenarisch neu zu entdecken und für die eigenen Absichten zu bewerten. Die Fotos aus Illustrierten für die Collagen entwickeln sich dank Kino in Sequenzen mit Handlung. So gibt es in Filmen oft eine opulente Eßszene oder eine Szene, die in der Küche, in einem Restaurant, beim Pizza-Bringdienst usw. spielt. Und weil das Thema nun einmal eines der wichtigsten im Leben ist, gibt es fantastisch gut recherchierte Filme, die das Kochen oder Speisen sogar zum Mittelpunkt der Handlung erheben und in wunderbar schwülstigen Szenarien ausmalen.

Wir liegen zuhause gemütlich auf der Couch – mit dem Arbeitsjournal parat, versteht sich – und sehen uns «Babettes Fest» des dänischen Regisseurs Gabriel Axel im Video an (Abb. 174 – 178). Was sehen wir? Ein dänisches Dorf in tiefster Provinz bei einem französisch gekochten Festessen. Das Essen kann ein hoch stilisiertes sinnliches Ereignis werden im Unterschied zum Essen als bloßer Nahrungsaufnahme. Wir sehen, wie der Akt des Essens in bestimmten sozialen Umgebungen als ausgedehnter Genuß zelebriert wird, während in anderen ein luxuriöses Essen eine Sünde ist.

Abb. 174 – 178. Frames, zitiert aus dem Film *Babettes Fest*, R: Gabriel Axel, Dänemark, 1987.

Abb. 179 – 182. Frames, zitiert aus dem Film *Eat, Drink, Man, Woman*, R: Ang Lee, Taiwan / USA, 1994.

Abb. 183 – 186. Frames, zitiert aus dem Film *Modern Times*, R: Charles Chaplin, 1936.

Kochen als Kochkunst: Wenn wir uns «Eat, Man, Woman» des chinesischen Regisseurs Ang Lee ansehen (Abb. 179 – 182), entdecken wir das Essen als Kunst und als Ritual, als ein Familienereignis und als Situation, in der die wichtigsten Lebensthemen besprochen werden. In «Modern Times» (Abb. 183 – 186) von Charles Chaplin sehen wir eine Satire über unsere Zeiten: Fast food, von einer Maschine uns in den Hals geschmissen. Prophetisch!

Zufällig haben wir beim täglichen Abend-Zapping eine Dokumentation entdeckt, die uns – Designer, die über «Alltagskultur Essen und Trinken» arbeiten –, an einen weiteren Zusammenhang erinnert: Tiere beim Fressen. Wölfe jagen ein Bison, das erschöpfte Tier wird lebendigen Leibes angefressen. Fressen? Ja, es scheint einen interessanten Unterschied zu geben zwischen Essen und Fressen. Wir sollten auch dieser Frage nachgehen. Hier werden uns die Bücher von Experten verschiedener Disziplinen – Soziologie, Anthropologie – weiterhelfen. Designer können sich geistig nicht nur von häuslicher Designtheorie ernähren, sie müssen auch schon mal über den Tellerrand gucken...

Abb. 187 – 190. *Das Hochzeitsbankett*, R: Ang Lee, Taiwan / USA, 1993.

23. Wie schöpft man Information aus Büchern?

Wir haben in der Schule lesen gelernt, aber wissen wir auch, wie man Lektüre optimal nutzt? Wissen die Schulen überhaupt noch, was «Lektüre» ist? In unserer Situation ist es ziemlich einfach, weil wir auf der Suche nach etwas Bestimmtem sind. Wir haben eine Frage und wir suchen ihre Antwort: *Was bedeutet essen gegenüber fressen?* Wir lesen mit Blick auf diese Frage und werden mit dem Stift aus dem Text alles herausfischen, was unsere Frage beantwortet. Wir unterstreichen hemmungslos mit Rotstift die maßgebenden Stellen (auch Bücher sind Konsumgüter, allerdings nur die eigenen!) und notieren die Stichworte – mit Buch- und Seitenangabe – in unser Arbeitsjournal. So werden wir später immer die Stelle wiederfinden.

Unsere Studenten hatten diverse Textstücke in Gruppen studiert und sollten dann ihren jeweiligen Text visuell referieren. Denn das ist klar: Das Geschriebene muß für uns Designer stets in ein Gesehenes transformiert werden. Überraschenderweise machte es jede Gruppe ganz anders, themenbedingt. Sie bekamen Texte mit Themen wie «Fast food», «Essen in Asien», «Essen und Religion», «Essen und Zivilisation». Einige spielten daraufhin den Text interpretierende Szenarien durch, wobei andere Videofilme und Dias von diesem Geschehen machten. Eine andere Gruppe stürzte in die Bibliothek und entdeckte schöne, historische Anekdoten und suchte Renaissance- oder Barockbilder, die ihre Entdeckungen illustrierten. Wieder andere liefen, ihren Text unterm Arm, zur nächsten Imbißbude und machten eine kleine Umfrage, welche Pommes-frites und Hambur-

Abb. 191 – 193. Theater-Inszenierung nach einem Buchtext über den Schnell-Imbiß als Delikatesse der jungen Generation.

Abb. 194 – 196. Theater-Inszenierung nach einem Text über das Essen in verschiedenen Religionen.

ger nach Geschmack und Aussehen die besten waren (im Aussehen siegte McDonald's, im Geschmack eine türkische Dönerstube); sie dokumentierten dies mit Dias und drehten einen «Dokumentar»-Film über die Technik des Hamburgers. Die Gruppen berichteten dann dem Plenum und referierten ihre Texte mit Unterstützung von Fotos, Dias, Video, aber auch Szenarienbauen mit entsprechender Dramaturgie; dazu auch Sinnbilder (Embleme), Piktogramme, Illustrierten-Collagen, Reproduktionen von Gemälden.

Wir ermuntern die Leserin und den Leser, sich wenigstens einen Tag lang in Historiker des Essens zu verwandeln, und zusätzlich in Fotografen, Kameramann bzw. -frau, Schauspieler, Theater- und Kinoregisseure – und alles visuell festzuhalten. Bücher enthalten Argumente und Thesen. Es ist gewiß nicht einfach, eine *These* ins Bild zu setzen. Aber Designer argumentieren nun einmal *visuell*!

Abb. 197 – 198. Situationen des Essens als visuelle Umsetzung verschiedener Texte.

24. Noch ein Sprung in die Tiefe: Die Anthropologie des Essens

Worin liegt der wesentliche Unterschied zwischen Tier und Mensch bei der Aufnahme von Nahrung? Natürlich weiß die Antwort eigentlich jeder, die Sache ist schon ihrer Optik nach klar und nicht zu verwechseln. Doch wir müssen sie hier einmal *begrifflich* auf den Punkt bringen – denn *Anschauungen ohne Begriffe sind blind*, hat der große Philosoph Immanuel Kant gesagt. Wenn wir das Visuelle betonen, so dürfen wir doch niemals vergessen, daß «bloße» Bilder, denen

Immanuel Kant (1724 – 1804)

lebte in Königsberg. Professor an der Universität seiner Heimatstadt. Einer der größten Philosophen aller Epochen. In seiner *Kritik der reinen Vernunft* legte er dar, inwiefern die wissenschaftliche Erkenntnis ein kognitives «Design» ist. Seine Einsichten sind auch heute noch von höchster Relevanz in Wissenschaftstheorie und kognitiver Psychologie.

wir nicht auch analytisch-begrifflich zu Leibe rükken, nur die Denkfaulheit bestärken, das geistige Analphabetentum, welches das heutige «Sehen», besonders durch die Wirkung der Massenmedien, oft zu einer Spielart von Blindheit gemacht hat. Was wir mit dem Visuellen meinen, sind *visuelle Argumente*, nicht jene visuelle Umweltverschmutzung à la «Ein Bild sagt mehr als tausend Worte». Bilder – übrigens auch Kunstwerke – können sehr sprachbehindert sein!

Also: Das Tier frißt zu seiner Ernährung, der Mensch hat seine Ernährung vom Fressen auf Essen umgestellt. Aber ist dies eine selbstverständliche Platitüde oder sollte der Mensch historisch erst essen gelernt haben? Wir Designer müssen bis zum Kern der Sache vordringen, wenn wir aus ihr Schlüsse ziehen wollen. Wie unterscheidet sich der Akt des Essens vom Vorgang des Fressens? Die Tiere suchen instinktiv nach den Stoffen, die ihre Körper brauchen; deswegen lecken Kühe freiwillig das Salz, das ihnen der schlaue Bauer auf die Wiese hingelegt hat. Eine solche biologische Notwendigkeit existiert natürlich auch beim Menschen; aber er hat sich ein kulturelles Repertoire geschaffen, bei dessen Abwechslung er jeden Tag die Stoffe aufnimmt, die sein Körper braucht.

Der Mensch ist ein rationales Tier, was sich auch bei der Nahrungsaufnahme bemerkbar macht. Der Urmensch schafft sich mit seinem artspezifischen Kulturgedächtnis eine schematische Ritualisierung, die in die Organisation der Welt eingreift und sie reorganisiert. Er durchschaut die

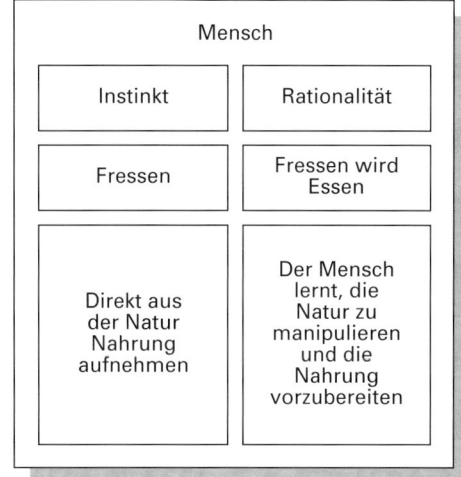

Nahrungskette und lenkt sie zu seinen Gunsten um (Jagd, Viehzucht, Ackerbau).

Das Ritual des Essens als Kulturphänomen hat seinen Ursprung in der Nutzung des *Feuers*. Diese realisiert, wie der französische Anthropologe Claude Lévi-Strauss beschrieben hat, die fundamentale Differenz des *Rohen* und des *Gekochten*. Noch heute nennen wir umgangssprachlich alles «roh», was nicht durch das «Feuer» kultureller Formung gegangen ist. Das Essen, das der Mensch zu sich nimmt, ist schlechthin das «Gekochte» – auch dann, wenn gerade einmal Rohkost auf dem Speiseplan steht. Durch das Kochen setzt sich der Mensch vom Tier ab! Das Kochen ist kein einsamer Akt, sondern ein gesellschaftliches Ritual. Der Mensch frißt nicht am Jagdort seine Beute auf; er trägt sie zum gemeinsamen Feuer des Dorfes. Dort verwandelt er sie in das Gekochte und teilt sie mit anderen.

Claude Lévi-Strauss (1908)

in Brüssel geboren. Französischer Anthropologe und Ethnologe. Schöpfer der strukturalen Anthropologie, wonach Kulturen eine Struktur ähnlich den Sprachen – also eine «Grammatik» – haben. Wichtige Werke: *Traurige Tropen, Strukturale Anthropologie*, u.a.

Die Dualität des Rohen und des Gekochten beantwortet die Frage nach dem Unterschied von Fressen und Essen. Das Feuer, dieser lebendige «Geist», transformiert die Nahrung in Speise, ein universelles menschliches Phänomen:

Infobox 15: Feuer

Dem Menschen begegnet das Feuer in der Natur. Spontane Brände, durch Trockenheit und Sonnenhitze sowie durch Gewitter verursacht, waren den Urmenschen ein erschreckendes und zugleich faszinierendes Schauspiel. Irgendwann wird der Urmensch von dem angebrannten Fleisch im Feuer umgekommener Tiere gekostet haben. Welche Überraschung für ihn, daß dieses Fleisch besser schmeckte und leichter eßbar war als rohes Fleisch! Hinfort nahm die menschliche Kultur den Weg zum Gekochten, d.h. zu einer Nahrungsaufnahme, die von der Wirkung des Feuers abhängt. Daß die menschlichen Geschmackssensoren das Gekochte dem Rohen vorziehen, bedeutete im Wesentlichen überhaupt erst den Einstieg in die Kultur. Werkzeuge allein (Faustkeil) bilden kein scharfes Kriterium für den Unterschied zwischen Tier und Mensch. Ein definitives Kriterium bildet die Nutzung des Feuers zur Umwandlung der Nahrung in gekochte Speise. Möglicherweise hat sich die Aneignung des Feuers in Kenia bereits vor 1,4 Millionen Jahren ereignet. Die Nutzung des Feuers erzeugt in seiner unmittelbaren Umgebung ein Mikroklima, das von der Höhle zur zeltartigen Behausung mit Feuerstelle führt. Die Nutzung des Feuers an den Lagerplätzen brachte gesellschaftliche Organisation hervor. Die Eroberung des Feuers ist zusammen mit dem Erwerb der Sprache die größte Errungenschaft, die je von Menschen gemacht worden ist.

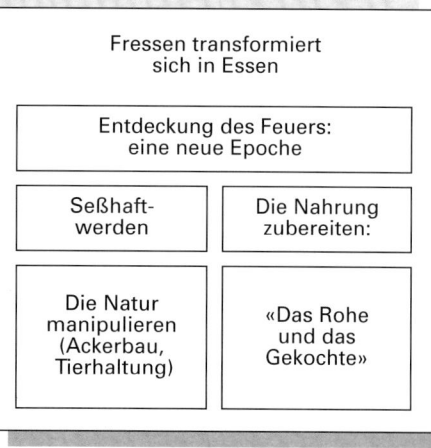

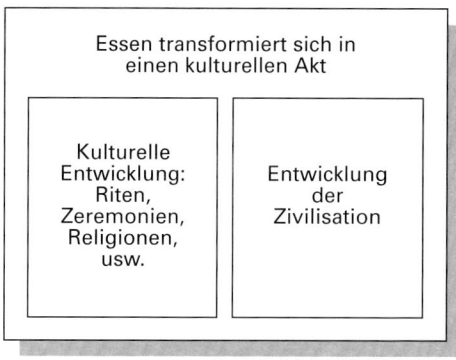

Essen transformiert sich in einen kulturellen Akt	
Kulturelle Entwicklung: Riten, Zeremonien, Religionen, usw.	Entwicklung der Zivilisation

Bevor die Nahrung, gefunden oder erbeutet, in den Verdauungstrakt des Menschen gelangt, muß sie sich in ein Stück Kultur, eben in das «Gekochte» verwandeln. Kontrastiert wird die Universalität des Kochens dann von der kulturellen Ausdifferenzierung. Die jeweilige Kultur legt bis ins einzelne gehend fest, welche Speise wie zu kochen und mit anderen Speisen zu kombinieren ist, wann und bei welcher Gelegenheit sie gegessen werden kann.

Essen ist schließlich aber auch ein zivilisatorisches Phänomen. Sehr früh knüpfen sich an die Speisenzubereitung Hygienefortschritte, die sich heute in den Berufsgewohnheiten und -vorschriften der Restaurantköche wiederfinden (sollten).

Aber vor allem ist vom gemeinsamen Feuer die kommunikative Situation des Essens geblieben. Das Essen ist und bleibt ein primäres Ritual gesellschaftlicher Anlässe. Wir essen gemeinsam und duschen getrennt.

Auch im alltagskulturellen Ausschnitt von Essen und Trinken spiegeln sich die Möglichkeiten wider, die sich der Mensch durch die Fortschritte der Technik geschaffen hat. Die Rationalisierung des Essens in planerischer Weise – Ackerbau, Weinkelter, Früchtetrocknung – begann mit dem Feuer und mündet im aktuellen Food-Design – wie dem fertig gekochten, tiefgefrorenen Lebensmittel für die Mikrowelle. Der schon von uns zitierte spanische Philosoph José Ortega y Gasset erklärt in einer berühmten, für die Diskussion des zwanzigsten Jahrhunderts maßgeblich gewordenen Schrift über die Technik (*Meditación de la técnica, Betrachtungen über die Technik*), veröffentlicht 1939, der Mensch brauche «Freizeit», um sich selbst als Lebensprojekt zu entwerfen; deswegen ra-

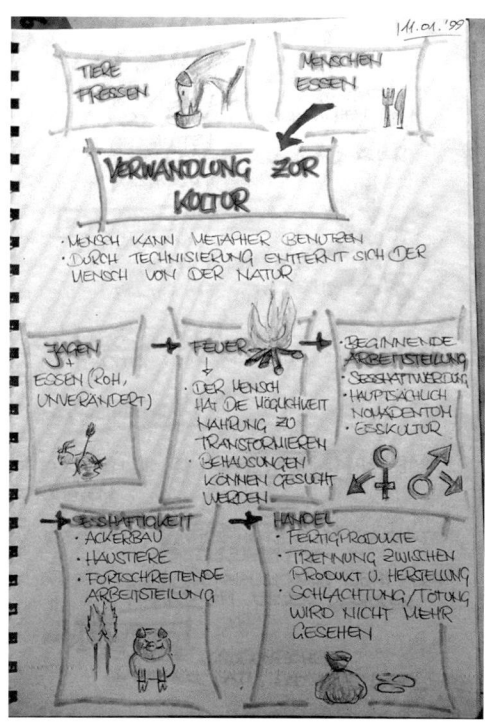

Abb. 199. Essen in unserer Gesellschaft, visuelle Darstellung in einem Arbeitsjournal.

tionalisiere er jede Arbeitsnotwendigkeit, soweit er nur kann – sogar das Bereitstellen von Lebensmitteln, das Essen und Trinken, insoweit dieses Arbeit erfordert. Am Ende des zwanzigsten Jahrhunderts sollten wir uns auch fragen, welche Förderung die Entwicklung des je eigenen Lebensprojektes vom Berufsstand der Designer erwarten kann.

Die technisch entwickelte Welt hat erreicht, daß die Produktionsanlagen die Produktion fortlaufend stärker automatisieren, nicht zuletzt auch im Sektor der Lebensmittel, und dadurch Hungersnöte in diesem Teil der Welt (vorläufig) seltener werden lassen. Ohne das Problem ständigen Hungers haben die Menschen der entwickelten Länder die Möglichkeit, sich überhaupt auch anderen Tätigkeiten zu widmen. Inzwischen sind alle denkbaren Maschinen da. Dank der Ingenieure und Designer können Hausfrau und Hausmann die Hausarbeit flott erledigen, die Lebensmittel gelangen von der Kühltruhe in die Mikrowelle, von dort auf die Teller und diese landen in der Spülmaschine. Diese Hochtechnisierung hat den Menschen ein neues Zeitgefühl vermittelt. Die Zeiten der Pflicht werden hektisch ausgefüllt mit schnellen Erledigungen – eben rational –, dafür wird die Freizeit süchtig genossen und ausgekostet. Beide Tendenzen bilden sich in der gesamten

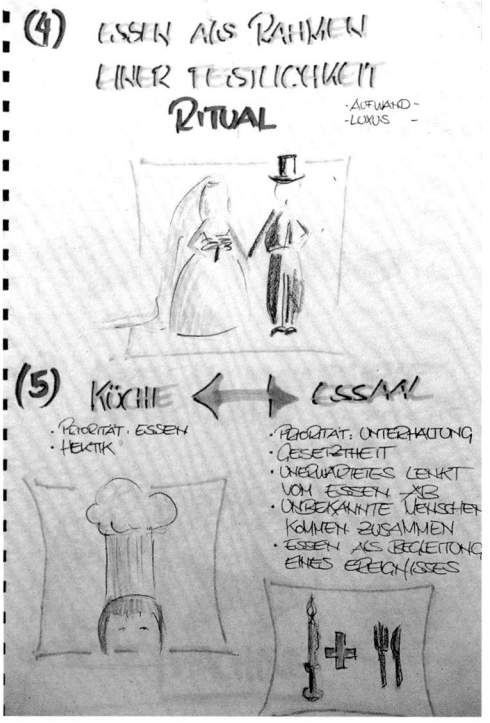

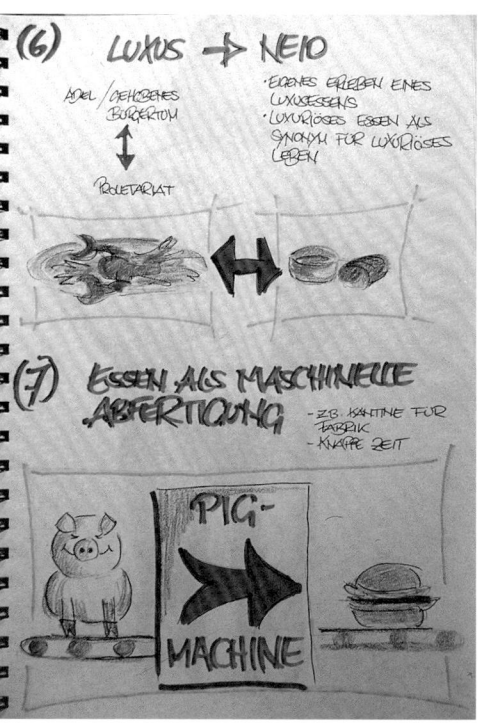

Abb. 200 – 201. Essen in unserer Gesellschaft, visuelle Darstellung in einem Arbeitsjournal.

Alltagskultur ab, und natürlich auch im Ausschnitt des Essens und Trinkens.

Einerseits wird heute das tägliche Essen im Rahmen der intensiven Arbeitsstunden als eine reine Ernährungsroutine angesehen. Andererseits wird ein beträchtlicher Anteil der übrigen Zeit in stilisierte und verfeinerte Kochkünste sowie Eßereignisse investiert. «Gutes» Essen, Trinken und Kochen wird zum häufig gesuchten Erlebnis. Die Konsumgesellschaft bedient beide Nachfragen, die nach Routine und die nach Erlebnis. Fast-food entspricht offensichtlich dem Bedürfnis nach umstandsloser Befriedigung im hektischen Betrieb unseres Lebens. Aber immer wieder meldet sich dann auch das andere Bedürfnis nach zeremoniellleren und genußvoll gepflegteren Szenarios. Die Augenblicke guten Essens erinnern oft an Theaterinszenierungen. Man spielt asiatische Kultur und ißt mit Stäbchen; man bucht Ritter-Gelage; man hat Gäste und spielt Gastfreundlichkeit in der Kulisse bester, geerbter Geschirrstücke. Der Amateurkoch findet heute alle Zutaten im nächstbesten Supermarkt. Für ein verfeinertes Kochen gibt es alle Zutaten in Dauerverpackung, in Dosen und Flaschen, in eingefrorenen Portionen; alles ist schon in der richtigen Mischung und Kombination verpackt.

Die technisierte Welt ist eine profane Welt geworden, in der die Achtung vor dem geistigen Rang derjenigen schöpferischen Menschen, die uns die Maßstäbe und Werte für das Leben liefern, in Mißkredit geraten ist. Mit diesem Werteverlust ist auch ein Wertverlust der Zeit verbunden. Unsere Gesellschaft ist ständig um Unterhaltung bemüht. Das Problem unserer Gesellschaft ist die Ablenkung; alles wird für uns vorgedacht, vorgemacht, veranstaltet. Wir können uns sehr viele Speisen, und seien sie noch so exotisch, im nächsten Supermarkt vom Regal greifen. Was uns fehlt, sind die Wünsche – was in diesem Zusammenhang bedeutet: es fehlt uns der Appetit. Natürlich fehlt uns nicht der von selbst ständig nachwachsende «kleine Hunger», sondern gleichsam die kulturelle Dimension des Appetits. Der

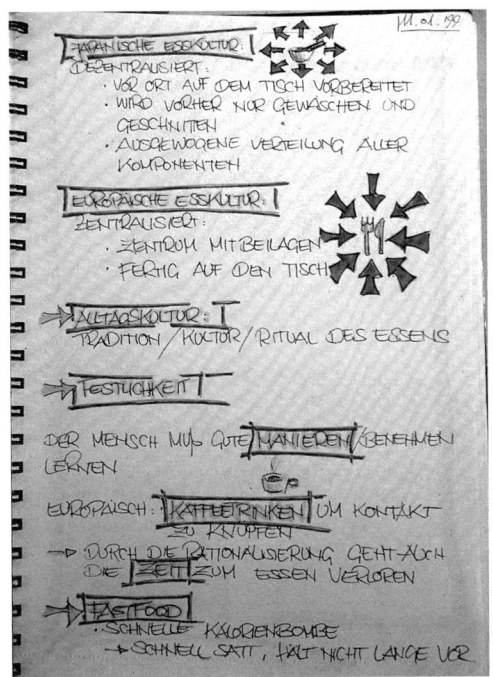

Abb. 202. Essen in unserer Gesellschaft, visuelle Darstellung in einem Arbeitsjournal.

Appetit hat nicht Zeit, sich zu entwickeln, er wird reaktiv sofort befriedigt. Ortega diagnostiziert die Tatsache, daß unserem Appetit die *Orientierung* fehlt, das heißt die Sinnausrichtung. In der Beliebigkeit unzähliger Sachen, unter denen wir im Supermarkt wählen können, verlieren wir jede Orientierung. Wir naschen an allem, probieren heute türkisch, morgen chinesisch, übermorgen ist Leichtkost trendy. So mancher wundert sich, was er nach dem Einkauf im Supermarkt zuhause alles auszupacken hat (Psychologen sagen uns, daß bis 70% unserer Einkäufe aus unmittelbaren Reaktionen vor den Regalen entstehen). Aus dieser Verlegenheit futtert der Neureiche Kaviar zur Cola.

Die Appetitlosigkeit unseres Appetits bekundet sich darin, daß wir süchtig auf jeden kleinen Zungenreiz damit reagieren, daß wir uns fortwährend etwas zwischen die Zähne schieben. Solches Essen geschieht nach dem Reiz-Reaktions-Schema; das Essen ist pure Reaktion und nicht mehr *Aktion*, d.h. überlegte Handlung. Diesem Essen fehlt jeder szenarische Wert. Die alten kulturellen Kontexte der Speiseszenarien sind uns recht besehen schon verloren gegangen. Wir haben nur die nackte Speise vor uns. In unseren Breiten essen wir Bananen, wissen aber eigentlich nicht, so sagte uns kürzlich ein Südamerikaner, was eine Banane *ist*.

Gegen den Verlust der Szenarios scheint zunächst ein Heilmittel gewachsen: Essen als «Gesamtkunstwerk». Aus dem Ritual des Essens wurde eine neue Freizeitgestaltung. Wir haben dieses «Design» in Form von exotischen Restaurants, Hobby-Kochkursen und Literatur über Tischdekoration. Aber damit nicht genug. Das Essen mausert sich zu einem gesellschaftlichen Kulturereignis. Man speist neuerdings an Orten, die ursprünglich keineswegs als Restaurants ausgewiesen sind, nämlich im Theater, in der Oper, in Ausstellungen, im Museum. Das Kunstmuseum in Wolfsburg z.B. verschickt an «Kunstfreunde» Einladungskarten, auf deren Vorderseite die Ausstellungseröffnung angekündigt wird und auf deren Rückseite das zugehörige Menü. Man arrangiert um das Menü herum Kultur, um deren Abglanz auf den gedeckten Tisch fallen zu lassen. Viele Gänge mit wenig Speise, aufwendige Dekorationen, gesellschaftliche Konversation: Das Menü wird langsam serviert, zwischen den

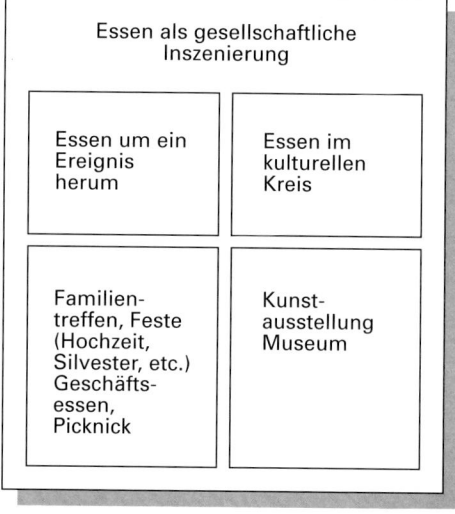

Gängen wird getanzt, geraucht, geprostet. Solche Akte der Verzweiflung können zuletzt doch nicht verbergen, daß aus einer kombinatorischen Addition von Kulturelementen noch lange nicht ein höheres Ganzes entsteht, kein Gesamtkunstwerk. Die verkrampfte Rückbindung des Essens an die Kultur entspringt einem allzu kurzschlüssigen Design.

Der Jäger, der Bauer, der Fischer, sie aßen anders. Für sie stand das Wildbret, das Brot, der Fisch im unmittelbaren Kontext ihres Lebensprojekts. Ihnen war das Essen sinnhafte Aktion im natürlichen Kreislauf ihres Berufes. Der Kulturanthropologe Arnold Gehlen hat auf dasjenige Element aufmerksam gemacht, worauf es hierbei ankommt: «Schon indem man ein Haustier ernährt und pflegt oder den Acker bestellt, verhält man sich zum Selbstwert im Dasein dieser Pflanzen und Tiere, gerade auch wenn sie, zu einem späteren Zeitpunkt, als Nahrung dienen.» (Gehlen, *Urmensch und Spätkultur*, S. 15) Der Bauer als Viehzüchter füttert und pflegt das Schwein, als ob es ihm nie zur Nahrung dienen würde; in seinem Dasein besitzt das Schwein einen Selbstwert, ein Proprium, das in der guten Pflege anerkannt ist. Der Jäger schießt nicht beliebig und willkürlich die Tiere des Waldes ab, sondern ist zugleich auch ihr Heger. Der Fischer beutet den See nicht über die Maßen aus und wird auch dafür sorgen, daß der See sauber bleibt. Wenn sie dann schließlich essen, ist das, was sie auf dem Teller haben, nicht von beliebiger Neutralität; der Selbstwert des Tieres bleibt im Kontext des gesamten Lebensprojekts erhalten.

Essen in unserer Zeit als Designproblem

Fragen — Herausforderung

Zeitmangel

Essen als Routine

Fast-food

Supermarktstrukturen

Neutralität der Produkte

Überfluß

Alltägliche Produkte in selbstwerte Waren transformieren

Hingegen ist das moderne Symbol der Beliebigkeit der Supermarkt. Die Produkte sind neutral, weil sie uns auf der Ebene der immer gleich gültigen Einzelverpackung begegnen. Sie haben keinerlei Selbstwert, den es ja nur im Kontext geben kann: Wir sehen das Lebensmittel nur als anonyme Portion auf dem Teller, ohne seine Herkunftsgeschichte vorweg zur Verpackung mit ins Erlebnis einbeziehen zu können. Die Beliebigkeit der Produkte ist nicht durch die Marke zu kurieren, sie gibt dem Produkt nur eine Identität als Klassifizierung, aber nicht einen Selbstwert in sich.

Heute ist es in vielen Supermärkten möglich, in Einzelverpackung ein tür-kisches Fladenbrot zu erhalten, Spaghetti Bolognese, spanische Paella und ja-panische Suki-Yaki. Ob gefroren, in Konserve oder «frisch», wir finden in je-dem Supermarkt holländische Tomaten, chinesischen Ingwer und italienischen Knoblauch. Viele dieser Zutaten haben einen absurden Weg hinter sich. In der Nähe von Barcelona wollte uns ein Gemüsehändler Eisbergsalat aus Deutsch-land verkaufen. In der Mensa der HBK gab es umgekehrt schon mal als Nach-speise einen Becher Joghurt aus Barcelona. Natürlich leiden alle diese Produk-te auf ihrem Weg so, daß sie den Transport ohne chemische Zusatzstoffe – die berühmten Konservierungsstoffe der E-Nummern –, ohne radioaktive Bestrah-lung, ohne Genmanipulation schon nicht mehr überstehen würden. Mit der verständlichen Bevorzugung preisgünstiger Produkte haben wir die ökologi-sche Frage zu spät in den Blick bekommen.

Wie ist es denn möglich, daß ein frischer Salat 2000 Kilometer reisen muß, um verspeist zu werden? Dies ist ein Problem der Globalisierung der Märkte. Der Verbraucher sucht am liebsten den größten Supermarkt auf mit den gün-stigsten Preisen – alle denkbaren Produkte befinden sich im Angebot und auf Lager, in Einzelverpackungen für den Endverbraucher vorbereitet. Etwas ist da offensichtlich falsch.

Es ist in einem übergeordneten Sinne ja durchaus unökonomisch, wenn jeder Bürger die soeben erst gewonnene Zeit wieder opfert für die Herbei-schaffung des Lebensnotwendigen, aber auch Energie – und dies sogar ganz wörtlich genommen: Auto und Supermarkt leben längst in Symbiose. Doch auch Produkt und Lastwagen: Wie wäre es sonst möglich, daß ein Joghurt, wenn wir ihn gerade aus seiner vierfarbig bedruckten Verpackung löffeln, schon tausend gekühlte Kilometer hinter sich hat, während vom Bauernhof um die Ecke Joghurt von gestern zur Verfügung steht – wenigstens im Prinzip.

Die geschilderte Situation ist ein Resultat blinder betriebswirtschaftlicher Ökonomie und blinden Zufalls. Es ist jedenfalls klar, daß Design die bisherige

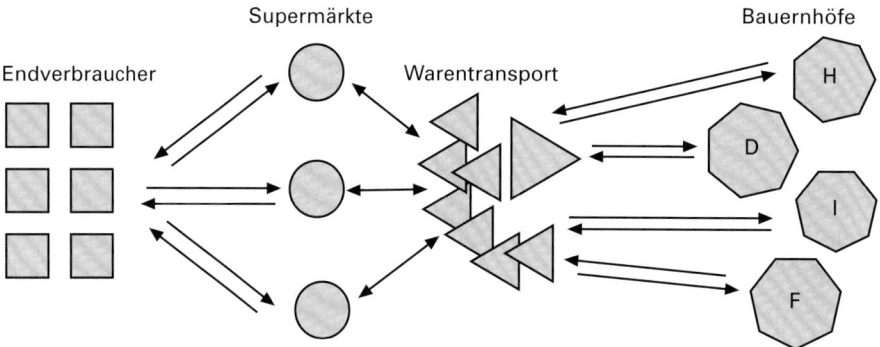

Logik dieser Prozesse nicht in Frage stellen konnte, sondern ihnen auf niedrigen Prozeßebenen diente (Verpackungen etc.). Die Größenordnung des Problems übersteigt unsere traditionellen Vorstellungen vom Kaliber dessen, was ein Designer konzeptuell bewältigen kann. Der aktuelle, designwissenschaftlich forcierte Designprozeß jedoch sollte sich solcher Komplexität gewachsen zeigen.

Designer müssen hierzu auf den Sinn ursprünglicher Lebensprojekte rekurrieren, ohne sich vorschnell an bestehende technokratische Strukturen anzulehnen. Das bedeutet natürlich, daß sie primär ein nichttriviales Verständnis von Kultur entwickeln müssen, das über ästhetische Stilisierungen, Allüren und Funktionalisierungen weit hinausgeht. Insofern ist es durchaus eine Aufgabe des Designers, die Kultur mitzugestalten.

Was dem Inbegriff «Supermarkt» fehlt, so sahen wir, ist der *Selbstwert* der Dinge. Der Supermarkt kann alles Beliebige verkaufen, nur niemals Selbstwert, weil die szenarischen Kontexte außen vor bleiben und auf den Lastwagen nicht mitbefördert werden. Vor diesem Hintergrund muß das Design das Konzept «Supermarkt» zusammen mit seiner Warenästhetik (vgl. Haug, *Kritik der Warenästhetik*) radikal einem neuen Designprozeß unterwerfen, um dem Selbstwert der Dinge ihren angestammten Stellenwert innerhalb unserer Lebensprojekte zurückzugeben.

Eine Lösung wäre sicherlich im Detail äußerst komplex, dennoch sind ihre groben Umrisse recht einfach anzudeuten: Die Lebensmittel dürfen sich zukünftig nicht allzuweit von ihren *primären Szenarien* entfernen – wenn wir nicht im Laufe des nächsten Jahrtausends auf dem Raumschiff Erde allesamt nur noch von Astronauten-Tubennahrung leben wollen. Willkommener wäre es offensichtlich, wenn wir täglich zuhause die frisch erzeugten Produkte vom nächsten Bauern bekämen. Dann würde ein Lieferant für 100 Lieferungen unterwegs sein. Die Produkte brauchten keinen Lager-, Kühl- oder Gefrier-Raum. Dafür müssen natürlich die Strukturen der Lebensmittel-Distribution eine drastische «*Relokalisierung*» erfahren.

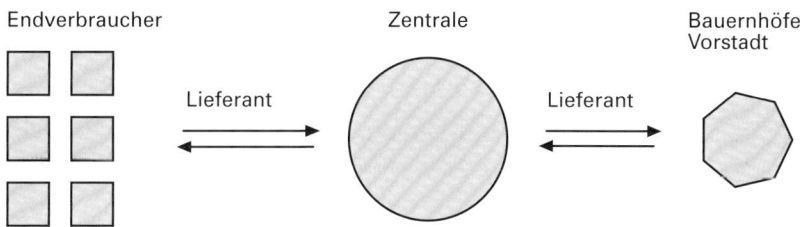

Per Internet wird die Bestellung direkt beim Bauern aufgegeben und täglich in einer Pfandkühlbox ausgeliefert. Flaschen und andere Behälter werden von Serviceunternehmen gereinigt und dem Kreislauf wieder zur Verfügung gestellt. Es gäbe nicht mehr tausende Supermärkte, sondern tausende Lieferanten. Der Verbraucher macht keine Wege mehr. Lieferanten können unterschiedliche Preise haben, was Konkurrenz erlaubt. Sie müssen die ökonomischste und rationalisierteste Lieferung mit effizientestem Service verbinden.

Was hier nur angedeutet ist, beruht auf der fundamentalen Überlegung, daß unsere Lebensmittel für uns ihren *Selbstwert* zurückgewinnen müssen. Die Richtung ist klar: Die aktuelle Supermarktstruktur mit ihrer zunehmenden Produktneutralisierung ist vielleicht nicht mehr allzulange aufrechtzuerhalten!

Wenn Designer in Fragen der Kultur engagiert sein wollen, müssen sie den Mut finden, über die Frage weit hinauszugehen, wie Löffel und Gabel in einem Besteck aussehen sollen, wenn sie sich mit der Alltagskultur Essen und Trinken beschäftigen. Das Denken der Designer muß neues Gewicht erhalten. Designwissenschaftliche Studien können sie dabei unterstützen.

Infobox 16: Eßwerkzeuge

Die Eßgeräte sind Entwicklungsformen des Essens. Die verschiedenen Eßbestecke verkörpern die Entwicklung der Eßsitten. Die asiatischen Stäbchen ergreifen die Speisen wie der Zeigefinger zusammen mit dem Daumen. Die europäische Gabel repräsentiert die vier Finger der Hand ohne den Daumen. Zusammen nähern sie die feste Nahrung dem Mund. Der Löffel entspricht der hohlen Hand beim Trinken, dann auch Gläser, tiefe Teller und Schalen.

Ritualisierung und Stilisierung des Essens als Lebensausdruck ist in einer entwickelten Zivilisation nur möglich durch eigentliche Kultur. Worin liegt, bezogen auf Essen und Trinken, der Unterschied zwischen Kultur und Zivilisation? Das Essen ist einerseits ein kulturelles Phänomen, insofern die Zubereitungsrituale und Eßzeremonien als semantische Gehalte in den alltäglichen Lebenskontext eingebunden sind; aber es steht auch in einem Prozeß der Zivilisation, insofern – wie der Soziologe Norbert Elias in seinem sehr lesenswerten Buch *Über den Prozeß der Zivilisation* hervorgehoben hat – das Essen stets auch zur Einübung zivilisierter Selbstkontrolle dient. Gemeinsames Essen ist immer auch eine Gelegenheit, «gutes Benehmen» zu demonstrieren. Die kulturell differenzierten Eßwerkzeuge sind gleichzeitig Verkörperungen zivilisierter Eßmanieren, insofern etwa Hygienevorstellungen ihren Gebrauch begleiten. Die asiatischen Eßstäbchen, deren kulturelle Bedeutung in der Verpönung von Waffen (Messer) bei Tisch gründet, repräsentieren das «Greifen» des Essens mit den Fingern; die werkzeuglosen Finger bedeuten eine Intimität der unmittelbaren Speisenberührung durch einen Körperteil, die bei zivilisierter Selbstkontrolle unerwünscht ist.

Die Entwicklung der europäischen Tischmanieren verschwistert sich mit der Entwicklung der «Anständigkeit». Norbert Elias zitiert aus einem anonymen Text, der «Civilité françoise» (Liège 1714?): «Es ist nicht anständig, die Suppe aus dem Napf zu trinken oder zu schlürfen, es sei denn, wenn man bei sich zu Hause ist, und auch dann nur, wenn man den größten Teil mit dem Löffel genommen hat. [...] Wenn man das Fleisch austeilt, nimm es nicht mit der Hand. [...] Es ist nicht anständig, jemanden an dem Fleisch riechen zu lassen, und man darf auf keinen Fall das Fleisch wieder auf die gemeinsame Platte zurücktun, wenn man selbst gerochen hat» (*Über den Prozeß der Zivilisation, Erster Band*, S. 125f.). Noch heute findet sich am Büfett der Cafeteria der HBK Braunschweig die offenbar notwendige zivilisatorische Mahnung «Entnommene Speisen dürfen nicht zurückgestellt werden».

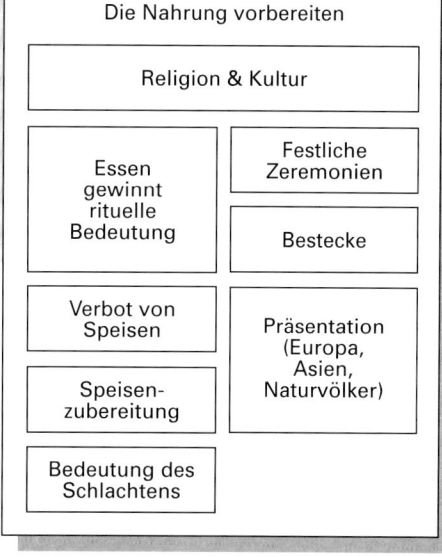

Die Nahrung vorbereiten

Religion & Kultur

Essen gewinnt rituelle Bedeutung

Festliche Zeremonien

Bestecke

Verbot von Speisen

Speisenzubereitung

Präsentation (Europa, Asien, Naturvölker)

Bedeutung des Schlachtens

25. Eine kleine Entwurfsaufgabe aus einem riesigen Themenfeld

Der moderne Mensch ist immer unterwegs, ebenso wie der Urmensch, aber der war's aus anderen Gründen. Der Urmensch war zur Nahrungssuche unterwegs, der moderne Mensch ernährt sich bloß unterwegs. Das Essen im «Vorbeigehen» (en passant) ist für viele Menschen zur Standardsituation des Essens geworden; Kantinenessen, Essen im Intercity-Restaurant, Essen im Flugzeug, sie alle haben eine Tendenz zum verrufenen *Fast-food*. Die bescheiden klingende Forderung, ein *Eßgerät für unterwegs* zu entwerfen, enthält insgeheim eine Spannung: Einerseits finden wir die Gerätschaften der Speisenaufnahme stets schon dort vor, wo wir gerade essen, andererseits ist der eigene Löffel, der eigene Teller eine letzte nostalgische Erinnerung an das Dorfleben um das gemeinsame Feuer herum. Noch im Mittelalter setzen sich die Gäste einer Herberge um einen großen Tisch herum, in dessen Mitte sich eine Mulde befindet, in die hinein die gemeinsame Speise geschüttet wird. Jeder Gast zieht aus seiner Tasche seinen eigenen Löffel hervor, aus Holz oder aus Horn, um kräftig teilzuhaben (Till Eulenspiegel, dieser unverschämte Bursche, spuckte zu Beginn des Essens in die Speise, mit dem Ziel, sie für sich allein zu haben…).

Abb. 203 – 204. Collagen zum Thema «Eßgerät für unterwegs».

Der Mensch des Industriezeitalters verbringt seine täglichen Mahlzeiten nicht mehr im Familienkreis oder Freundeskreis, er muß «unterwegs», oft allein, etwas zu sich nehmen. Der Markt reagiert mit Produktdesign; die Schnell-imbiß-Bude, die Selfservice-Kette erlauben mir, notfalls die Pommes-frites im Stehen mit den Fingern zu essen.

Unsere Studenten hatten sich alsbald für ein Thema unter den vielen möglichen entschieden: das Schnellessen (Fast-food) unserer Zeit etwas aufzuwerten durch innovative Eßgeräte. Die Aufgabe lautete am Ende: «Alltagskultur Essen und Trinken: Eßgerät für unterwegs».

Diese Aufgabe wurde, wie nun schon gewohnt, ganz methodisch angegangen, so daß unsere Studenten sich nicht allein gelassen fühlten und stets gut orientiert waren. Sie mußten sich diesmal von vornherein die Zeit selbst ein-

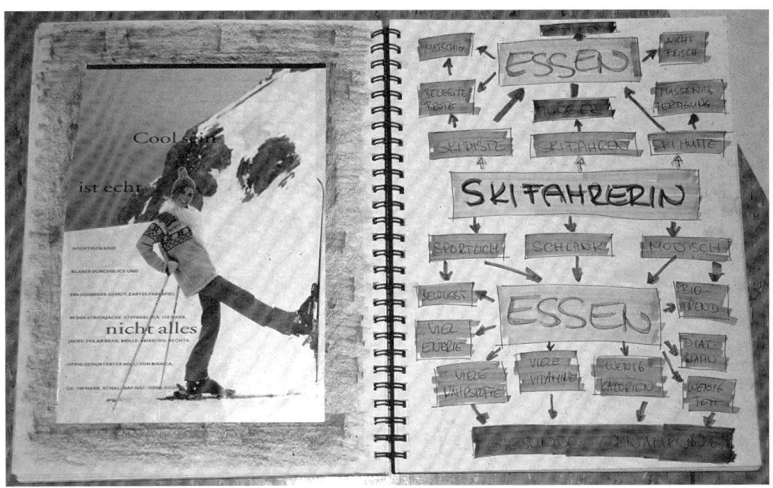

Abb. 205 – 206. Collagen zum Thema «Eßgerät für unterwegs».

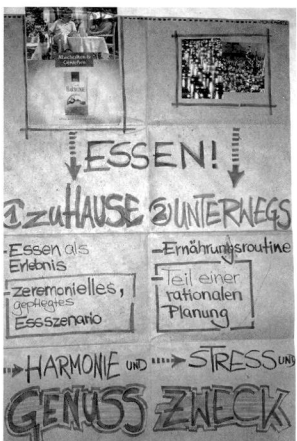

Abb. 207. Collage zum Thema «Eßgerät für unterwegs».

Abb. 208. Collage zum Thema «Eßgerät für unterwegs».

teilen, um sich nicht zu verzetteln und möglichst alle Dimensionen ihres Problems kennenzulernen. Jeder weiß, daß von dem Moment der Auftragserteilung an die Zeit läuft – Verspätungen werden von den Auftraggebern selten geduldet. Die Zeitökonomie spielt im Designprozeß also eine gar nicht geringe Rolle. Auch der Lernende sollte sich bald daran gewöhnen.

Der Designprozeß wurde in die üblichen Phasen eingeteilt, einschließlich der Präsentation. Erster Schritt: *Collagen zur Untersuchung der modernen Lebenssituation; Auswertung.* Die Studenten hatten sich bereits einen Wissens-Hintergrund erarbeitet und gingen nicht mehr «kalt» in die Collagen-Forschung. Sie hatten eine Reihe von Filmen angeschaut und aus diesen Szenarien die Quintessenz des Essens in unserer Zeit auf piktografische Art dargestellt. Themen wie das Essen als Feier, als Kommunikationsform, als Geschäft, in kultureller Umgebung, bei der Arbeit waren ihnen nun schon geläufig geworden. Aus dem Studium von Buchauszügen hatten sie anthropologische Standpunkte gewonnen; sie hatten auch einen Blick auf die Eßgeräte in Asien, Europa oder Teile von Afrika geworfen. Sie hatten in das mittelalterliche Europa geschaut, wo das Messer zum Es-

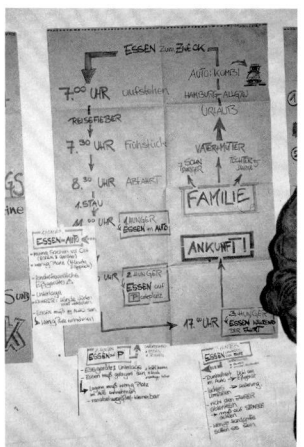

Abb. 209 – 210. Konzeptfragen zur «Alltagskultur: Essen und Trinken».

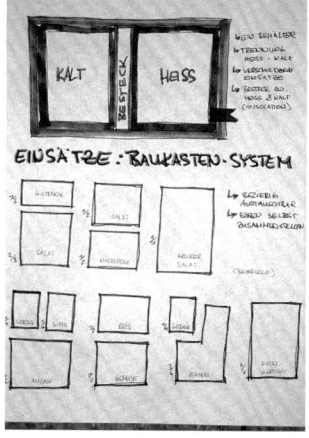

Abb. 211. Elemente des Systemkonzepts «Eßgerät für unterwegs».

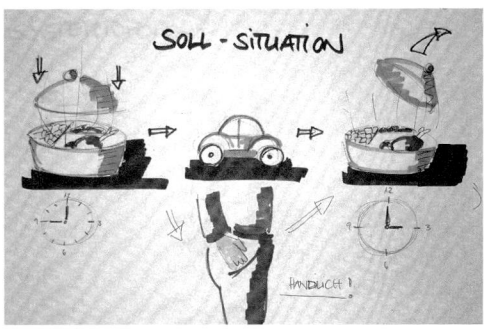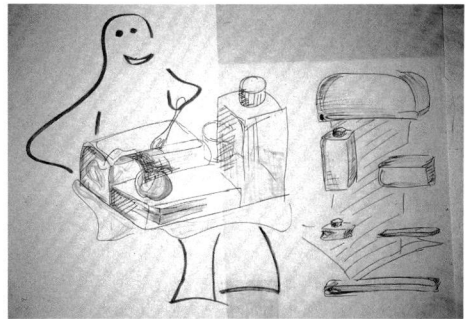

sen, zum Zähne- und Fingernägelputzen gleichzeitig benutzt wurde.

Jeder Student unternahm diesmal seine Collagen-Forschungen allein, um von Anfang an einen größeren Freiheits-Spielraum für eigene Überlegungen zur Verfügung zu haben. Die Themen ergaben sich bunt gemischt; jeder Student und jede Studentin vertiefte sich interessiert in diverse Themen, aber auch ein lebhafter Gedanken-Austausch lief nebenbei ab, so daß die gegenseitige Begeisterung und der Wettbewerb das allgemeine Niveau steigerte – wie auch im Berufsleben später der Wettbewerb im Team eine Standardsituation ist. In den Collagen zeigten sich plötzlich Szenarien wie «Eine Rettungsaktion für Flüchtlinge», «Zwei Wochen Urlaub am Nordpol», «Essenszeit des Taxifahrers im Auto», «Der Picknick-Wagen», «Der Familien-Ausflug», «Warme und kalte Küche für ein Wochenende», «Gesundes für den Manager unterwegs», und so weiter. Der Reichtum situativer Themen hätte sich sicherlich nicht ergeben ohne die vorhergehende Beschäftigung mit Filmen und Lektüre.

Aus den Collagen heraus stellten sich die unterschiedlichsten Fragen. Was ist das Nötigste für versteckte Flüchtlinge im Wald? Wie kann Hilfe sie erreichen? Was soll Hilfe ihnen bringen? Der Geschäftsmann ist unterwegs, wann

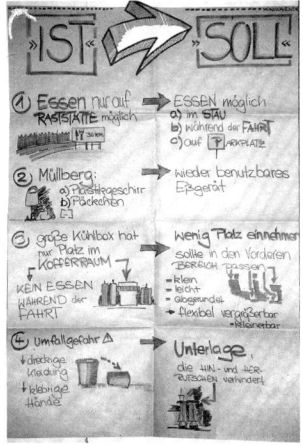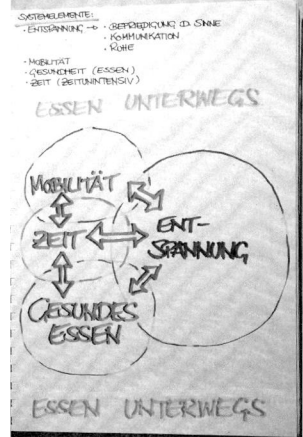

Abb. 212 – 216. Piktografische Auswertung der Konzeptentwicklung.

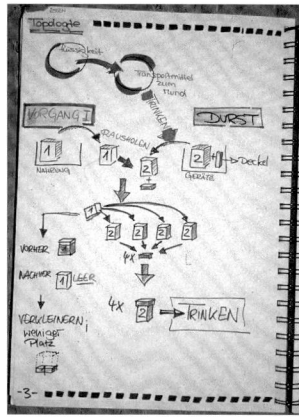 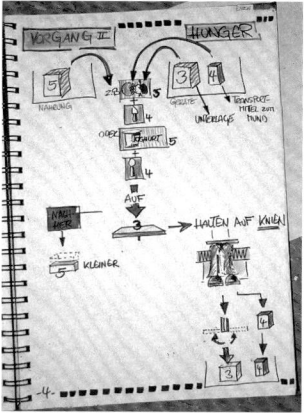 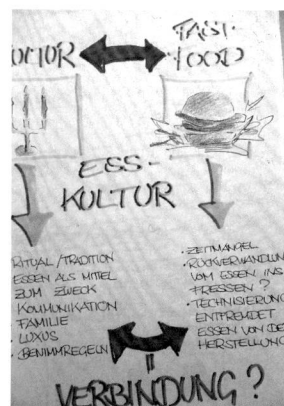

Abb. 217 – 219. Beispiele zur Darstellung von System-Beziehungen.

soll er essen? Hat er Lust, ins Restaurant zu gehen? Wie ißt er gesund? Wie reist die Familie? Was braucht sie an Proviant für die Reise? Macht sie Pausen? Wollen die Kinder nicht zwischendurch immer wieder etwas essen? Der Taxifahrer: hat er Zeit oder ißt er zwischen den Fahrten? Packt er seine Sachen aus oder muß er sie wieder einpacken, bis er die nächsten fünf Minuten frei hat? Ißt er im Auto oder außerhalb? Schafft er sich Platz dafür im Auto oder nicht?

Im zweiten Schritt waren die Collagen-Aspekte noch tiefer zu durchdringen und durchzuspielen. Entsprechend lautete jetzt die Aufgabe: *Handlungsszenario: Einen Tag unterwegs bezüglich einer ausgewählten Zielgruppe spielen; Auswertung.* Es kostet einige Überwindung, den Tageslauf *wirklich* durchzudenken und durchzuspielen. Die Gefahr liegt nahe, sich zum bloßen Sekretär eines Tageslaufs zu machen, also etwa so: um 8:00 Uhr Aufstehen im Hotel, um 10:00 Uhr Kaffee in der Konferenzpause, um 10:20 Uhr weiter arbeiten, um 12:00 Uhr Mittagspause… Aber das ist doch nicht Szenarienspielen! Die Studenten stan-

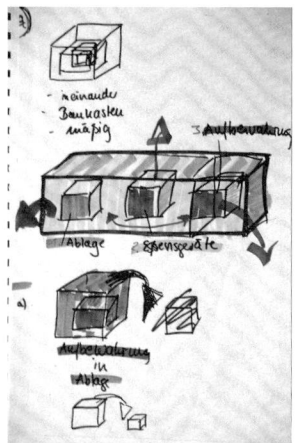 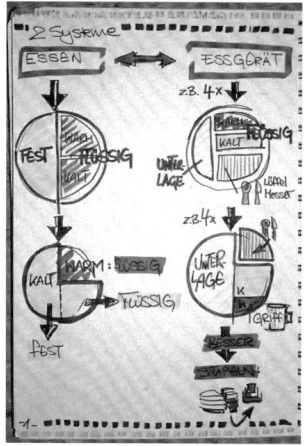 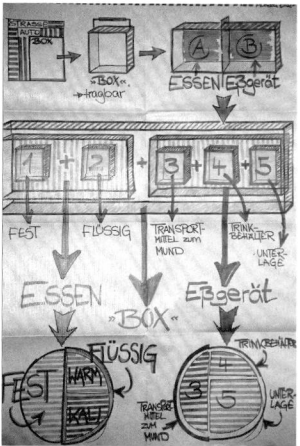

Abb. 220 – 222. Beispiele zur Systemtopologie.

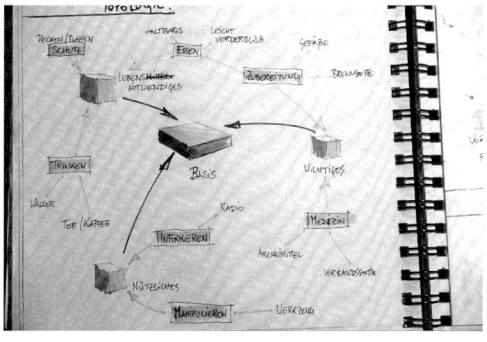

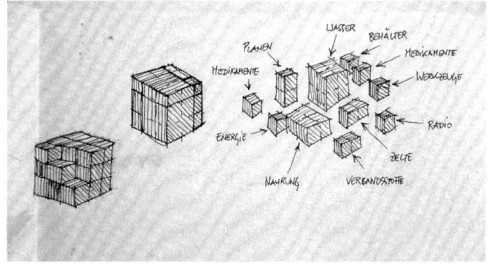

Abb. 223 – 224. Beispiele systemtopologischer Beziehungen.

den auf, bewegten sich und versahen kleine Papierstücke mit Aufschriften – von einem «Stück Brot» bis zu einem «Stuhl». Nun wurde richtig gespielt! «Kaffeepause?…» – «Wo ist denn Kaffee?» – «In der Kanne, klar!» – «Wieso?» – «Wo soll er denn sonst sein?» – «In der Tasse…, möglicherweise verpackt…? Nein, das wäre unpraktisch, vielleicht trinkt man zwei Tassen Kaffee und auch nachmittags eine». Da haben wir es schon: die Mengen spielen eine Rolle. Die Brote wurden ausgepackt (virtuell, versteht sich), auch die Getränke, die warmen Mahlzeiten, der Nachtisch… Dann war die Frage, trinkt man so viel Kaffee im Winter wie im Sommer, oder muß man nicht auch an kühlere Getränke denken? Dieses Spiel förderte vielerlei Situationen zutage, an die sonst nie gedacht worden wäre. Wenn man für seine Zielgruppe nicht weiß, wie so ein Tageslauf wirklich ist, muß man eben seine Zielgruppe mehrere Tage begleiten und sehen, wie die Dinge tatsächlich laufen.

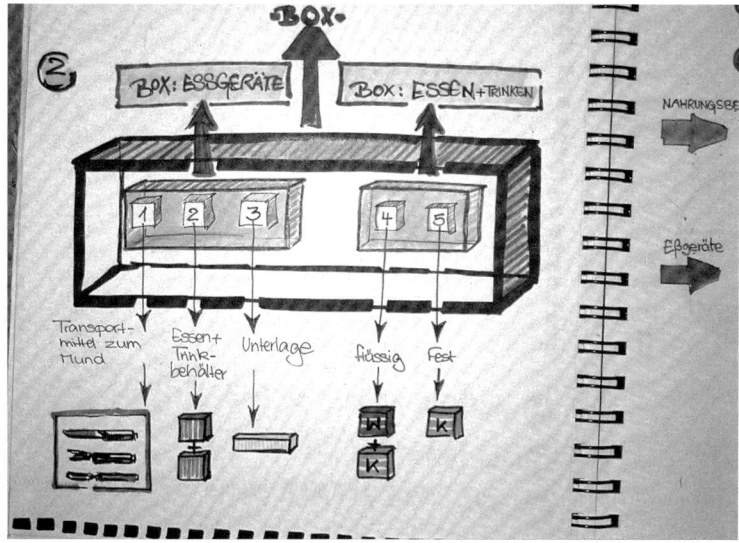

Abb. 225. Beispiele zur Systemtopologie.

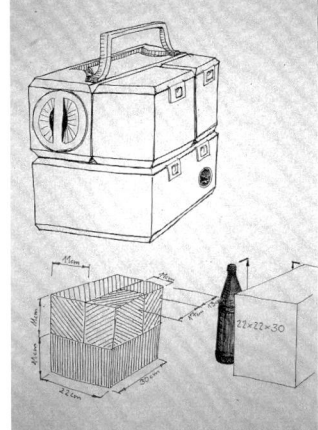
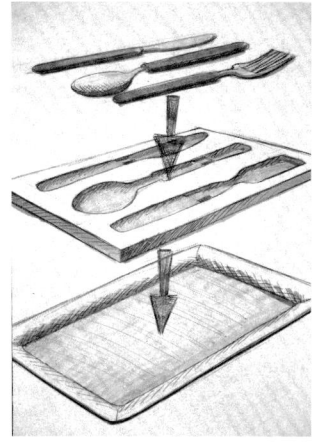
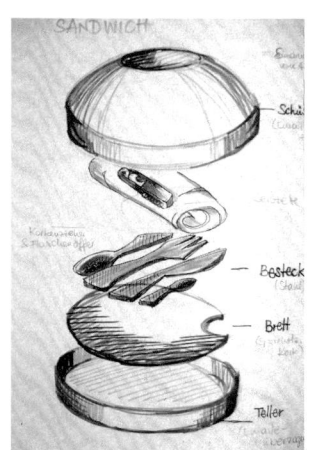

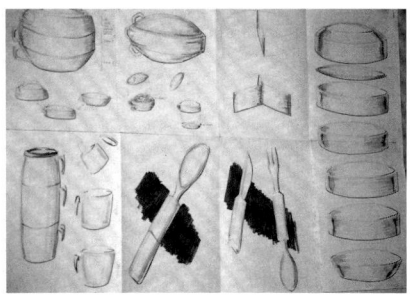

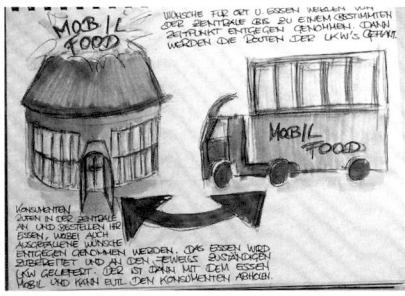

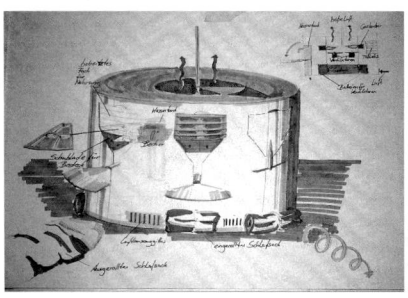

Abb. 226 – 231. Systemgeometrie: Skizzen.

Nach dem Spiel gehts nun ums System-konzept, der nächste Schritt, den die Studenten ausarbeiten sollten: *Systemkonzept «Eßgerät für unterwegs» in schriftlich-schematischer und visueller (piktografischer) Form (von der IST-Situation zur SOLL-Situation); die Elemente des Systems und ihre Funktion festlegen (nicht Bett, sondern Liegemöglichkeit, nicht Messer, sondern Schneidemöglichkeit, nicht Tasse, sondern Trinkgefäß).* Wir wiederholen, was wir schon über das Systemkonzept gesagt haben. Wenn man beim «Kaffeetrinken» an eine «Kanne» und eine «Tasse» denkt, kann man sich nicht mehr recht von diesem Bild befreien. Es geht vielmehr um das «Trinken» im allgemeinen, um die Flüssigkeitsaufnahme. Eine Trinkmöglichkeit soll geschaffen werden, d.h. ein Gefäß für das Trinken sowie ein Gefäß, um das Getränk zu transportieren. Entsprechend: Eßmöglichkeit für eine warme, winterliche Mahlzeit und für ein sommerliches, leichtes Essen. Also, aus dem Spiel trat das Ergebnis hervor, daß das System natürlich warme, kalte, flüssige, und feste Speisen erlauben sollte, weil diese Varianten nun

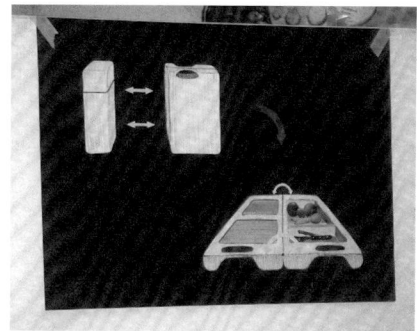

Abb. 232 – 233. Systemgeometrie: Skizzen.

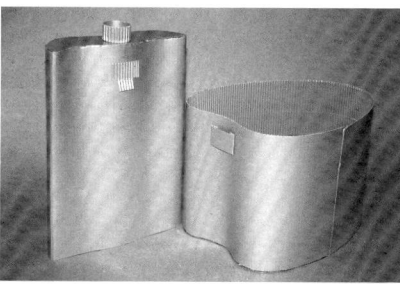

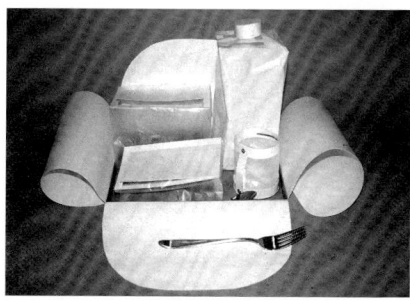

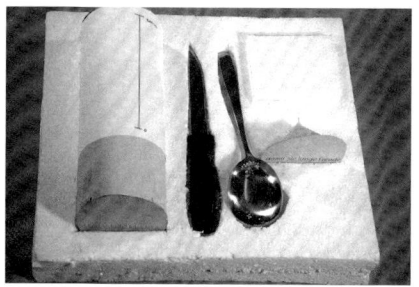

Abb. 234 – 236. Systemgeometrie: Modelle.

einmal zum Spektrum täglicher Nahrungsaufnahme gehören. Und dies alles für eine oder mehrere Personen… Immer wieder war auf die Collagen zurückzukommen und eine neue Frage zu erörtern, dann wieder war das Spiel fortzusetzen, dann wieder mußte etwas in das Systemkonzept eingetragen werden. Wenn sich die Möglichkeit ergab, wurde von Taxifahrern, vom Roten Kreuz oder von Familien per Interview erfragt, was man noch nicht wußte oder worüber man sich noch nicht ganz klar geworden war.

Der folgende Schritt lautete: *Systemtopologie: Die Funktionen in ein System von räumlichen Beziehungen einordnen. Ordnung der Subsysteme.* Jetzt wurde es erst richtig heikel. Bekanntlich ist eine Flüssigkeit ein anderer physikalischer Aggregatzustand als ein Festkörper. Wie beziehen sich flüssige und feste Speisen aufeinander? Wie vereinigen wir sie zu einem räumlichen System? Wollen wir eine Einheit aus zwei Untereinheiten vorsehen, die man nach Bedarf verbinden kann? Oder brauchen wir gar vier Untereinheiten? Wollen wir die Kaffeemenge als Einheit transportieren und das Trinkgefäß den ganzen Tag wiederholt benutzen, oder soll jedes Trinkgefäß auch Transportgefäß sein?… Also, fünfmal Kaffeetrinken bedeutet fünf Transport-Trinkgefäß-Einheiten. Schließlich wurde ein warmes Getränk in größerer Menge vorgesehen und auch ein kaltes Getränk; Behälter für warme und kalte Speisen… Man mußte entscheiden, ob man jedes Element als eine vorgegebene Art von Gefäß vorsehen wollte, wie es die meisten

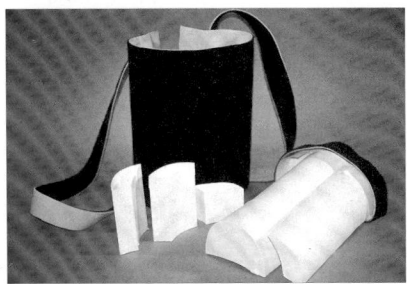

Fluggesellschaften auf Flügen mit zahlreichen Fluggästen halten, wenn das Essen in einer Systemverpackung serviert wird und dadurch bedingt, daß es zu diesen Serviceumständen paßt; oder freier, wie in kleineren Flugzeugen mit weniger Fluggästen, wo die Speise aus einer größeren Gefäßeinheit ausgeteilt wird, mit entsprechend andersartiger topologischer Ordnung. Der Trend läuft hin zu größerer Flexibilität und ökologischerem Transport: größere Flaschen Saft, Wasser, Sekt, größere Behälter für warme Speise, das Brot wird nachgereicht… Solcher Service erlaubt es, daß jemand etwa kein Brot nimmt, dafür aber vielleicht noch eine Portion Curryhühnchen mit Reis. So verschwinden die bedeutenden Mengen kleinster Fläschchen, und es muß nicht jeder Salat 300mal portioniert in Plastikfolie eingepackt werden. Man spart Ressourcen und Energie und scheint

Abb. 237 – 241. Systemgeometrie: Modelle.   **Abb. 242.** Systemgeometrie: Modell.

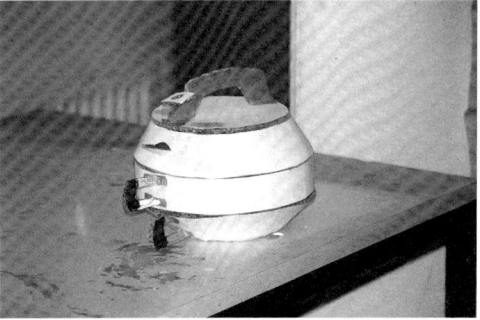

Abb. 244. Systemgeometrie: Modell mit einfachen Mitteln.

kundenfreundlicher zu werden. All dies dank neuer topologischer Entscheidungen!

Nachdem sich die Vorstellungen konkretisiert haben, was das Systemkonzept an Funktionen und Elementen beinhalten soll, wie diese Elemente zueinander stehen sollen, wie mithin die räumliche Topologie aussieht, folgt der

Abb. 243. Präsentationsübung.

letzte Schritt, eigentlich der Schritt, der den Studenten am liebsten ist, weil er ihnen am naheliegensten erscheint: *Systemgeometrie: Gestaltfindung (Form, Farbe, Material…) im geometrischen Raum. Entwerfen anhand von Arbeitsmodellen.* Alles wurde nun ganz einfach, man hatte ja schon konkrete konzeptuelle und topologische Vorstellungen gewonnen, jetzt mußte man sie nur in einer bestimmten geometrischen Form einlösen, dann auch über die Materialien entschei-

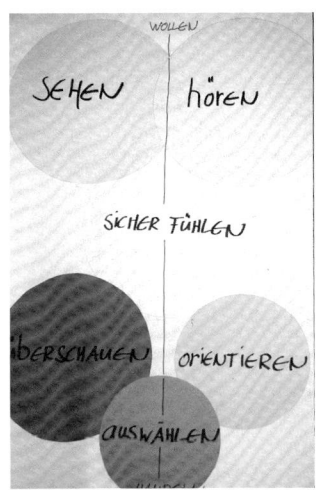

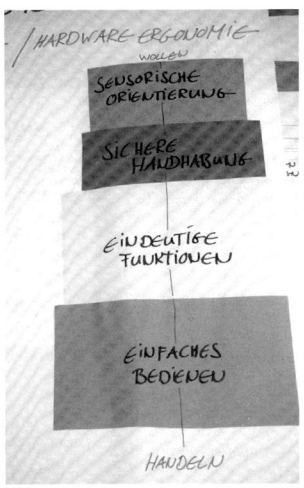

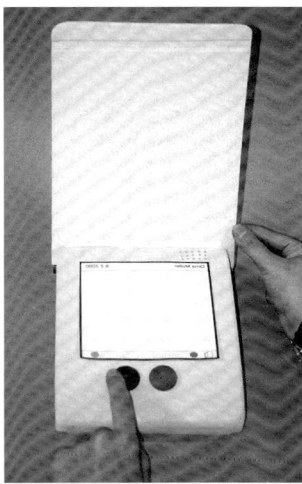

Abb. 245 – 247. Systemkonzept und Systemgeometrie: Modell zu «Essen unterwegs»; hier: Bestellungen und Lieferungen in Behinderten- und Altersheime.

den, über die Farben, entsprechend der Aufgabe, die dem jeweiligen Element zukommt. Da wir es hier mit dem geometrischen Raum zu tun haben, liegt es nahe, von nun ab mit dreidimensionalen Modellen zu arbeiten, mit aus einfachen Mitteln erstellten Arbeitsmodellen, in denen die geometrischen Vorstellungen eine genauere Metrik annehmen können. Zweck der Arbeitsmodelle ist es, an ihnen ein Probehandeln zu vollziehen, sie also, soweit es geht, schon zu benutzen und aufgrund der dabei gemachten Erfahrungen zu kritisieren und zu korrigieren. Arbeitsmodelle eignen sich hervorragend für die videoergonomische Überprüfung (siehe Abschnitt 30). An diesem Prüfstein erkennen wir verbliebene systemtopologische Fehler, aber sogar konzeptuelle und semantische Fehler. Jetzt wird sichtbar, was wir im Konzept übersehen haben oder wo die topologischen Entscheidungen in die Irre gegangen sind. (Klar ist aber vor allem, daß zwar die geometrische Phase die übrigen Phasen kritisieren, jedoch nicht ersetzen kann!) Auch hier stellen wir wiederum keine Lösung vor, da sie für das Lernen des Prozesses keine beispielhafte Bedeutung haben.

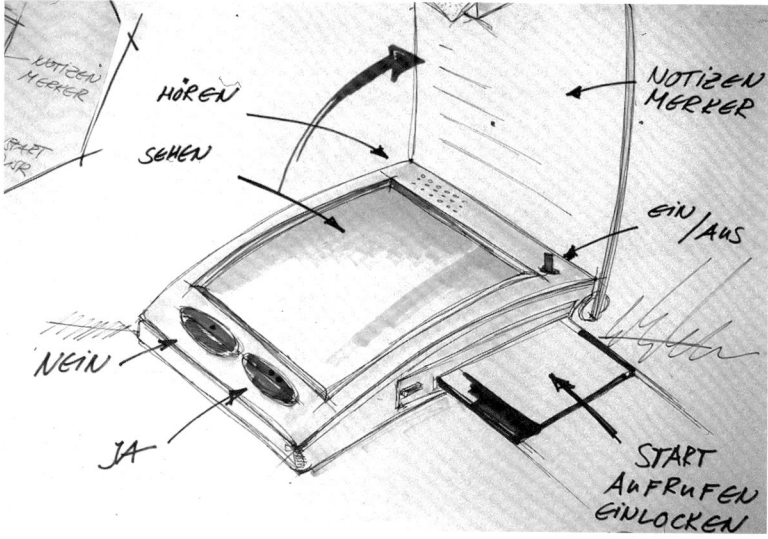

Abb. 248. Systemgeometrie zu «Essen unterwegs»; hier: Bestellungen und Lieferungen in Behinderten- und Altersheime: Skizze.

26. Präsentationen

Wer nun denkt, mit der Gestalt und dem Modell – sogar dem Prototyp (ein funktionsfähiges Modell) – wäre das Designproblem erledigt, der irrt. Ein entscheidender Teil des Designprozesses steht uns noch bevor: es handelt sich um die *Präsentation*. Was ist eine Präsentation? Sie ist der Versuch, den Entwurf plausibel zu kommunizieren. Ein gutes Konzept mit brillanter Entwicklung des Gedankens, das aber nicht gut präsentiert wird, verblaßt augenblicklich; die gesamte Arbeit gerät in Gefahr, vom Adressaten gar nicht wahrgenommen zu werden oder bei einer Diskussion in die Untiefen endloser Mißverständnisse hineingezogen zu werden. Wer ohne Überzeugungskraft präsentiert, steht vor dem Aus, noch bevor es so richtig begonnen hat.

Wort und Weise

Dem Designer darf es nicht ergehen wie dem Maler bei Ezra Pound: «[...] wird auch ein tüchtiger Maler, den man fragt, was er auf seiner Leinwand auszudrücken suche, vermutlich unbeholfen mit den Händen fuchteln und stammeln, daß er ‹äh... äh... nicht darüber sprechen› könne und schon ‹ganz zufrieden› sei, ‹wenn man äh... äh... überhaupt irgend etwas darin sieht›.» (Pound, *Wort und Weise*, S. 91)

Die Präsentation hat in den Designschulen bis dato leider nie die Aufmerksamkeit gefunden, die ihr gebührt. Die Schulen überlassen das Erlernen der Kunst der Präsentation meist dem Berufsleben. Gutes Design spricht ja wohl für sich selbst. Aber wer hat sich bei der Vorstellung einer Designlösung nicht schon grauenhaft gelangweilt? Es kommt nicht selten vor, daß diplomierte Designer, auch solche mit Berufserfahrung, einen Vortrag halten, der, milde gesagt, das Publikum nun wirklich nicht zu fesseln vermag, unabhängig davon, wie interessant die Arbeitsleistung an sich ist. Die modernen Kommunikationsmedien – allen voran das Fernsehen – haben uns so verwöhnt, daß sie

Abb. 249. Präsentation mit Hilfe von Skizzen, Piktogrammen, Schemata und Arbeitsmodellen.

unwillkürlich zum Maßstab geworden sind. Da kann nun einer seine Botschaft nicht vermitteln, weil er das Wichtige vom Unwichtigen nicht trennen kann, denn er möchte *alles* sagen. Da liest einer stotternd seine uninspirierten Sätzchen vom Blatt ab, weil er bei der Fabrikation der Textkonserve nicht mit dem nötigen Respekt an sein Publikum gedacht hat. Da bringt einer treuherzige Versicherungen vor, aber keine Aha-Erlebnisse zustande. Man muß ja nicht gleich Schauspielunterricht genossen haben, um seiner selbst und seiner Sache sicher vor dem Publikum erscheinen zu können, wobei Sicherheit in der Sache die Voraussetzung für Selbstsicherheit bilden sollte. Nur wer bei seiner Präsentation wirklich präsent – hellwach! – ist, wird sein Glück als Redner machen.

Das *Gesagte* ist wichtig, aber ebenso das *Gezeigte*. Die Ansprüche an die Präsentationsmedien sind seit der Existenz des Computers ins Schwindelerregende gestiegen, und die ganze Verantwortung liegt beim Autor der Präsentationsmedien. Einstmals schrieben Verfasser von Texten ihre Sachen als Manuskript, also von Hand; die wurden dann, wenn sie es sich leisten konnten, von jemandem in die Schreibmaschine getippt. Danach wurde der Text einem Satz-

Abb. 250 – 252. Präsentation mit Hilfe von Skizzen, Piktogrammen, Schemata und Arbeitsmodellen.

büro übergeben. Heute gibt der Autor von Sachbüchern im Extremfall Text, Fotos und Zeichnungen schon in einem fertigen Layout ab, das dann nur noch für den Druck ausbelichtet werden muß. Der Autor trägt inzwischen die Verantwortung auch für die äußere Gestalt seines Produkts (genauso haben es die Autoren dieses Buches gehalten). Weil es also *möglich* ist, alles in der Präsentation Gezeigte selbst in die Endform zu bringen, ist es eben auch *erforderlich* geworden. Für eine verunglückte Transparentfolie können wir nicht mehr auf die Nachsicht unserer Zuhörer bauen. Nachlässigkeit ist out.

Regel Nummer eins lautet: Beanspruche Geduld und Zeit deiner Zuhörer *höchstens zu einem Drittel dessen, was du selbst an Geduld und Zeit investieren wür-*

dest! Wenn der Zuhörer der Kunde ist, darf man getrost davon ausgehen, daß er zwar Zeit opfern möchte, aber seine Geduld nicht auf die Probe gestellt sehen will. Daher Regel Nummer zwei: Wir folgen in der Präsentation Julius Cäsars Spruch *veni vidi vici*, ich kam, sah und siegte. Wer nicht rüberkommt, nicht durchblickt, der wird auch nicht siegen. Die Präsentation macht wenig Worte, ist dafür aber in der Visualisierung umso überzeugender. Es ist eigentlich egal, welche Medien benutzt werden, wenn sie nur geschickt benutzt werden. Geschickt heißt, daß sie die Botschaft auf den Punkt bringen müssen.

Wie kann der Designer eine gute Präsentation erlernen? Indem er stets schon so arbeitet, daß alles, was er tut, von vornherein präsentabel ist. Erinnern wir uns z.B. an das Arbeitsjournal. Es ist kein intimes Tagebuch, sondern ein vorzeigbares Arbeitsdokument. Wenn wir uns daran gewöhnen, immer schon an den Mitteilungscharakter all dessen zu denken, was wir zu Papier brin-

Abb. 253 – 255. Präsentation mit Hilfe von Skizzen, Piktogrammen, Schemata und Arbeitsmodellen. Weitere Medien wie Folien, Dias und Filme.

gen, können unsere Präsentationen nicht mehr fehlgehen. Dies meint nicht, daß eine Skizze eine perfekte Zeichnung sein muß, um präsentabel zu sein; sie muß aber *sprechend* sein. Leonardos forschende Skizzen waren nicht nur an die Sache hingegeben, sondern auch imstande, anderen die Sache durchsichtig zu machen. *Darin* waren sie perfekt!

Es ist der Zweck der Präsentation, vom Entwurf zu überzeugen. Primäres Erfordernis dazu ist, daß auch der Mensch überzeugt, der die Überzeugung für die Sache stiften will. In der Präsentation sind wir moralisch gefordert. Sie darf nicht aus einem Täuschungsmanöver bestehen. Es gibt sophistische Scharlatane, die etwas so zweideutig präsentieren, daß wir am Ende weder den Entwurf mögen, noch den Menschen. Jede Präsentation, das dürfen wir nie vergessen, ist auch Selbstpräsentation!

Infobox 17: Un-Präsentation

Ratschläge für eine gute Präsentation klingen leicht trivial. Sie entsprächen summarisch in etwa der Aufforderung, ehrlich zu sein. Besser ist es, sich an Gegenratschlägen zu orientieren, indem man sich einige Unarten des Präsentierens vor Augen hält:

Der Sprecher betritt die «Bühne», er ist wie der Lehrer gekleidet, der mit den Schülern in Lässigkeit wetteifert, in der Hoffnung, nicht zu hohe Ansprüche an seine Kompetenz zu wecken. Er zieht einen Stapel kleiner Karteikarten aus der Tasche (wer hat ihm das bloß beigebracht: ein Stapel so winziger Zettel ist völlig unübersichtlich, verbietet die eigene Orientierung des Sprechers und gerät auch noch leicht durcheinander). Er stellt sich nun so auf, daß er die Dias, die er zeigt, sehen kann, d.h. er dreht dem Publikum den Rücken zu und spricht zur Wand. Die Dias werden im Wechsel mit Folien gezeigt, was jedesmal einen kleinen technischen Umbau erforderlich macht. Die Folien enthalten möglichst viel Text, damit man dem Redner nicht vorwerfen kann, er habe etwas nicht gesagt. Letzteres übrigens nimmt er sich sehr zu Herzen, darum kommt er vom Hölzchen aufs Stöckchen, vergißt die Uhr, und macht es ungeheuer spannend: Er kommt nämlich nicht zur Sache. Er spart sich das Wichtigste für zuletzt auf, wenn seine Zuhörer schon ganz ermüdet sind und gerade aufstehen wollen, um heimzugehen. Just in diesem Augenblick zieht er auch endlich das Bettuch von seinem Modell – aber keiner will es mehr sehen. Wenn er einen Geschäftsauftrag mit nachhause nehmen möchte, wird der Lernfähige es beim nächsten Mal sicher schon ganz anders machen.

Abb. 256 – 257. Gelungene Präsentation von Arbeitsmodellen.

Projekte für Menschen

27. Ergonomie im Zentrum des Produktdesigns

«Ergonomie»? Was ist das? Es ist z.B. klar, daß der Mensch anfänglich mit der bloßen Hand aß. Inzwischen nimmt er Gerätschaften – Stäbchen, Messer und Gabel – zur Hand, um damit die Speisen zum Mund zu führen. Die Gabel *vermittelt* zwischen Mensch und Speise. Die Gabel ist ein Mittel; ihr Zweck ist es, einen Bissen zu ergreifen und in den Mund zu befördern, gesteuert vom Zusammenspiel zwischen Auge und Hand. Der Mensch hat zwischen sich und die Welt immer mehr Mittel gestellt, seine Technik. Je mehr der Mensch seine Technik perfektionierte, um so mehr empfand er die Notwendigkeit, diese «zweite Natur» seiner eigenen Natur anzupassen. Die Gabel muß zur Hand passen, zur Handbewegung und zum Mund. Die für solche Fragen zuständige Wissenschaft heißt *Ergonomie*.

Warum befassen wir uns mit Ergonomie? Haben sich die Designer nicht bloß mit Ästhetik zu befassen? Ein Stuhl, auf den keine Ergonomie angewendet wurde, verursacht wahrscheinlich Rückenschmerzen, gleichgültig, wie schön er anzuschauen ist! Die Ergonomie erlaubt es dem Designer, das Entwurfs-

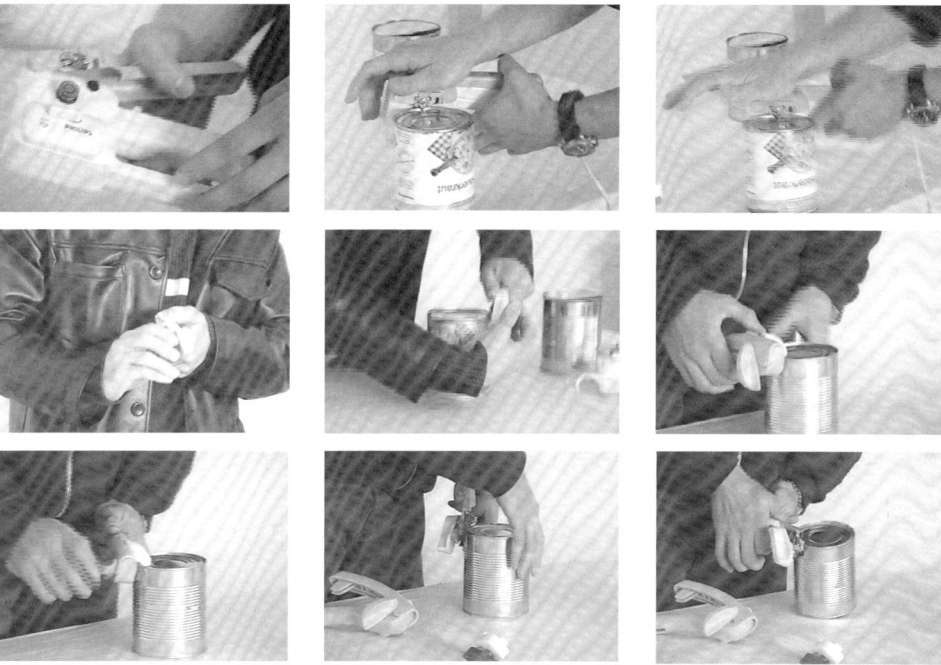

Abb. 258 – 266. Studien der Handbewegung beim Gebrauch von Haushaltsgeräten.

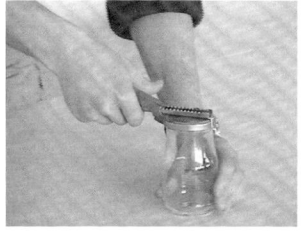

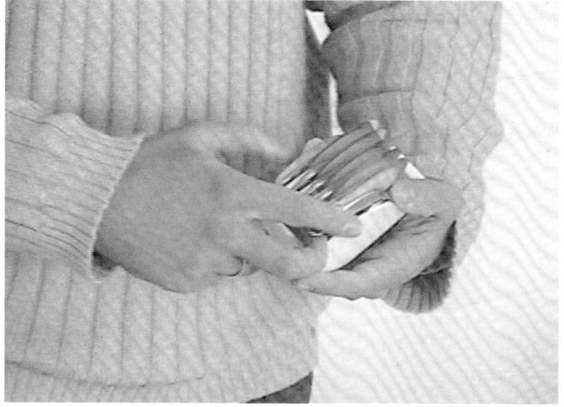

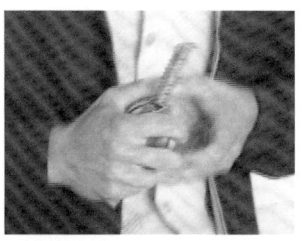

Abb. 267 – 273. Video der Handbewegungen beim Gebrauch von Haushaltsgeräten.

projekt an die Möglichkeiten des Nutzers anzupassen. Die Notwendigkeit dazu sieht jeder sofort ein, der selber Erfahrungen im Nutzen von Dingen und Gerätschaften gemacht hat. Daß wir die Dinge nutzen wollen und nicht bloß anschauen wollen, ist eine Selbstverständlichkeit. Deswegen steht die Ergonomie im Zentrum des Produktdesigns.

Was die Ergonomie fordert, kann allerdings kein Designer nur durch Zeichnung auf einem Blatt Papier festlegen. Die Zeichnung ist zweidimensional, aber die Realität ist dreidimensional. Eine nur gezeichnete Gabel kann niemand ausprobieren. Daher verlangt die Ergonomie nach dem *Modell*, an dem sie realitätsnah getestet werden kann.

Die Ergonomie bemüht sich um die optimale Verbindung von *Mensch* und *Umgebung*. Die Grundkonstellation ist die Beziehung *Subjekt-Objekt*. Hier liegt eine Quelle von Schwierigkeiten: Zum Beispiel soll der Computer den Anwender verstehen und nicht der Anwender den Computer! Sogar ein Informatiker will nicht jedesmal sein ganzes Informatikwissen investieren müssen, um dem Computer eine nützliche Aktion zu entlocken. Die Ergonomie versucht, das Objektverhalten für das Subjekt durchschaubar und kontrollierbar zu machen. Durch die Ergonomie soll die alltägliche Begegnung mit Objekten so reibungslos vonstatten gehen, daß wir gar nicht merken, daß wir es ununterbrochen mit Artefakten zu tun haben.

Infobox 18: Ergonomie

Die Ergonomie ist ein Teil der angewandten Psychologie. Sie ist eine praktisch orientierte und konkrete Wissenschaft, die sich mit bestimmten Optimierungsaufgaben beschäftigt. Die Ergonomie hat auf alle Bereiche unseres Lebens Einfluß genommen, in der Produktion, im Verkehr, auf das Militär und im täglichen Leben. Die heutige Ergonomie bezieht sich «auf das System Mensch-Maschine [...] bzw. auf die Kommunikation und die Prozesse der Informationsverarbeitung und Energieumwandlung in diesem System und auf die Faktoren, die all diese Prozesse beeinflussen» (Lanc, *Ergonomie*, S. 9). Die Ergonomie analysiert die Mensch-Maschine-Kommunikation mit dem klaren Ziel ihrer fortwährenden Verbesserung.

Die Ergonomie studiert Systeme, die sie nach dem Grad der Komplexität in Stufen einteilt. Ein Beispiel für diese Hierarchien (Lanc, *Ergonomie*, S. 35): Das Supersystem ist der Betrieb, das System die Beziehung Mensch-Maschine; ein erstes Subsystem des Systems ist der Mensch, ein anderes Subsystem die Maschine. Zuletzt in der Hierarchie stehen die Elemente, wie z.B. die Sinnesorgane des Menschen und die Bestandteile der Maschine.

Das umfassende Thema des Systems Mensch-Maschine birgt also für die Ergonomie viele einzelne Gesichtspunkte. Nehmen wir wieder das genannte Beispiel. Was man sich in der Ergonomie anguckt, sind z.B. die Steuerelemente, der Eingang («Input») des Subsystems Maschine. Mit Hilfe der Steuerelemente kann die Person mit der Maschine kommunizieren. Subelemente nach Otto Lanc sind: «Drucktasten, Drehknöpfe, Kippschalter, Räder, Kurbeln, Hebel und Pedale». Wie man sieht, hat jedes System wiederum Subsysteme, die in Einzelelemente einteilbar sind, und die Ergonomie beschäftigt sich mit ihnen bis hin zu den einfachsten, unscheinbarsten Elementen; nur wenn jeder noch so kleine Teil eines Systems für sich genommen seine Aufgabe erfüllt, kann das System als ganzes stimmen. Was macht der Ergonom nach Otto Lanc? Er beschäftigt sich beispielsweise mit den Drucktasten: «Die Drucktasten oder Druckknöpfe werden für einfache Zwei-Zustand-Steuerfunktionen benutzt; die geeignete Ausführung einer Drucktaste ermöglicht eine optimale zeitliche Einstellung von zwei oder eventuell drei Zuständen [...].» (Lanc, *Ergonomie*, S. 82) Die Kraft der Drucktaste, der Ort der Drucktaste auf dem Panel – alle solche maßtechnischen und experimentellen Festlegungen werden, wenn erprobt, als «empfehlenswert» von der Ergonomie an Ingenieure, Designer usw. weitergegeben.

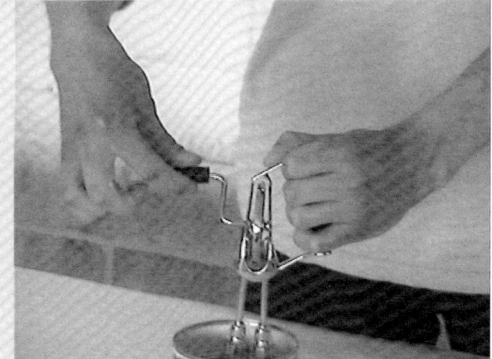

Abb. 274 – 275. Videostudie der Handbewegung beim Gebrauch von Haushaltsgeräten.

28. Was ist Ergonomie im klassischen Sinn?

Das Wort *Ergonomie* kommt aus dem Griechischen: «ergon» bedeutet Arbeit und «nomos» Gesetz. Die Ergonomie entwickelte sich aus der Arbeitssituation in den Fabriken. Arbeitsteilung und Mechanisierung der Prozesse verlangten bald nach einer Optimierung des Rhythmus. Die Optimierung ging schließlich einher mit Maßnahmen der Rationalisierung (Fließbänder!). Ganz ensprechend der Rationalisierung und Normierung in den Herstellungsprozessen wurden die Produkte selber einer immer stärker werdenden Normierung unterworfen. Das Automobil «Tin Lizzie», das Henry Ford (1863 – 1947) ab 1909 vom Fließband laufen ließ, war für den Durchschnittsmenschen dimensioniert. Die Maße entstammten der Anthropometrie, einer Teildisziplin der Ergonomie, die ursprünglich für Standardisierungen im militärischen Bereich entwickelt worden war (normierte Uniformgrößen). Die «Konfektionsgröße» hielt Einzug in die Konsumwelt; in der Zeit nach dem zweiten Weltkrieg wurde in Deutschland ein Herr «Otto Normalverbraucher» kreiert. Der Mensch ist zum Maß aller Dinge geworden.

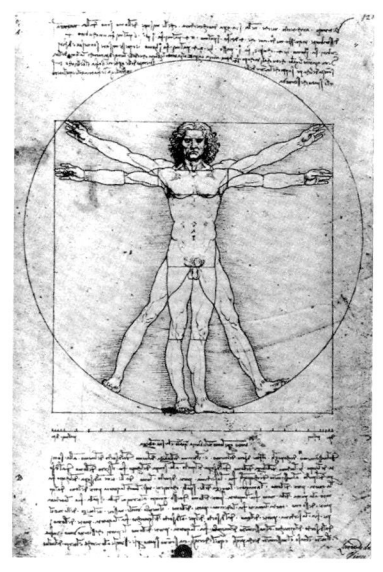

Abb. 276. Leonardo da Vinci: *Menschliche Proportionen.*

Dieser «Homo-mensura»-Satz stammt von den Griechen. Der Satz «Der Mensch ist das Maß aller Dinge» wurde geprägt von Protagoras aus Abdera, um 480 – 410 v. Chr. Dieser Satz meint ursprünglich, daß der Mensch die Welt nach seinen eigenen Maßstäben betrachte – wieviel mehr erst die technische Welt, die er selbst geschaffen hat! Die Sophisten im 5. und 4. Jh. v. Chr. stellten den Menschen in den Mittelpunkt ihres Denkens.

Die Griechen suchten nach den *menschlichen Proportionen* und bemühten sich, sie in Zahlen zu fassen, durch die alles gemessen werden konnte. Insbesondere wurde durch den «goldenen Schnitt» die gesamte Architektur dimensioniert, eine Proportion, die angeblich die Basis für den Kanon aller menschlichen Körpermaße bildete. Der goldene Schnitt wurde durch eine Zahl (0,618…) repräsentiert, die es der Antike erlaubte, die Welt und den Menschen darin in ein Verhältnis zueinander zu setzen. Gemäß mittelalterlichem Denken bildet der Mensch als Mikrokosmos den Makrokosmos nach (Nikolaus von Kues, 1401 – 1464).

In der Renaissance vermessen Leonardo da Vinci (1452 – 1519) und Albrecht Dürer (1471 – 1528) den menschlichen Körper. Um den Künstlern eine Hilfestellung zu geben, schreibt Dürer Lehrbücher mit vielen Zeichnungen, die den menschlichen Körper (Mann, Frau, Kind) in Größe und Proportion darstellen. Leonardo da Vinci zeichnet sein berühmtes Blatt des menschlichen Körpers, eingebettet in einen Kreis, um das Buch *De architectura* des römischen Architekten Vitruv aus dem 1. Jh. v. Chr. zu illustrieren, ein Traktat, der ganz und gar unter dem Gesichtspunkt des goldenen Schnitts steht.

Aber der goldene Schnitt wird auch heute noch gelegentlich als geltender Maßstab genommen; der schweizer Architekt Le Corbusier (1887 – 1965) kreierte *Le Modulor* (1951), eine Art bildhafte Tabelle, in welcher die Maße des menschlichen Körpers erneut und auf andere Weise festgelegt werden. Er bezieht jedoch wiederum alle Maße auf den goldenen Schnitt. Le Corbusier etablierte damit aber auch Maße für die Architektur. Wohnungen sollten standardisierte Maße erhalten. Er legte fest, wieviel Raum jeder Mensch braucht, aber auch die Treppenstufen-Höhe interessierte ihn. Der Architekt Le Corbusier baute zusammen mit Charlotte Perriand ein Sofa, das sich genau den Körperformen anpaßt.

Stühle sind ein hervorragendes Beispiel für Ergonomie in der Geschichte; 1885 bemühten sich die Amerikaner, organisch geformte Sitze und Rückenlehnen für die Eisenbahn zu entwerfen. Die Erfinder erklärten den Zusammenhang zwischen der Anatomie und der Sitzhaltung und zeigten durch Zeichnungen, wo eine Unterstützung notwendig war. Die «klassische» Ergonomie vermißt heute in regelmäßigen Abständen die Menschen und erneuert die Tabellen, die die Industrie benutzt. Die Körpermaße der Menschen sind in steter Wandlung begriffen.

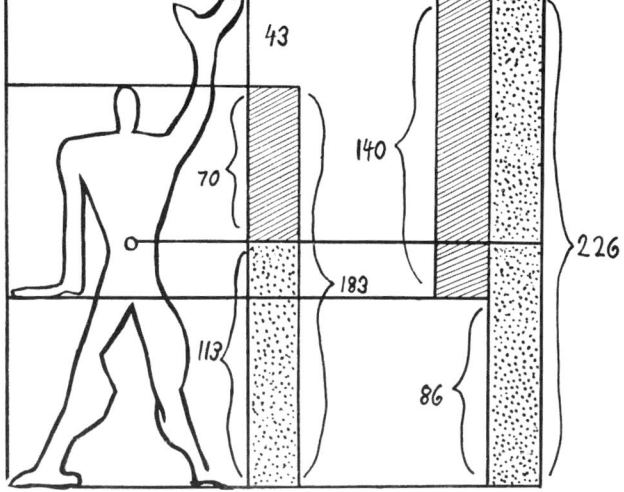

Abb. 277. Le Corbusier, *Le Modulor.*

Infobox 19: Goldener Schnitt

Die Aufteilung einer Strecke in zwei Teile so, daß sich der kleinere Teil zum größeren verhält wie dieser zur ganzen Strecke, der «goldene Schnitt», ergibt eine Proportion, die beliebig sowohl «nach außen» wie «nach innen» räumlich fortgesetzt werden kann. Auf diese Weise offenbart sich eine im goldenen Schnitt liegende Selbstähnlichkeit, wie sie für die bekannte fraktale Geometrie charakteristisch ist. Diese «goldene» Struktur hat in der Kulturgeschichte des Abendlandes ebenso oft die Mathematiker wie die Architekten und bildenden Künstler beschäftigt. Viele Untersuchungen demonstrierten zudem, wie häufig Größenbeziehungen in der Natur gerade vom Typ des goldenen Schnitts sind.

Die Griechen sind die Erfinder des goldenen Schnitts, bei ihnen auch einfach Proportion genannt. Schon Architektur und Skulptur der Griechen stützten sich auf diese Proportion, insbesondere mit dem Ziel, die Maße und Proportionen des menschlichen Körpers zu idealisieren – Details, die der römische Architekt Vitruv um 100 v. Chr. epochemachend analysierte. Der ebenso große wie großartige Versuch, die Welt überhaupt im Medium der Zahlen zu erklären, geht zurück bis auf

Abb. 278. Platonische Körper.

die Schule der Pythagoräer. Im *Timäus* beschreibt dann Platon die nach ihm platonisch genannten fünf Körper, die für ihn von kanonischer Schönheit sind. Gewiß stellen diese platonischen Körper keineswegs eine Näherung an Objekte der Natur dar; aber Platon spricht viel über das, was er einfach den «Schnitt» nennt, von dem er, mit Recht, annimmt, daß der auch in der Natur wiederzufinden sei. Der «Schnitt» wird seit Leonardo da Vinci dann «goldener Schnitt» genannt. Künstler und Wissenschaftler haben sich stets dafür interessiert, Zahlen aus der Geometrie abzuleiten, die Formen des Wachstums, der Bewegung, des Kräftespiels in der Natur be-

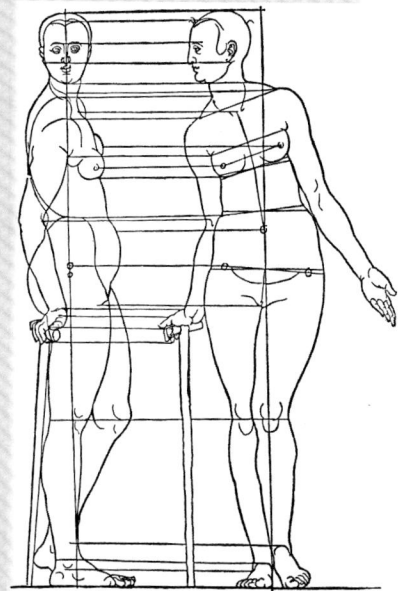

Abb. 279. Albrecht Dürer, *Menschliche Proportionen.*

schreiben können. Dies ist nun in der Tat möglich auf der Basis des goldenen Schnitts, der mathematisch eine Proportion repräsentiert, die sich in einem bestimmten Zahlenwert erfassen läßt, der goldenen Zahl, nämlich 0,618...

Schon die Renaissance erfand vielerlei Spiele auf der Grundlage des goldenen Schnitts und der mit der goldenen Zahl als Grenzwert in Zusammenhang stehenden berühmten Zahlenfolge von Fibonacci (1, 1/2, 2/3, 3/5, 5/8...), um sich so neuen Beobachtungen aus der Natur nachvollziehend anzunähern und sie zu bestätigen. Pater Luca Pacioli di Borgo nennt in der Renaissance den goldenen Schnitt *divina proportione* (göttliches Verhältnis). Sein Interesse für diese magische Verhältniszahl veranlaßte ihn, einen berühmten Traktat über sie zu schreiben, *Trattato de divina proportione*. Leonardo selbst pflegte häufig über Harmonie zu sprechen und darüber, daß die Formen in der Kunst natürlichen Proportionen entsprechen müßten. Leonardo war mit dem goldenen Schnitt durch Vitruv bekannt geworden, der ihn auch zu seiner bekannten Zeichnung der «Proportionen der menschlichen Figur» inspirierte.

Eine moderne Variante solcher Bemühungen ist *Le Modulor* des Architekten Le Corbusier. Der Modulor geht wiederum von der Tradition seit Vitruv aus. Le Corbusier versuchte, alle Proportionen zu standardisieren; deswegen läßt seine Methode alle Ausnahmen beiseite. Le Corbusier war sich gewiß, daß er mit Hilfe seines Modulor eine neue Norm der menschlichen Maße auffinden könne. Er teilte die gesamte Höhe zwischen Fuß und nach oben ausgestrecktem Arm durch zwei und fand die Mitte lokalisiert in Höhe des Bauchnabels. Sodann fand er goldene Proportionen, die sich zwischen den Füßen und dem herabhängenden Handgelenk einstellen. Indem er die Höhe zwischen Fuß und Kopf im goldenen Schnitt teilte, erreichte er abermals den Bauchnabel. Diese Erfahrung brachte Le Corbusier auf den – gewiß übertriebenen – Gedanken, daß sich alle Teile des menschlichen Körpers zueinander in goldenen Proportionsverhältnissen befinden.

Interessanterweise findet sich eine bedeutungsvolle Diagonale bei der Konstruktion der goldenen Proportion; sie gehört zu dem Rechteck, dessen größere Seite x und dessen kleinere Seite a ist: $d = \sqrt{(x^2 + a^2)}$, wobei x und a miteinander einen goldenen Schnitt bilden. Das Segment d fällt mit einer der fünf Seiten eines Fünfecks zusammen, welches in einem Kreis eingeschrieben ist, der seinerseits einem Quadrat eingeschrieben ist mit Seitenlänge 2x.

Die praktische Quintessenz all solcher Bemühungen um Zahlenverhältnisse des menschlichen Körpers liegt darin, daß wir, um stets unsere «Proportion» zu den Dingen zu finden, in der Tat einen Blick dafür gewinnen müssen, worin das menschliche Maß besteht. Dieses Maß dürfen wir bei der Gestaltung nicht ignorieren. Falsch aber wäre es, sich immer nur auf vorgefertigte Tabellen zu stützen. Einer bloß tabellarischen Ergonomie fehlt es an Lebendigkeit. Wir selbst müssen uns immer wieder bemühen, die Proportionen des menschlichen Körpers in eigenen Nachforschungen zu rekonstruieren. (Sehr gut dazu eignen sich Übungen im Aktzeichnen.)

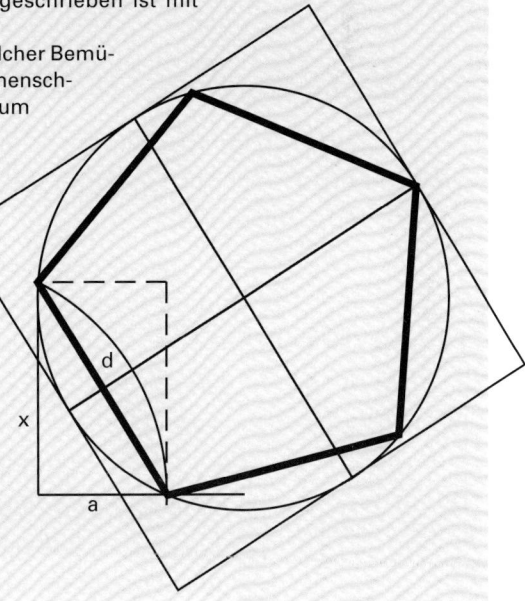

29. Wende zur Kognitiven Ergonomie

Die klassische Ergonomie findet ihren Niederschlag in Zahlen-Tabellen. In diesen Tabellen ist ein statisches Bild des Menschen repräsentiert. Das eigentlich ergonomisch Interessante sind aber seit je die menschlichen Aktivitäten und Handlungen. Die Ergonomie möchte dazu beitragen, daß die Handlungen mit Gegenständen störungsfrei gelingen. Dazu genügen in keinem Falle Tabellen, die aus Messungen am Menschen stammen. Denn in aktiven Handlungen befindliche Menschen zu «vermessen», dazu bedarf es doch ganz anderer Methoden. Die menschliche Aktivität hat ihre Quelle in mentalen Ereignissen, also genügt es nicht, nur den äußeren Körper zu berücksichtigen. Handlung ist das *Zusammenspiel von Kognition und Aktion*, daher ist es notwendig, die kognitive Psychologie in die Ergonomie einzubeziehen. Kurz: die Ergonomie wird zur *Kognitiven Ergonomie*.

Kognition

Der Begriff «Kognition» steht für die Fähigkeit eines Lebewesens, seine umgebende Welt zu erfassen. Die ältere Psychologie verpönte diesen Begriff, weil er vorauszusetzen schien, daß wir ins Innere der geistigen Erlebniswelt des Lebewesens schauen können. Stattdessen sei nur äußeres Verhalten beobachtbar («Behaviorismus»). Die jüngere Psychologie hat jedoch die Kognition geradezu zum Ausgangspunkt ihrer Forschungen gemacht, indem sie mit informationswissenschaftlichen Methoden arbeitet («Kognitive Psychologie»).

Was will die Kognitive Ergonomie erreichen? Sie versucht, durch Maßnahmen des Designs Kopf und Hand in Übereinstimmung zu bringen. Handlungsabläufe unterliegen vielfachen Störungen. Wir greifen daneben, wir drücken den falschen Knopf, wir lesen eine Beschriftung falsch ab, wir mißverstehen ein Signal, das Gerät ist intern gestört, was wir nicht gleich bemerken, in einer Situation ist nicht gut zu erkennen, was als nächstes getan werden muß; das, was getan wird, ergibt keine sinnvolle Rückmeldung. Wenn all dies oder einiges davon z.B. einem Piloten passiert, ist es gut, wenn der Fluggast vorher sein Testament gemacht hat.

Die Kognitive Ergonomie untersucht, ob das Gestaltschema der Dinge mit dem Handlungsschema übereinstimmt. Wenn nicht – dies muß am Modell getestet werden – müssen Korrekturen am Gestaltschema angebracht werden, so lange, bis das Handeln störungsfrei gelingt. Die Autoren wurden einmal Zeuge, wie eine alte Dame an einem Geldautomaten den Schlitz für den Einschub der Scheckkarte suchte – und unversehens die Karte senkrecht in eine Ritze des Geräts schob, wo sie verschwand. Sicherlich mußte der Geldautomat auseinander genommen werden, um die Karte wiederaufzutreiben. Schuld hatte natürlich nicht die Dame, sondern der Designer, der am falschen Ort eine falsch interpretierbare Ritze gelassen hatte. Der alte Sicherheits-Slogan «was passieren kann, wird auch irgendwann passieren» ist sozusagen der erste Hauptsatz der Kognitiven Ergonomie. Diese Ergonomie sollte verhindern, daß wir zur Programmierung eines Videorekorders das Abitur mitbringen müssen.

Manchmal hat man dringend zu telefonieren. Da steht also ein ausländischer Tourist mittleren Alters in Italien in einer Telefonzelle, die frisch gekaufte Telefonkarte parat. Der Tourist macht alles richtig: er schiebt die Karte in den richtigen Schlitz, sie wird auch richtig vom Apparat eingesaugt – aber sie kommt gleich darauf aus einem anderen Schlitz wieder hervor, ohne Möglichkeit zu telefonieren. Alles läuft richtig ab, auch der Ausgabe-Schlitz funktioniert prächtig. Wo steckt der Fehler? – fragt man sich. In der Karte! Der Kartennutzer muß (wo erfährt man das?) vor der ersten Benutzung der Karte aus ihr ein Dreieck herausbrechen. Sonst funktioniert sie nicht! Der Grund dafür ist simpel: Die Unversehrtheit der Karte soll symbolisieren, daß keiner die Karte vorher schon einmal in einen Schlitz geschoben hat, um zu telefonieren. Heute traut ja niemand mehr dem anderen! Natürlich kann man auch mit häßlich herausgebrochenem Dreieck noch einiges anstellen, das moderne italienische Design sieht nämlich eine weitere Möglichkeit vor: man kann auch mit einer Bankkarte telefonieren. Der Tourist, der die Telefonkarte versehentlich in den Schlitz für die Bankkarte steckt, sieht sie darin auf Nimmerwiedersehen verschwinden! Außerdem stellt die Telefonzelle damit für mindestens drei Tage ihren Dienst ein. Wer es nicht glaubt, fahre hin, Italien ist immer eine Reise wert.

Die Ergonomie ist also heute mehr als «eine eng orientierte, spezialisierte und auf die Lösung konkreter, praktischer Aufgaben gerichtete Wissenschaft» (Lanc, *Ergo-*

Abb. 280 – 281. Cockpit eines Verkehrsflugzeugs. Ein Lufthansa-Kapitän erlaubte uns diese Aufnahmen während eines Fluges nach Barcelona.

nomie, S. 9). Die klassische Ergonomie versuchte durch Messungen, Designern ihre Aufgabe einfacher zu machen. Diese Messungen gelten immer noch, aber von da bis zur heutigen Kognitiven Ergonomie war es ein weiter Weg.

Die Kognitive Ergonomie ist Teil eines noch umfassenderen Gebiets, der *Designwissenschaft*. Diese befaßt sich unter anderem mit der Beziehung des Menschen zu seiner Umwelt in ihrer Mannigfaltigkeit von Strukturen, Abläufen und Kontexten: im Mittelpunkt aller Fragen steht fortan die *Handlung*. Mit der Kognitiven Ergonomie wollen wir erreichen, daß die vielen neuen, komplizierten und technisch hochentwickelten Systeme, die der Mensch noch nicht an seine gewohnten Lebensformen anpassen konnte, kognitiv einfacher werden. Jedermann geläufige Beispiele solcher Komplexität sind etwa automatisierte Produktionsbetriebe, Steuerung und Überwachung von Kraftwerken, Lenkung des Schienenverkehrs und Sicherung des Luftverkehrs. Auch Aufgaben dieser Größenordnung müssen heute von Designern bewältigt werden können!

Die Kognitive Ergonomie arbeitet mit dem Prinzip des *Feedback*: der «Rückmeldung von Informationen an den Benutzer, die ihm zeigt, welche Handlung tatsächlich ausgeführt, welches Ergebnis erreicht wurde.» (Norman, *Dinge des Alltags*, S. 40) *Was sagt uns die Kognitive Ergonomie über das Design?* Design soll einen intuitiven Gebrauch ermöglichen. Die Geräte, die ähnlich wie ein Mensch funktionieren sollen (Bankautomat, Fahrkartenautomat, Selbstbedienungs-Zapfsäule, U-Bahn-Eintrittskontrolle), sollen uns nicht wie ein «Apparatschik» in beängstigende Verlegenheit setzen. Wenn ein Ding zu kompliziert wird, vereinfacht sich der kluge Anwender den Umgang und nutzt schlicht nicht alle Möglichkeiten.

30. Video in der Ergonomie

Wir wollen nicht verschweigen, daß die meisten Designer ergonomische und gar kognitiv-ergonomische Amateure sind! Die Materie ist derart kompliziert, daß man ein Zweitstudium in Kognitiver Psychologie absolviert haben müßte, um halbwegs Experte in allen Fragen der modernen Ergonomie sein zu können.

Videoergonomie

Wurde in den achtziger Jahren am Fachbereich Industrial Design der HBK Braunschweig entwickelt, im Zusammenhang mit Untersuchungen an Automobilen für die VW AG.

So wie der Designer sich mit dem Techniker die Arbeit teilt, teilt er sie schließlich auch mit dem Psychologen und Fachergonomen. Das «Einfachmachen», das Programm der Ergonomen, ist tatsächlich eine sehr komplizierte Angelegenheit!

Doch es gibt erfreulicherweise ein Mittel, mit dem sogar ein ergonomischer Amateur Erstaunliches zuwege bringt: die Vi-

Abb. 282. Frame aus einem Video, um die Handlung eines Haushaltsgerätes zu analysieren.

deokamera. Die Sache ist ganz simpel: Wir haben ein Modell, eine Versuchsperson und eine Videokamera. Die Versuchsperson handelt probeweise am Modell und die Videokamera zeichnet den Vorgang auf, möglichst von allen Seiten. Wir sehen uns das Ergebnis dreißigmal an. Aber schon beim dritten Mal beginnen wir zu sehen, wo die Fehler stekken, wo die Hand der Versuchsperson zögert, weil ihr Kopf zögert, eine winzige Entscheidung zu treffen. Wir sehen, daß die Hand etwas tun will, aber dann doch nicht tut, weil die Versuchsperson unbewußt glaubt, sich im Irrtum befunden zu haben.

Noch vor nicht allzulanger Zeit glaubten viele Erwachsene, die sich

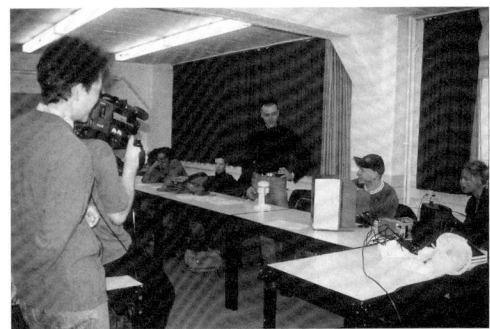

Abb. 283. Videoaufnahme der Studenten.

Abb. 284. Manuell bearbeitetes Frame, um die Handlung eines Haushaltsgerätes zu analysieren.

zum ersten Mal einem Personal Computer (PC) gegenüber befanden, mit dem nächsten – falschen – Tastendruck könnten sie ihn kaputt machen. Wie saß dieser Mensch verkrampft vor seiner Tastatur! Wie schwebten seine Hände unsicher und berührungsscheu über der Tastatur. Wie angsterfüllt stierte der Blick auf den Bildschirm in der Hoffnung, daß nichts Unvorhergesehenes passiere. Und kleine Kinder? Die schienen immer schon zu wissen, daß sie nichts kaputt machen, wenn sie beliebige Tasten drücken. Mit instinktiver Sicherheit gehen Kinder unbefangen davon aus, daß der Computer ja wohl intelligent genug sei, um vernünftig zu reagieren. In der Ergonomie sollten wir uns Kinder zum Maßstab nehmen, d.h. die Dinge so gestalten, daß wir alle im selbstverständlichen Vertrauen auf unsere Fähigkeiten mit komplizierten Apparaturen umgehen dürfen.

Warum ist Video das ideale Mittel für eine kognitive Untersuchung? Eine Videoaufnahme, besonders auch in der neuen digitalen Videotechnik, ist für Designer vor allem ein nützliches Feedback-System – weil man die Aufnahme immer wieder ansehen kann und die durch wiederholte, genaue Beobachtung wahrgenommenen Probleme bei der Handlung in Korrekturen am Modell umformen kann.

Abb. 285 – 293. Videoframes zur Handlungsanalyse eines Haushaltsgerätes.

  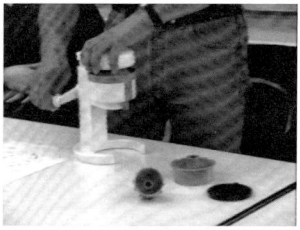

Abb. 294 – 300. Videoframes zur Analyse einer Bewegung.

Mit der Pausentaste verwandeln sich die laufenden Bilder in Standbilder («Stills») – was für die Designforschung neben dem bildweisen Abspielen das Allerbeste ist. Durch Video studieren wir die kognitiven Momente des Handlungsprozesses. Durch die Zeitlupe (leider gibt es bei Video keine echte Zeitlupe!) wird sozusagen auch der Denkprozeß der Versuchsperson offenbar. Gedankliche Splitter, die ihr selbst gar nicht bewußt geworden sind, kann man in ihrem verlangsamten Verhalten *sehen*.

Mit der Videoaufnahme als Dokument wird man darüberhinaus die Versuchsperson befragen und diese kann sich dank des Bildes besser erinnern. Aber auch inadäquate Körperhaltungen, die die Versuchsperson unbewußt annimmt, können zum Indikator werden, so daß der Designer das Handlungsschema durch Verbesserungen an seinem Entwurf korrigiert. Mit Video ist es also gut möglich, festzustellen, ob der Entwurf «stimmt» oder «nicht stimmt».

Eine Videoaufnahme verhält sich wie die Zeit im Märchen. Im Märchen Dornröschen z.B. steht plötzlich die Zeit still. Das Märchen erzählt aber weiter: Wir sehen in der Schloßküche, wie der Koch dem Küchenjungen gerade eine Ohrfeige verabreichen will. Er hat die Hand schon gehoben, der Junge weicht schon ängstlich aus – stop! Als Videoergonomen fragen wir uns, wird die Hand des Kochs richtig geführt? Wird sie die Wange des Küchenjungen treffen oder verfehlen? Wird der Koch dabei die Weinflasche auf dem Tisch umstoßen oder nicht? Dieses wäre der geeignete Zeitpunkt, von unserer Seite aus Korrekturen vorzunehmen und die Hand des Kochs für die optimale Ohrfeige an die richtige Position zu bringen. Wenn der «Film» – das Märchen – weiterläuft, sehen wir den Erfolg!

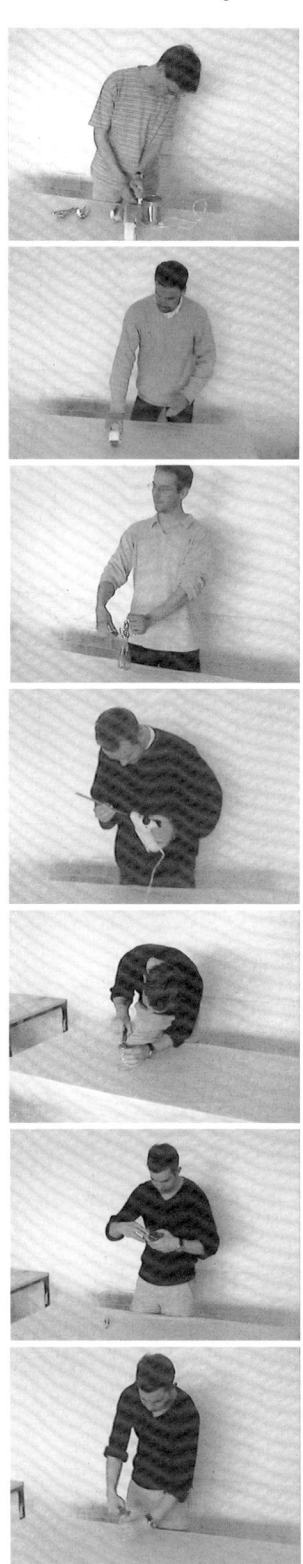

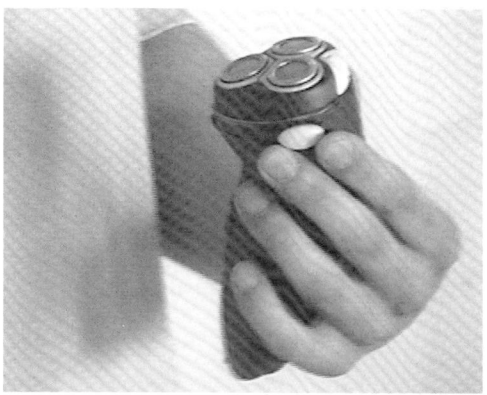

Abb. 308. Videoframe: Nahaufnahme.

Studien zur Bewegung versuchte man schon in der Renaissance und im Barock: Die Maler wollten zum Beispiel herausfinden, wie ein Pferd sich genau im Trab bewegt, um das dann im Bild festzuhalten. Sie konnten nur erraten (und rieten meist daneben), wie die Bewegung abläuft, da sie für das menschliche Auge zu schnell ist.

Mit der Entwicklung der Fotografie und näherhin mit der Kurzzeit-Belichtung wurde auf Fotografien nun wirklich sichtbar, wie ein «eingefrorener» Pferdegalopp aussieht. Mit dem Film schließlich konnte man kontinuierliche Bewegungs-Sequenzen festhalten. Es wurden viele Geräte entwickelt, um Bewegungsstudien treiben zu können, denn längst ging es nicht mehr nur um ästhetische, sondern um praktische Fragen. Frank B. Gilbreth (1868 - 1924) war ein früher Rationalisierungs-Experte, dem sehr daran gelegen war, Struktur-Phänomene der Bewegung zu begreifen, um sie dann einem Optimierungs-«Design» zu unterwerfen. Frank und Lillian Gilbreth hatten eine Familie mit zwölf Kindern und erprobten hier, wie man die industrielle Rationalisierung in einem so großen Haushalt zur Anwendung bringen kann. Lillian Gilbreth (1878 - 1972) war eine der ersten Industrie-Psychologinnen der Welt. Sie chronometrisierte die Arbeit in der Küche. Das Ehepaar machte bereits Filme über Handlungsab-

Abb. 301 – 307. Videoframes zur Analyse verschiedener Haushaltsgeräte.

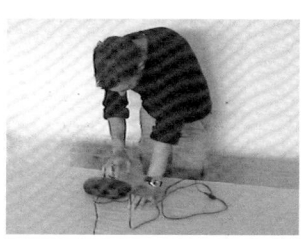

Abb. 309 – 314. Videoframes zur Analyse der Körperbewegung bei der Bedienung eines Anrufbeantworters.

folgen, die sie danach analysierten. So entwarfen sie eine optimierte Verteilung von Spülbecken, Kühlschrank und Ofen in der Küche.

Zur Vorbereitung ihrer ersten videoergonomischen Übung hatten unsere Studienanfänger Geräte von zuhause mitgebracht: einen Rasierapparat, einen Entsafter, einen Toaster, eine Fotokamera, einen Fernseher, einen Zigarettendreher, einen elektrischen Fleischwolf, ein Reisebügeleisen, einen Anrufbeantworter. Sie spielten vor zwei in Opposition aufgebauten Videokameras verschiedene Handlungen durch, wie Auspacken, Zusammenbauen, Inbetriebnehmen und Benutzen. Natürlich war in keinem Fall der Eigentümer die Versuchsperson! Durch die Videoaufnahmen lernten die Studenten, das jeweilige Gerät mit ganz anderen Augen als gewöhnlich zu betrachten, nämlich systematisch, im Zusammenhang seiner Elemente, und die zugehörigen Handlungen zu analysieren.

Man sollte für die Aufnahmen einen neutralen Hintergrund wäh-

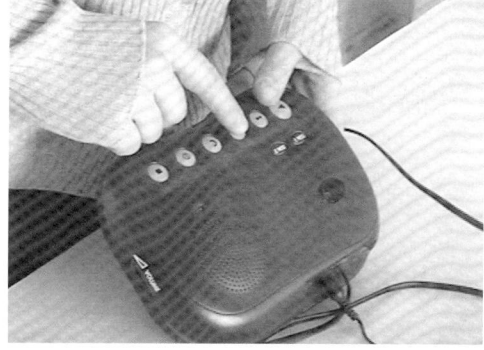

Abb. 315. Videoframe: Nahaufnahme.

Abb. 316. Videoframe: Nahaufnahme.

len, der die Geräte nicht überstrahlen kann. Einmal sollte die vollständige Handlung in Totale aufgenommen werden und ein weiteres Mal (oder mit zweiter Kamera) in Nahaufnahme des Gerätes und der Hände. Mit Hilfe eines Computers kann man die entscheidenden Bildfolgen bzw. Bilder digital einscannen und in einem Bildbearbeitungsprogramm in jeder gewünschten Weise bearbeiten, um sie dann für den Entwurfsprozeß und die Dokumentation oder Präsentation weiter zu verwenden.

Infobox 20: Ehepaar Gilbreth

Das nordamerikanische Ehepaar Gilbreth arbeitete auf dem Gebiet der Arbeitsrationalisierung. Frank B. Gilbreth (1868 – 1924), Betriebsingenieur, und seine Frau Lillian M. Gilbreth (1878 – 1972), Psychologin, haben gemeinsam gültige Methoden visueller Darstellung von Arbeitsvorgängen entwickelt. Sie hatten großen Einfluß auf die spätere Arbeitspsychologie.

Frank B. Gilbreth war Pionier der Bewegungstudien und der Arbeitsorganisation. Er hielt die komplizierten Verläufe menschlicher Bewegungen präzise auf fotografischen Platten fest; dadurch gelang ihm die Sichtbarmachung der Bewegungstrukturen in Raum und Zeit. Er war interessiert an der Darstellung von Elementen der Bewegung, weil das menschliche Auge für deren Erfassung nicht zuverlässig genug ist. Denn das Bild der Bewegung selbst bleibt für das Auge unsichtbar und kann deshalb nicht untersucht werden.

Aus den fotografierten Lichtkurven der Bewegung rekonstruierte Gilbreth Drahtmodelle, die in räumlicher Form die Bewegung in ihrer ganzen Plastizität zeigten. Mit dieser Methode gewann er tiefe Einblicke in die Tätigkeit der Hände. Gilbreth verglich damit die besten Arbeitsmethoden in Industrie und Handwerk. Er beobachtete das Ziegellegen und gab genaue Rechenschaft darüber, wie man die traditionelle Baumethode des Ziegellegens wesentlich rationeller gestalten kann.

Lillian M. Gilbreth arbeitete am Organisationsproblem in einem anderen Industriezweig; sie studierte insbesondere die Küche als industrielles Produktionsproblem. Mit der Präzision, die die Bewegungsstudien auszeichnete, die sie mit ihrem Mann durchgeführt hatte, untersuchte Lillian Gilbreth die Verwandlung einer unorganisierten Küche in eine wohlorganisierte. So konnte sie die Zahl der Bewegungen

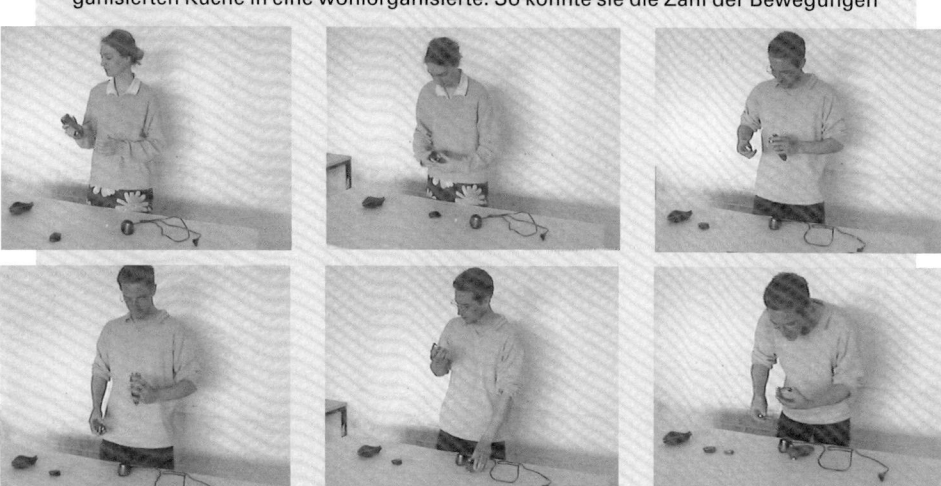

Abb. 317 – 322. Videoframes zur Bedienungsanalyse eines Rasierapparates.

von 50 auf 24 reduzieren. Lillian M. Gilbreth erkannte dabei, daß der Fabrikant wissen sollte, was eine Hausfrau braucht, die selbst selten weiß, was sie will und was sie braucht. Weil also aus Fragebögen, die vom Nutzer ausgefüllt werden, wenig abzuleiten ist, bewährt sich die fotografische oder filmische Dokumentation tatsächlicher Handlungsabläufe. (Zur historischen Darstellung vgl. Sigfried Giedion, *Die Herrschaft der Mechanisierung*.)

Zwei der zwölf Kinder des Ehepaares Gilbreth, F. B. Gilbreth und E. G. Carey, schrieben die Biographie ihrer Eltern. Das Buch, in heiterem Ton geschrieben, trägt den Titel *Im Dutzend billiger*. «Nach einem Jahr hatte Paps ein Gerüst gefunden, mit dessen Hilfe er schnellster Maurer der Baustelle wurde. Diesem Gerüst lag das Prinzip zugrunde, daß die losen Mauersteine und der Mörtel stets in derselben Höhe greifbar waren wie die im Bau befindliche Mauer. Die anderen Maurer mußten sich nach ihrem Material bücken, was Paps nicht brauchte.» (*Im Dutzend billiger*, S. 55)

«So beschlossen Mutter als Psychologin und Paps als Organisator und Fachmann für Bewegungsrationalisierung, das neue Gebiet der Betriebspsychologie und das alte Gebiet der psychologischen Führung eines kinderreichen Haushalts zu untersuchen.» (*Ebd.*, S. 57)

«Eines Abends beim Essen erzählte er uns davon: wie er an den Fingern der Schreiberin kleine Leuchtpunkte angebracht und davon Zeitlupenaufnahmen gemacht habe, um festzustellen, welche Bewegungen sie mache und wie man diese Bewegung reduzieren könne.» (*Ebd.*, S. 74)

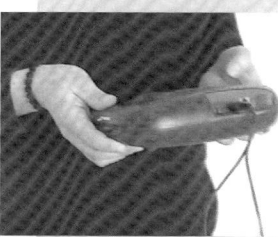

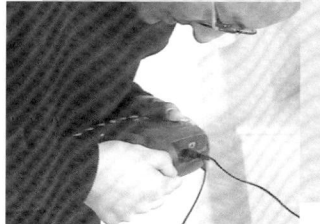

«‹Ist es besser, das Geschirr am Tisch aufeinanderzustellen und in einem großen Stoß hinauszutragen?› fragte Paps. ‹Oder ist es besser, immer nur ein paar Teller in die Anrichte zu bringen und sie beim Abspülen aufeinanderzustellen? Wir werden nach dem Essen zwei Parteien bilden, und jede Partei wird eine dieser Methoden ausprobieren.›» (*Ebd.*, S. 82 – 83)

«Kurz nach der Masernepidemie begann Paps mit der Anwendung der Bewegungsrationalisierung auf die Chirurgie, um bei gewissen Operationen Zeit einzusparen. [...] ‹Das wird nicht gehen›, sagte ein Arzt zu ihm. [...] ‹Doch, es wird gehen›, beharrte Paps. ‹Wenn Sie mich nur ein paar Filmaufnahmen von Operationen machen lassen, dann werd' ich's Ihnen beweisen.› Endlich bekam er die Erlaubnis, seinen Filmapparat in einem Operationssaal aufzustellen. Nachdem der Film entwickelt war, führte er ihn uns mit dem Projektionsapparat im Wohnzimmer vor. [...] ‹Seht euch diesen Trottel da an – den Arzt Nr. 3. Paßt auf, was der jetzt macht. Er geht den ganzen Weg um den

Abb. 323 – 330. Videoframes einer Nahaufnahme zur Bedienungsanalyse eines Anrufbeantworters.

Abb. 331– 336. Videoframes einer Nahaufnahme.

Operationstisch herum. Seht ihr, wie er jetzt nach dem Instrument greift? Und nun fällt ihm ein, daß er dieses Instrument überhaupt nicht braucht. Er braucht ein anderes. Er sollte den Namen des Instruments sagen, und die Schwester Nr. 6, die ihm assistiert, sollte es ihm geben. Dazu ist sie ja da. Und seht euch seine linke Hand an, wie sie nutzlos herunterhängt! Warum braucht er sie nicht? Er könnte doppelt so schnell arbeiten.› Dieser Film hatte zur Folge, daß die darin aufgenommenen Chirurgen die Narkosezeit um fünfzehn Prozent verkürzen konnten.» (*Ebd.*, S. 151 – 153)

«Paps hatte die Therbligs nach sich selbst genannt – Gilbreth rückwärts buchstabiert mit einer kleinen Variante. Sie waren die grundlegenden Lehrsätze seiner Arbeit und führten indirekt zur Einrichtungen wie Fußhebeln zum Öffnen von Abfalleimern, Spezialstühlen für Fabrikarbeiter, besonders konstruierten Schreibmaschinen und bestimmten Methoden der technischen Montage. […] Ein Therblig ist einfach eine Bewegungs- oder Denkeinheit. Nehmen wir an, jemand geht ins Badezimmer, um sich zu rasieren; er hat sein Gesicht eingeseift und will nun seinen Rasierapparat in die Hand nehmen. Er weiß, wo der Rasierapparat liegt, aber zuerst muß er ihn mit dem Blick lokalisieren. Das ist der erste Therblig, das ‹Suchen›. Wenn der Blick den Rasierapparat gefundet hat und zur Ruhe kommt, so ist das der zweite Therblig, das ‹Finden›. Der dritte ist das ‹Auswählen›, das Stadium, das dem vierten Therblig, dem ‹Ergreifen› vorangeht. Der fünfte Schritt ist das ‹Transportieren›, nämlich den Rasierapparat zum Gesicht führen, und der sechste ist das ‹Ansetzen›, das heißt, den Rasierapparat mit dem Gesicht in Berührung bringen. Es gibt noch elf andere Therbligs, und der letzte ist ‹Denken›. Wenn Paps eine Bewegung studierte, dann zerlegte er jede Operation in Therbligs und versuchte dann, die für jeden Therblig benötigte Zeit abzukürzen. So ließ er vielleicht die verschiedenen Betandteile, die zusammengesetzt werden sollten, teils rot, teils grün einfärben; dadurch wurden dann zum ‹Suchen› und zum ‹Finden› weniger Zeit benötigt. Oder die Bestandteile konnten näher an den Ort des Zusammensetzens herangelegt werden; dadurch brauchte man weniger Zeit für das ‹Transportieren›.» (*Ebd.*, S. 186 – 187)

Abb. 337. Monitor bei der Videoaufnahme zum Thema Ergonomie.

31. Entwurfsaufgabe mit Schwerpunkt Ergonomie

Wer «kognitiver Videoergonom» werden möchte, sollte sich eine Reihe guter Übungsbeispiele suchen: eine Stenotypistin beim Schreibmaschineschreiben, ein Frisör beim Haareschneiden, ein Pizzabäcker – oder jemand, der bügelt.

Das Bügeleisen ist geradezu eine Ikone der Moderne! Das Bügeln ist uns so selbstverständlich, daß wir es uns erst künstlich «fremd» machen müssen, um sehen, was es ist. Für Marsbewohner sieht die Sache ungefähr so aus: Die Erdbewohner waschen ihre Textilien, danach sind die zerknittert; jetzt reiben sie den Stoff mit einem heißen, flachen Stück Metall so lange, bis der Stoff glatt ist. Der Unterschied zwischen knittrig und glatt scheint den Leuten so wichtig zu sein, daß manche einen beträchtlichen Teil ihrer Lebenszeit mit dieser Tätigkeit verbringen.

Bügeln ist in der Tat eine höchst typische Tätigkeit im Haushalt. Das Bügeln hat seit Jahrhunderten die Aufmerksamkeit von Erfindern auf sich gezogen. Zwischen der auf den Kleidern herumgeschobenen Kohlepfanne und dem elektrisch betriebenen Dampfbügeleisen von heute liegen etliche Stationen namhaften Erfindergeistes. Wir dürfen davon ausgehen, daß das letzte Wort in Sachen Bügeln noch nicht gesprochen ist.

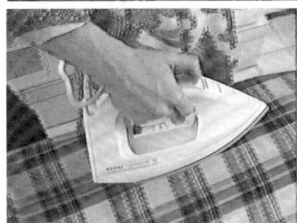

Abb. 338 – 342. Videoinszenierung zum Thema «Bügeln», ein ergonomisches Problem.

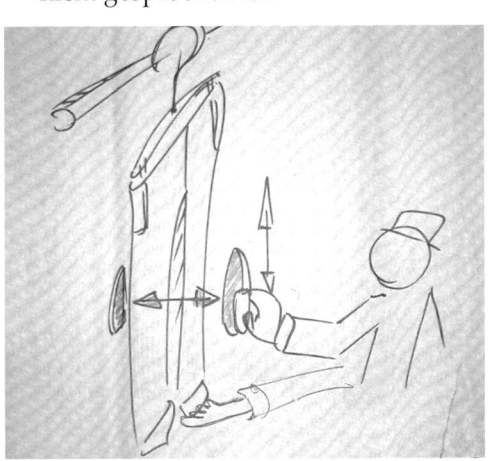

Abb. 343. Visuelle Darstellung zum Thema «Bügeln».

Abb. 344. Arbeitsjournal zum Thema «Bügeln».

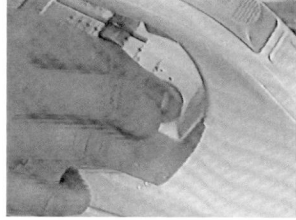
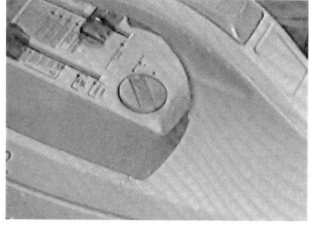
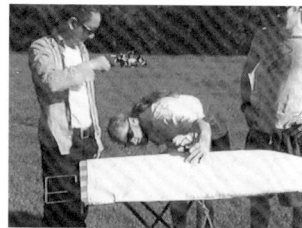

Unsere Studenten erkannten sofort die Herausforderung, die das Bügeln bietet. Simple Bewegungen, verknüpft mit simpler Technik, das muß etwas sein, was sich noch verbessern läßt! Doch ganz so einfach ist die Sache nicht.

«Mich würde interessieren, warum die Bügeleisen so sind wie sie sind und warum man immer mit derselben Bewegung bügelt.» Solche Fragen hatten sich die Studenten als Ausgangspunkt gewählt. Nach ersten Videoaufnahmen und sie begleitenden Kommentaren hatten sie schon bald etwas Wichtiges erkannt: man muß als Designer wieder einmal selbst gebügelt haben!

Mit Videokameras versehen machten sich die Studenten also auf den Weg. Einige inszenierten dramaturgisch, was sie zuerst in Handlungen erprobt hatten, andere hielten einen Bügeltest fest, mit fremdem Bügeleisen und Bügelbrett. Für einige schien es von größerer Bedeutung zu sein, sich zu kostü-

Abb. 345 – 350. Videoinszenierung zum Thema «Bügeln».

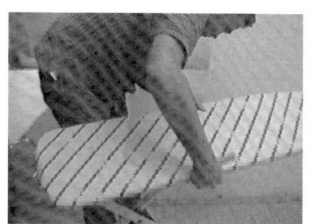
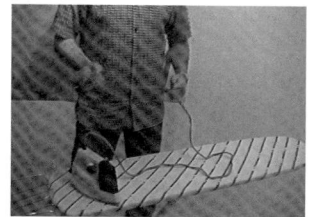

Abb. 351 – 356. Videoanalyse zum Thema «Bügeln».

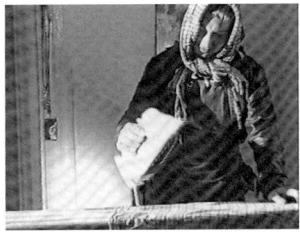  

Abb. 357 – 359. Videoinszenierung zum Thema «Bügeln im Alltag».

mieren, um eine bestimmte Zielgruppe zu
repräsentieren, für andere war es wichtiger, zuerst einmal selber mit dem Bügeln
vertraut zu werden. Eine der Gruppen beschäftigte sich auch mit dem professionellen Bereich und suchte mit Kameras be-
waffnet Reinigungsläden auf, wo gebügelt
wurde. Sie machten daraus eine Reporta-
ge, wie die Frauen vor Ort arbeiteten. Die
Aufnahmesituation provozierte bei den Be-
troffenen selbst viele Fragen, über die sie
auch vor der Kamera bereitwillig sprachen.

Alle Gruppen entdeckten die gleichen
ergonomischen Probleme: Zuerst das Bügelbrett auseinander klappen, die Steckdose finden; das Kabel des Bügeleisens ist
meistens im Weg, die Einstell-Knöpfe sind
entweder zu klein oder zu groß oder liegen nicht am richtigen Platz, manche muß-

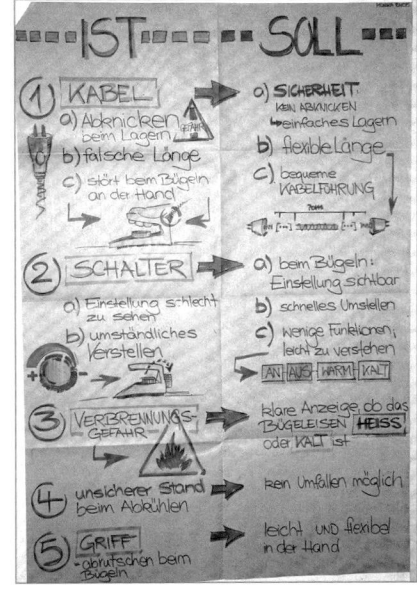

Abb. 360. Ist- und Sollzustand.

Abb. 361 – 363. Piktogramme zur Videoanalyse des Themas «Bügeln».

  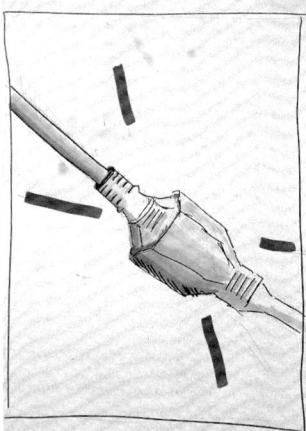

ten sogar mit zwei Händen gedreht werden. Dampfbügeleisen sind oft schwer mit Wasser zu füllen, ohne daneben zu gießen. Die Kabelverbindung mit der Steckdose birgt mancherlei Gefahren. Die Bügeleisen sind nicht intelligent genug zu erkennen, wann sie sich ausschalten sollten. Sie erkennen z.B. keine sich entwickelnde Brandgefahr. Außerdem erfährt man nicht immer, ob sie schon heiß sind oder nicht; dann muß man eben riskieren, sich die Hand zu verbrennen! Im professionellen Sektor wird das Problem mit den Kabeln vermieden, das Kabel kommt von oben, dafür aber ist alles nur für Rechtshänder eingerichtet. Auf Befragen erklärte eine Ladenbesitzerin, bei ihr hätte sich noch nie eine Linkshänderin beworben.

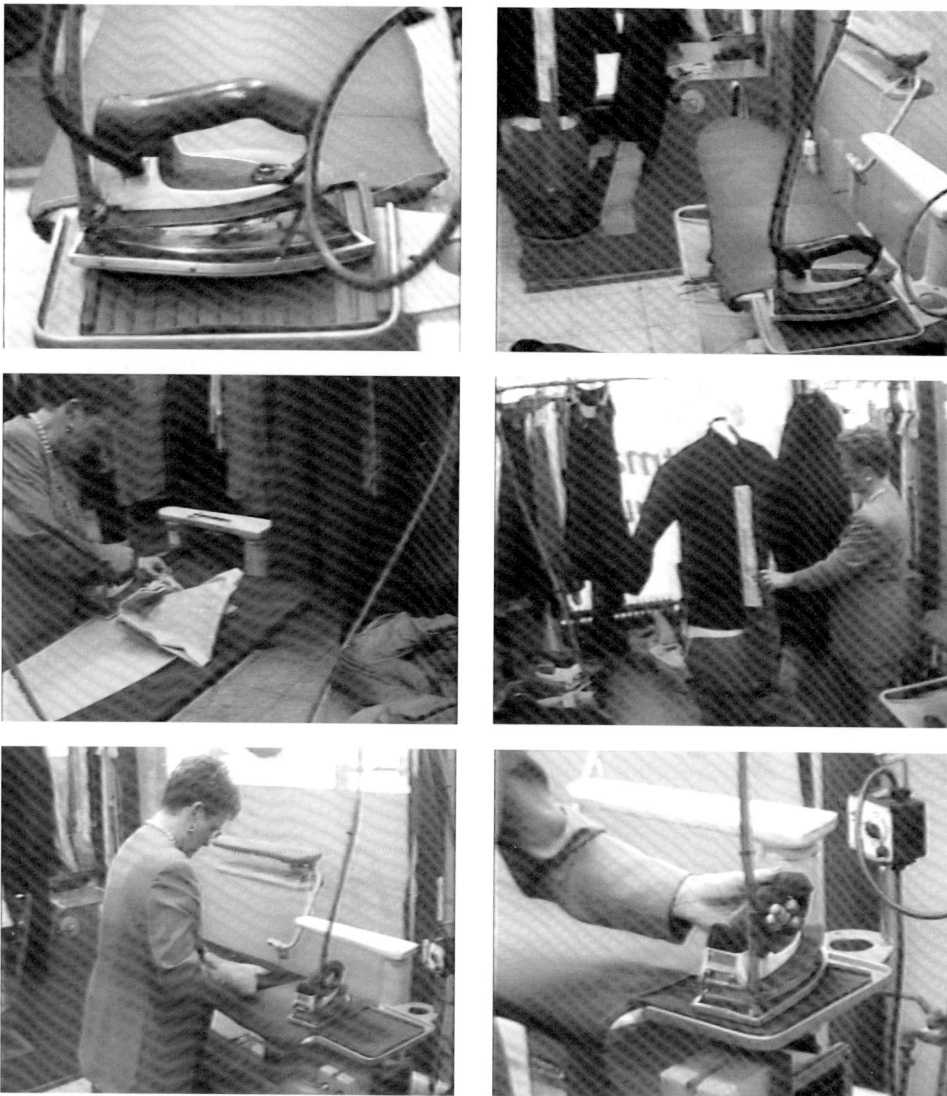

Abb. 364 – 369. Videoanalyse im professionellen Bereich.

 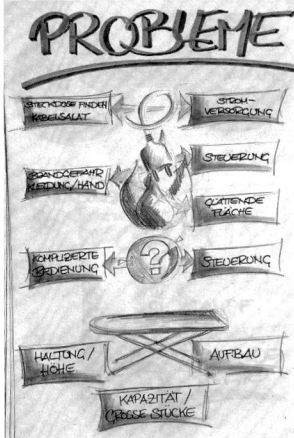 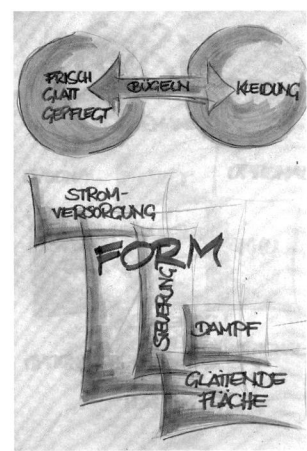

Abb. 370 – 372. Collage und Elemente des Systemkonzepts.

Der Zweck all dieser Untersuchungen ist es, zu lernen, wie man ergonomische Probleme mit Hilfe von Fotokamera und Videokamera ausfindig machen kann. Zur Lösung sind dann topologische Entscheidungen gefragt, die auf das «Drehbuch» der Handlung des Bügelns sehr genau zugeschnitten sind.

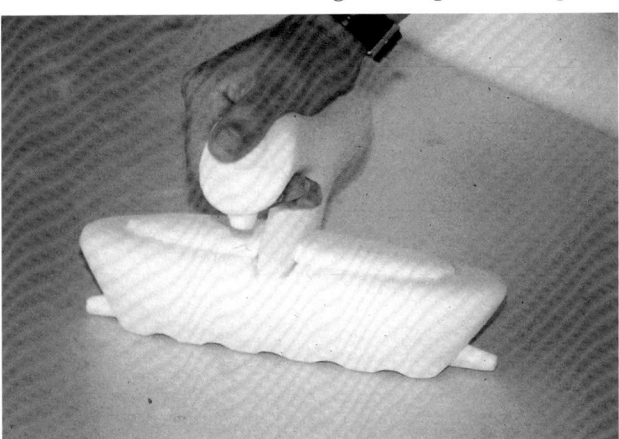 

Abb. 373. Arbeitsmodell.

Abb. 374. Systemelemente und ihre Funktionen.

 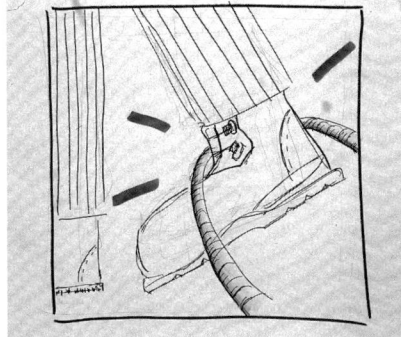

Abb. 375. Darstellung zur Videoanalyse.

Abb. 376. Piktografische Darstellung.

Infobox 21: Geschichte des Bügelns

Kleidung ohne Knitterfalten ist seit mindestens 2400 Jahren ein Zeichen von Eleganz und ein Symbol für Sauberkeit und hohen gesellschaftlichen Rang. Die frühen «Bügeleisen» erreichten ihre Funktion durch Gewicht und auf sie ausgeübten Druck. Nur in seltenen Fällen wurden sie mit Hitze benutzt. Die alten Griechen im 4. Jh. v. Chr. hatten bereits ein Gerät, welches das Plissieren erlaubte, durch eine erwärmte Walze. Zweihundert Jahre später verwendeten die Römer für denselben Zweck eine «Mangel» mit Handgriff, d.h. einen flachen Metallhammer, der es ermöglichte, zerknitterte Stoffe glatt zu hämmern. Wie man sich leicht vorstellen kann, handelte es sich dabei um Sklavenarbeit. Die Wikinger benutzten im frühen Mittelalter ein Eisen in Form eines umgedrehten Pilzes, um ihre Kleider glatt zu bekommen; das Gerät wurde auf dem feuchten Gewebe hin und her gewiegt. Weil es schwierig war, damit präzise Falten zu erzielen, wurden die Kleider mit künstlichen Dauerfalten versehen, natürlich nur für die oberen Stände.

Seit dem 15. Jh. fanden sich in den Häusern der wohlhabenden Europäer Bügeleisen mit einem Fach für glühende Kohlen oder für einen erhitzten Ziegelstein. Bescheidenere Familien besaßen ein Stück Metall mit Handgriff, das immer wieder über einem Feuer erhitzt wurde. Diese Art des Bügeleisens hatte den Nachteil, daß sich an der Unterseite Ruß ansetzte. Nachdem im 19. Jh. die Wohnungen mit Gasanschlüssen versehen wurden, konnten die Bügeleisen mit Gas beheizt werden; über einen Schlauch waren sie an die Hausleitung angeschlossen. Am 6. Juni 1882 erhielt der Erfinder Henry W. Weely das erste US-Patent für ein elektrisches Bügeleisen.

Alsbald gab es eine beträchtliche Konkurrenz unter den elektrischen Bügeleisen-Modellen. Im Jahre 1905 konnte man das elektrische Bügeleisen, wie alle anderen elektrischen Haushaltsgeräte, nur in der Nacht benutzen, weil die Stromversorgung noch ganz auf die Glühbirnen-Beleuchtung ausgelegt war, und tagsüber brauchte man

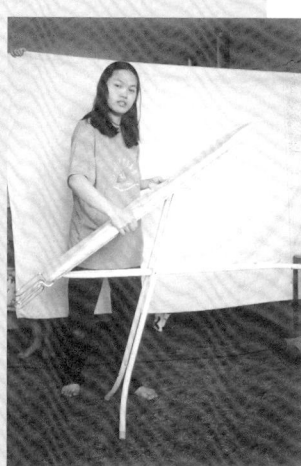

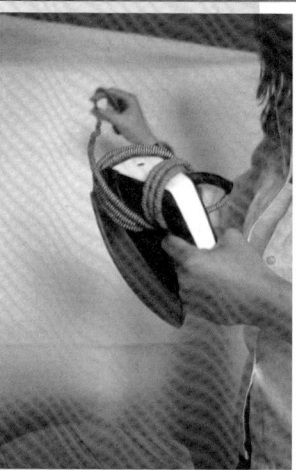

Abb. 377 – 378. Inszenierung des Bügelns mit Fotodokumentation.

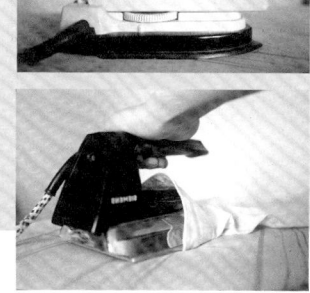

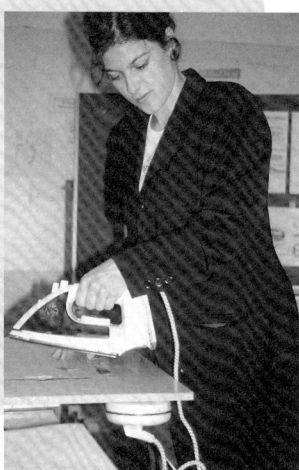

Abb. 379 – 382. Inszenierung des Bügelns.

Abb. 383. Präsentation einer möglichen Lösung des Kabelproblems.

kein künstliches Licht, infolgedessen keinen Strom. Eine Befragung in Ontario ergab, daß die Frauen sofort auf ein Elektrobügeleisen umsteigen würden, wenn die Eisen leichter wären und die Frauen tagsüber Strom hätten. Daraufhin wurde einmal in der Woche ein Bügeltag angesetzt, an dem durchgehend Strom geliefert wurde. (Vgl. zum Vorangehenden: Charles Panati, *Universalgeschichte der ganz gewöhnlichen Dinge.*)

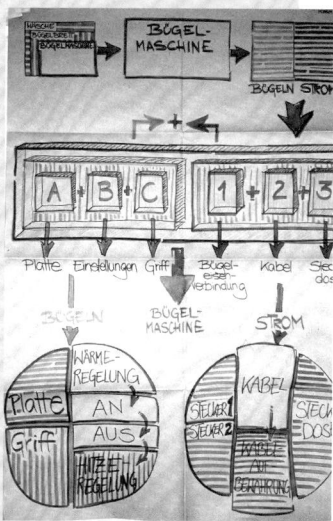

Abb. 386. Systemtopologie: «Bügeln».

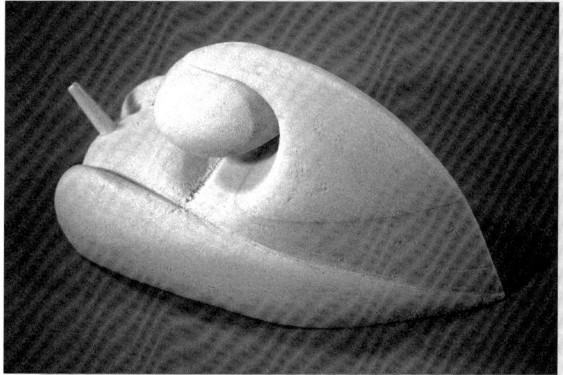

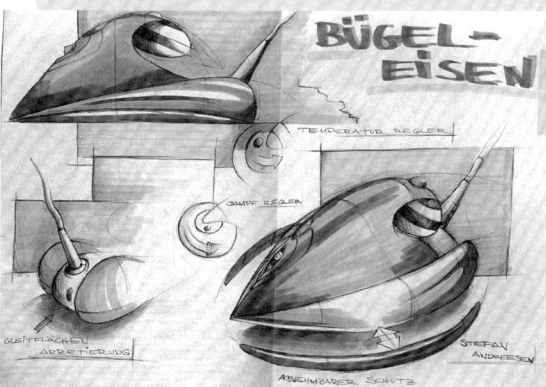

Abb. 384 – 385. Entwürfe von Studenten.

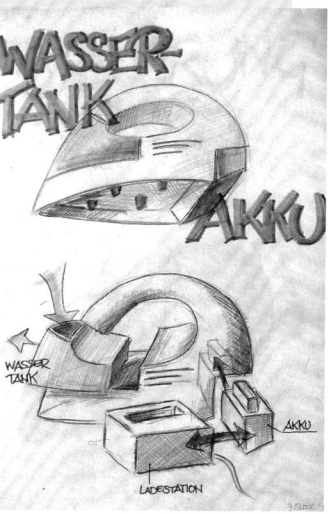

Abb. 387. Geometrie-Skizze zum Thema «Bü-

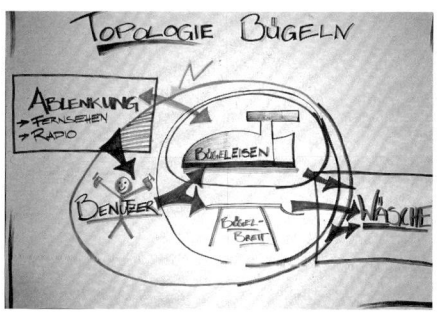

Abb. 388 – 389. Systemtopologie: «Bügeln».

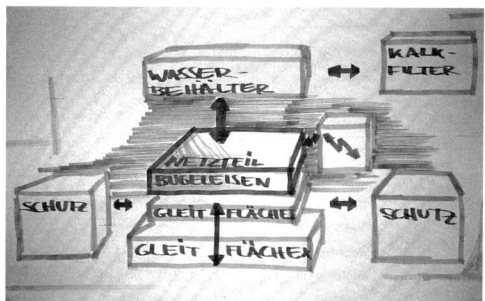

Infobox 22: Mechanisierung des Haushalts

Die Energie, die wir alltäglich verbrauchen, wird immer noch vorzugsweise aus Rohstoffen gewonnen, wie Kohle und Öl, um zum Beispiel Elektrizität zu erzeugen. Elektrizität ist seit dem zwanzigsten Jahrhundert die «natürliche» Energieform in der Industriegesellschaft und auch der entstehenden postindustriellen Informationsgesellschaft, während das neunzehnte Jahrhundert noch ganz an die Fortentwicklung der Dampfmaschine (James Watt, 1781) gebunden war. Das paradigmatische Fortbewegungsmittel des neunzehnten Jahrhunderts war die Lokomotive, sie wurde in ihrer Rolle abgelöst durch das individuelle Automobil. Im zwanzigsten Jahrhundert wird das Auto immer mehr als ein beweglicher, persönlicher Teil des eigenen Hauses erlebt. Inzwischen wurden unsere Städte in ihrer Entwicklung ganz und gar dem Auto angepaßt.

Die Geschichte der elektrischen Energie ist die Geschichte der Physik des neunzehnten Jahrhunderts. Während die Dampfmaschine dem theoretischen Verständnis der Thermodynamik vorauseilte, kehrte sich bei der Elektrizität das Verhältnis von Wissenschaft und Technik endgültig um. Die Wissenschaft wurde zum Motor der technischen Entwicklung.

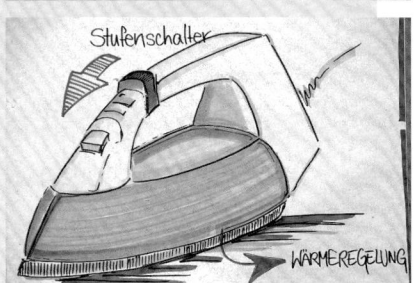

Michael Faraday baut 1821 ein einfaches Gerät, in dem ein stromführender Draht einen Dauermagneten umkreist (Elektromotor). 1881 wurde in Goldaming (USA) das erste Elektrizitätswerk in Betrieb genommen (der Generator wurde von einer Wassermühle angetrieben). Die Produktion elektrischer Energie war aber zu teuer und deshalb wurden die Straßen weiterhin durch Gaslampen beleuchtet. Erst 1882 erprobt Thomas A. Edison in New York eine elektrische Beleuchtungsanlage.

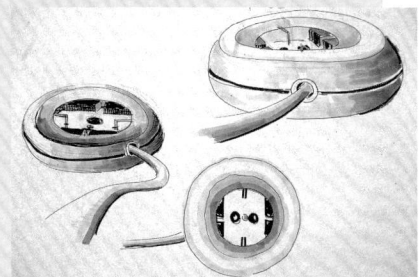

Um 1920 erreichte die Mechanisierung und Elektrifizierung der häuslichen Geräte ihren ersten Höhepunkt. Alles, was im Haushalt mechanisierbar war, wurde mechanisiert. Ventilatoren, Bügeleisen, Toaster, Wäschewringer um 1912; elektrische Staubsauger um 1917, elektrische Kochherde um 1930. In Küche und Bad zogen Apparaturen an, zu deren Kauf Werbeanreize geschaffen wurden. Die Mechanisierung der Küche läuft parallel zur Mechanisierung der Ernährung (Konservenindustrie)

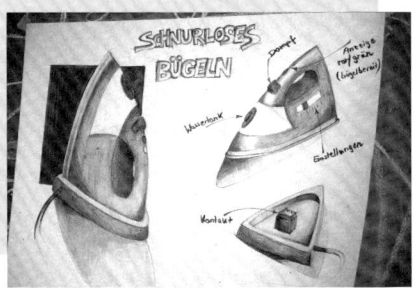

Abb. 390 – 394. Geometrie-Skizzen: «Bügeln».

und ihr folgt die Entstehung der Kettenrestaurants. In New York wird schließlich bald ein einziger Unternehmer täglich Nahrung für 300.000 Personen zubereiten! Für eine ausführliche Darstellung vergleiche man das schöne Buch von Sigfried Giedion, *Die Herrschaft der Mechanisierung*.

Es ist absehbar, daß die zukünftigen Schritte bei der Mechanisierung des Haushalts im Bereich der Automatisierung liegen werden. Schon heute werden Staubsauger-Roboter der Öffentlichkeit vorgeführt, die sich geräuscharm selbständig und lernfähig den ganzen Tag durch die Wohnung bewegen. Wie sollten die zukünftigen Haushalts-Roboter aussehen? Etwa wie Schaufensterpuppen oder eher wie kleine Gefechtspanzer?

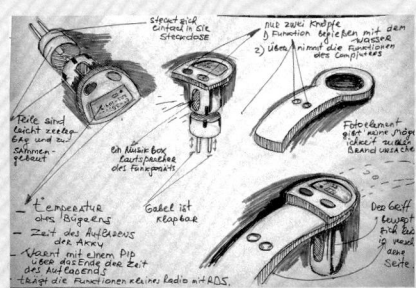

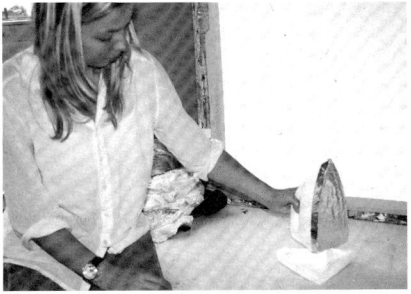
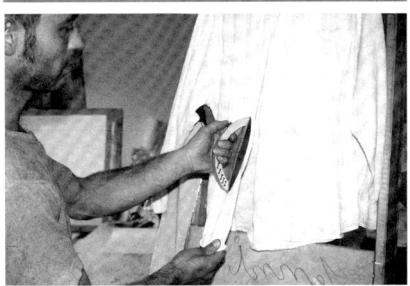

Abb. 395 – 401. Skizzen, Arbeitsmodelle, Präsentation.

Design gestaltet Zukunft

32. Informationsgesellschaft

Das Bügeleisen von heute ist ein elektrisches Gerät. Weil die Form elektrischer Geräte nicht unbedingt ihrer Funktion folgt, sind elektrische Geräte eine Herausforderung für die Ergonomie. Die wahre Herausforderung für die Kognitive Ergonomie sind aber nicht die *elektrischen* Geräte, die wahre Herausforderung bilden die *elektronischen* Geräte! Sie sind es, die heutzutage unseren Alltag bevölkern.

Mikroprozessor

Der Mikroprozessor ist der «Motor» der Gegenwart. Er ist eine winzige, automatische Maschine. In ihm werden jedoch keine Zahnräder bewegt, sondern elektronische Schaltströme. Mikroprozessoren sind praktisch kleine Computer, zugeschnitten für speziellere Aufgaben. Sie selber sind programmgesteuert und steuern ihrerseits komplizierte Vorgänge. Man findet sie heute in fast jedem Industrieprodukt.

In einem Bügeleisen neuester Bauart steckt ein *Mikroprozessor*, der die Abwicklung von siebenundzwanzig Bügelprogrammen erlaubt – wenn man sie braucht. In einem modernen Automobil stecken mindestens fünfzig Mikroprozessoren. Sie erledigen inzwischen viele wichtige Funktionen, an die wir gar nicht mehr denken; zum Beispiel helfen sie während des Bremsens, das Schleudern zu verhindern. Mikroprozessoren verhindern aber auch, daß wir die geringste Reparatur an einem Gerät selber machen können; ganze Module müssen vom Fachpersonal ausgetauscht werden. Doch sind Mikroprozessoren tatsächlich insgesamt derart nützlich, daß es inzwischen ganz undenkbar wäre, unsere Gesellschaft ohne sie ökonomisch weiterzuentwickeln.

Gesellschaftlicher Wandel

In der zukünftigen Informationsgesellschaft werden immer mehr *Sachen* zu *Informationen*. Nicht nur Dinge können etwas *tun*, sondern auch Informationen! In der Informationsgesellschaft wird es aber für den Einzelnen immer schwerer, das Wirken der Information zu durchschauen. Hier ist Design gefordert!

Was Mikroprozessoren antreibt, ist nicht Dampf, nicht Benzin, genau genommen nicht einmal Elektrizität: was Mikroprozessoren antreibt, ist *Information*. Die Information ist «Energie» und «Rohstoff» unserer Zeit in einem.

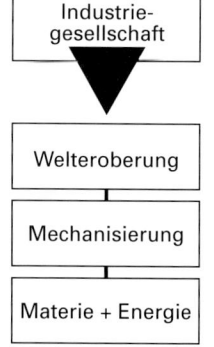

Designern gefällt, daß im Wort «Information» die «Form» steckt. Der große amerikanische Mathematiker Norbert Wiener, Begründer der Kybernetik, sagte von der Information, sie sei physikalisch weder Energie noch Materie, sondern etwas Drittes, Eigenes, nämlich Form oder Struktur. Information ist also einfach Form; eine Form, bei der wir davon absehen, was ihr physikalischer Träger ist. Diese Form ist der Motor unserer Zeit. Man spricht inzwischen schon von der Entwicklung hin zu einer Informationsgesellschaft. Das bedeutet, daß wir

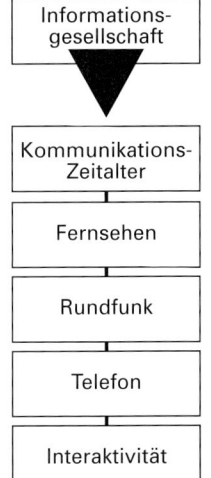

in einer Gesellschaft leben, die in der Hauptsache Informationen produziert und konsumiert.

Worin besteht die Informationsgesellschaft? Wir kommunizieren fortwährend; wir telefonieren, oft ohne näheren Grund; wir faxen, statt einen Brief zu schicken; wir gucken Fernsehen, statt die Zeitung zu lesen; wir navigieren im Internet, statt Bücher aus der Bibliothek zu leihen. Den Löwenanteil aller Steuerungs- und Regelungsaufgaben haben wir an datenverarbeitende Ausrüstungen deligiert. All dies bedeutet reine Information, die nicht einmal eine materielle Umgebung mehr braucht. Früher hatten wir zumindest Papiere in den Händen, jetzt sind es Geräte, die wir einschalten – und schon ist die Information da – oder ausschalten – und keine Spur ist mehr zu sehen. Wir konsumieren das belanglose Leben von Prominenten und verfolgen die abenteuerlichen Reisen der TV-Teams in gefährliche Gegenden. Die Informationsgesellschaft informiert sich ohne Unterbrechung. Sie teilt allen Mitgliedern mit, was aktuelle Mode ist, was «in» ist und was gerade «out» ist. Sie läßt es nicht zu, daß wir nicht wissen, was wir nicht wissen wollen.

Infobox 23: Von der Industrie- zur Informationsgesellschaft

Der Unterschied zwischen Industriegesellschaft und Informationsgesellschaft besteht schlicht darin, daß in der Industriegesellschaft vorwiegend Industrieprodukte produziert und konsumiert werden, während in der Informationsgesellschaft vorwiegend Informationsprodukte produziert und konsumiert werden. Wir haben es also quasi mit einer Entmaterialisierungstendenz zu tun. Natürlich benötigen wir weiterhin Lebensmittel und industrielle Güter; aber der Schwerpunkt unserer Lebensbeschäftigungen verlagert sich immer mehr in Richtung immaterieller Produkte, die durch die Sinnesorgane in unser Gehirn gelangen – und was sie dort auf die Dauer bewirken werden, diese Action-Filme, Synthesizer-Musiken und Internet-Reisen, das ist freilich noch nicht sehr klar!

Seit Archimedes geht es um die Prinzipien, Kräfte für mechanische Bewegungen optimal zu nutzen. Dahinter steht ein Bild von Gewalt: Der «Stoß» (Impuls) ist das Grundprinzip der *Kraftübertragung*. Wasserkraft, Windkraft, Tierkraft und menschliche Arbeitskraft, sie alle wurden in mechanische Bewegung umgesetzt. Auch dann, wenn das Resultat der Bewegung Informati-

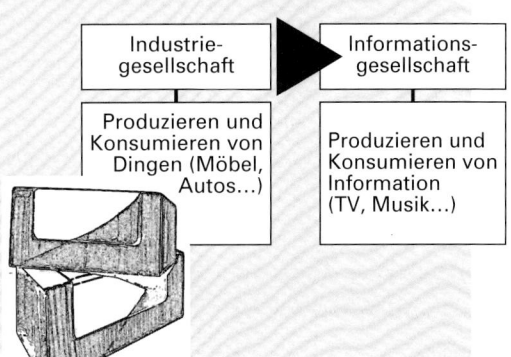

on ist, wie bei der Uhr aus Zahnrädern, bleibt das Prinzip der Kraftübertragung erhalten.

Es wird heute abgelöst vom Prinzip der *Informationsübertragung*. Die technisch vermittelte Kommunikation hat einen Siegeszug ohnegleichen angetreten. Das begann mit den mechanischen Reproduktionsmedien für Auge und Ohr (Kinematographie und Grammophon). Wichtiger wurde aber die elektromagnetische Kraft: Morse-Telegraf 1837; Bellsches Telefon 1876; Heinrich Hertz überträgt und empfängt Radiowellen 1887; regelmäßig arbeitende öffentliche Rundfunksendung (seit 1920 in Philadelphia, USA); Fernsehübertragungen (erste Vorführung 1924 in Berlin; erste öffentliche Fernsehsendung 1929 bei BBC London); Farbfernsehen (USA 1954, Japan 1960, Europa 1967).

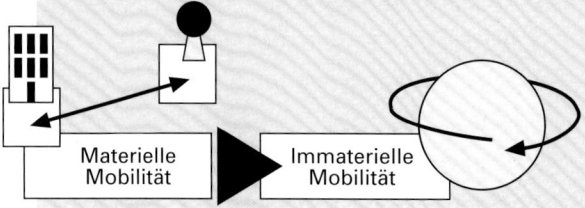

Schon der Dichter Bertolt Brecht erkannte: «Der Rundfunk ist aus einem Distributionsapparat in einen Kommunikationsapparat zu verwandeln». Mit dem Internet ist mittlerweile bereits erreicht worden, daß Informationen weltweit distribuiert und kommuniziert werden, in einem *dezentral* organisierten Datennetz – was, so eine Hoffnung, endlich die globale Demokratisierung der sich herausbildenden weltweiten Informationsgesellschaft fördert.

Was bringt die Zukunft? Die breite Informatisierung unserer Umwelt (Haushalt und Arbeitsplätze); das intelligente Auto, das satellitengesteuert fährt; mikroelektronische Gesundheitswächter in unserem Körper; interaktives Fernsehen (TV, Telefon, Computer und Internet verschmelzen). Das zukünftige Entwerfen wird vor allem im Modus der *Simulation* stattfinden; die wirkliche Welt wird in der virtuellen Welt vorweggenommen – und vielfach werden sogar virtuelle Realitäten direkt in die Realität eingebaut werden (die Gegenkraft, die der Pilot an seiner Steuersäule spürt, ist künstlich und hat mit den Kräften des Flugzeugs nichts mehr zu tun). Mag sein, daß die entwickelte Informationsgesellschaft am Ende Schwierigkeiten haben wird, noch zu wissen, was überhaupt Realität ist und was nicht.

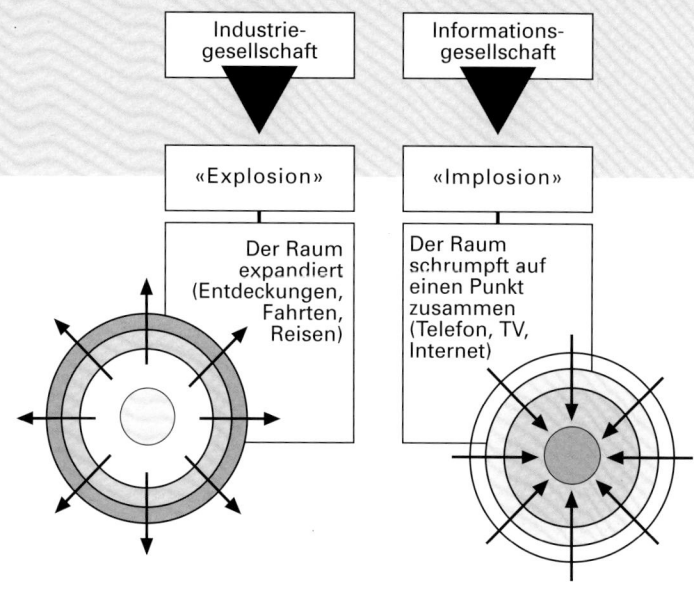

Eines der Ziele der Informationsgesellschaft ist, daß wir zuhause lernen und arbeiten, daß wir zuhause alle Erledigungen besorgen, für die wir heute noch das Haus verlassen, und daß wir uns zuhause durch die Medien endlos vergnügen lassen. Man isoliert sich vom Nachbarn, dafür aber öffnen sich alle Grenzen und täglich begegnet man seinem besten Freund in Japan via Internet.

Wie betrifft die Informationsgesellschaft die Designer? Information ist immaterielle Form. Eine Form, die nichts als Form ist, auf die aber noch Gestaltung wartet. Die *formlose* Form in der Informationsgesellschaft macht diese Gesellschaft komplex und undurchschaubar. Wenn die Informationsgesellschaft nicht zu einem konfusen Desaster werden soll, bricht das Zeitalter des Designs heute gerade erst an! Design wird derjenige Informationskanal sein, in dem die Information *verständlich* wird, in dem sie *Sinn und Bedeutung* annimmt. Und zwar Bedeutung gerade in dem Kontext, den die Kognitive Ergonomie vorzeichnet: *Design als Informationsgestaltung hat Rücksicht zu nehmen auf das kognitive Leistungsvermögen der Menschen und hat ihnen zu helfen, sich ihre jeweilige Welt zu erschließen, sich in ihr zu orientieren und zurechtzufinden.*

Betrachten wir zum Beispiel die Handlung «Fernsehen». Fernsehen besteht darin, vom Sessel aus stundenlang auf ein merkwürdiges Möbelstück zu starren. So verstanden scheint die Handlung «Fernsehen» bemerkenswert einfach zu sein; genauere Nachforschung zeigt jedoch, daß bereits im Vorfeld des Fernsehens Orientierungsleistungen zu erbringen sind, die auf recht komplexen Voraussetzungen aufbau-

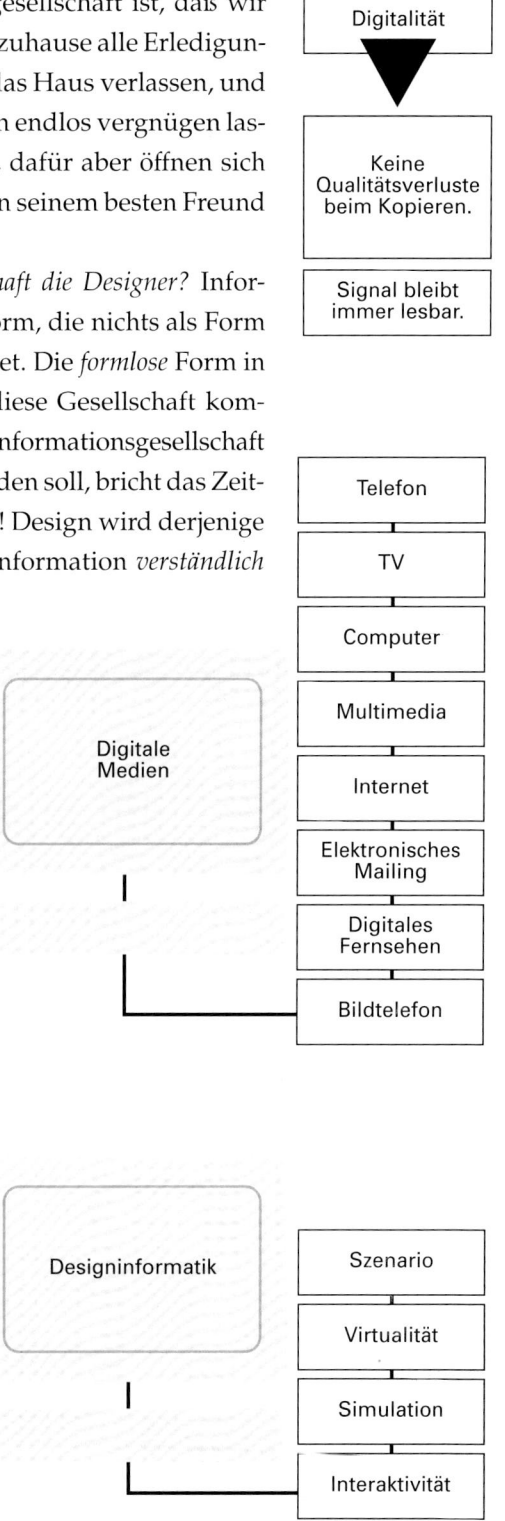

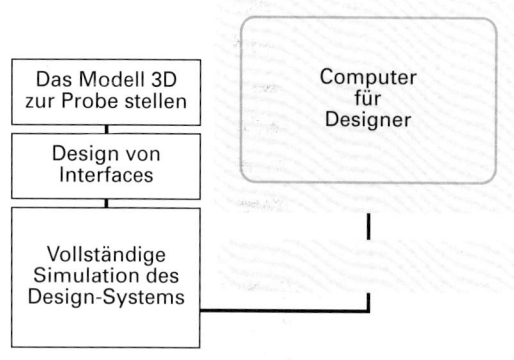

en. Mit dem Blick der Topologie gesehen haben wir (gegenwärtig noch) einen ersten Topos, eine «black box» vor uns, das Fernsehgerät. Der Entwerfende sollte sich also gleich aus Pappe einen schlichten Würfel fertigen. Der semantische Raum liefert dazu das Element «Bildschirm». Wo ist der Bildschirm? «Vorne», klar. Wieso? Weil Bildschirm und Augen sich «gegenüber» liegen müssen. Der uns «gegenüber» befindliche Bildschirm gibt uns also die topologischen Ordnungskategorien wie «vorne/hinten» oder «rechts/links» unserer Blackbox vor. Wir kleben einen Repräsentanten des Bildschirms – ein rechteckiges Stück Papier – auf eine Seite des Würfels, genau in der Mittelsenkrechten, aber etwas nach «oben» verschoben, und damit haben wir die «oben/unten» Richtung ebenfalls festgelegt. Das Systemkonzept im semantischen Raum sagt uns, welche Funktionen wir außerdem sehen wollen – wie die Bildsteuerung –, und welche nicht – wie Kabel, Antenneneingang und andere Elemente, die nicht täglich im Gebrauch sind. Die nicht häufig gebrauchten Funktionen werden auf die topologische «Rückseite» unserer Blackbox gestellt.

Der Zuschauer hat sich vor den Bildschirm gesetzt, er sieht nichts. Sein Wunsch war, fernzusehen, dafür braucht er einen Ein/Aus-Schalter. Wo sucht er den zuerst? Vorne! Dort, wo seine Hände hinreichen. Das Handlungsschema sagt, er will den Schalter vorne haben, also auf derselben Seite wie der Bildschirm. Die Frage ist noch, ob unterhalb oder oberhalb des Bildschirms, in der Mitte oder nach links oder rechts verschoben. Aufgrund der Beobachtung unserer Versuchsperson stellen wir fest, daß sie, wenn der Schalter unterhalb des Bildschirms plaziert ist, den Bildschirm bei der Betätigung nicht abdeckt.

Aha! Der Zuschauer ist Rechtshänder und sucht den Schalter infolgedessen rechts. Nun, wir haben also das topologische Problem des Ein- und Ausschaltens für Rechtshänder gelöst. Was bewirkt diese Lösung nun für einen Linkshänder? Sucht er den Schalter links oder auch rechts? Unser intuitiver – fast logischer

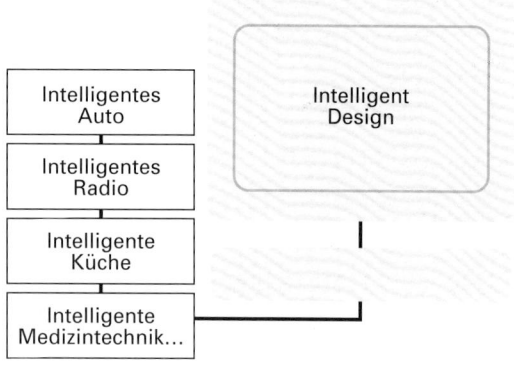

– Gedanke ist, daß der Linkshänder den Knopf links braucht. Doch andere kognitive Überlegungen müssen hinzutreten: Wir lesen in unserer Schrift von links nach rechts. Diese schematisierte Aktion «nach rechts geht es weiter» könnte ein Problem werden, wenn wir für den Linkshänder den Schalter unten links plazieren und er ihn rechts unten erwartet aufgrund dieser Konvention. Hier müßten wir uns mit der zeitlichen Struktur des topologischen Raumes tiefer beschäftigen. Die Lösung, die wir am Ende finden werden, kann für eine andere Gesellschaft, z.B. mit arabischer oder hebräischer Schrift, die von rechts nach links gehen, oder gar wie die chinesische, die von oben nach unten geht, ganz anders einzuschätzen sein. Für jemand, der sein Buch aus unserer Sicht «von hinten» zu lesen anfängt, sind offenbar die topologischen Relationen semantisch anders besetzt.

Bis hierher haben wir «Fernsehen» mit einer Handlung aus zwei Topoi analysiert, Subjekt und TV-Gerät. Der semantische Raum könnte noch einen dritten Topos im System vorsehen, der in die Systemhandlung einzubetten ist, sagen wir: die uns geläufige Fernbedienung. Auch hier müssen wir festlegen, was «vorne», was «hinten» für diesen neuen Topos ist. Fernbedienung und Fernseher sind über eine «topologische Kante» verbunden, wobei in der Aktion ein «Knotenpunkt» durchlaufen wird, ähnlich wie beim Öffnen des Küchenschrankes zum Ergreifen der Tasse die Tür überschritten werden muß: Der von der Fernbedienung ausgehende infrarote Lichtkegel dringt ins «Innere» der Blackbox ein und erzeugt dort die Wirkung z.B. des Einschaltens aus dem Standby-Betrieb heraus. Überdies existiert eine topologische Kante zwischen Akteur und Fernbedienung, die etwa der Situation der Tasse auf dem Tisch entspricht, wenn man die Fernbedienung in die Hand nehmen will. Die

Ordnung der Dinge muß so sein, daß die Fernbedienung sich «zwischen» Akteur und TV-Gerät befindet (wenn man komplizierte Reflexionsverhältnisse einmal beiseite läßt).

Anhand dieses noch recht trivialen Beispiels «Fernsehen» erkennen wir, daß die Informationsgesellschaft jeden von uns vor enorm komplexe Orientierungsprobleme stellt, die uns nur darum nicht ständig ins Bewußsein dringen, weil wir die entsprechenden Handlungen schon tausende Male wiederholt haben. Designer müssen ihre eigene

Alltagshandlung «Fernsehen», sobald sie einen Fernseher zu gestalten hätten, so analysieren, als ob sie noch nie ferngesehen hätten. Nur indem wir uns in diese künstliche Situation versetzen, sind wir imstande, sie zu gestalten.

Infobox 24: Information

Was ist Information? Der amerikanische Biologe und Kybernetiker Gregory Bateson beantwortete in seinem Buch *Mind and Nature* die Frage bündig folgendermaßen: «Information is any difference that makes a difference». Information besteht aus Differenzen, aus *Unterschieden!* Information ist jeder Unterschied, der einen Unterschied ausmacht; Information ist jeder Unterschied, auf den es ankommt. Der Unterschied zwischen zwei Dingen ist aber nicht selber ein Ding. Der Unterschied zwischen dem linken und dem rechten Schuh ist selber kein Schuh. Obwohl die Information also keinen materiellen Charakter hat, kann man doch ihre *Menge* wie bei Erbsen zählen. Man kann von einer Mitteilung sagen, daß sie fünfzehn *bit* Information enthält, d.h. fünfzehn kleine «Bisse» Information – fünfzehn «Erbsen» Information. Ein *bit* ist dabei immer das *Eine-von-zwei*-Möglichkeiten-Sein. Die Quantifizierung der Information geschieht in der mathematischen Informationstheorie (Claude Shannon 1948), die zur Grundlage der Informationstechnik geworden ist. In der Informationstechnik bestehen alle Informationen aus der wiederholten Kombination des Unterschieds zwischen 1 und 0, d.h. zwischen «Strom ein» und «Strom aus». Die ungeheure Fülle von Unterschieden, die es in unserer Welt gibt, kann durch 1 und 0 repräsentiert werden!

Auch *Formen* bestehen, wie die Bezeichnung nahelegt, aus Information, d.h. aus zählbaren Unterschieden. Ein Quadrat hat vier zählbare Seiten in zwei zählbaren Richtungen, die rechtwinklig in vier zählbaren Eckpunkten aneinanderstoßen. In Wilhelm Buschs Bildergeschichte von Max und Moritz werden diese liebenswerten Buben zuletzt in der Mühle zu zählbaren Stücken gemahlen: «Rickeracke! Rickeracke! / Geht die Mühle mit Geknacke. / Hier kann man sie noch erblicken / Fein geschroten und in Stücken.»

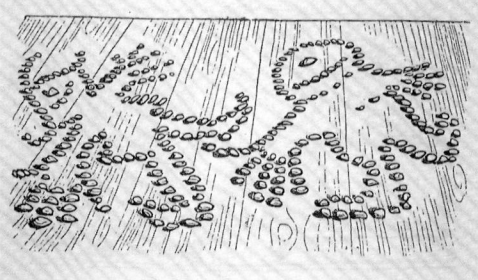

Abb. 402. «Rickeracke! Rickeracke! / Geht die Mühle mit Geknacke. / Hier kann man sie noch erblicken / Fein geschroten und in Stücken.»

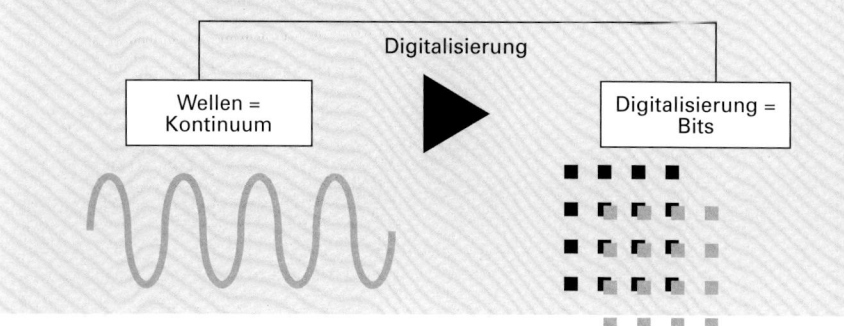

33. Von der Camera obscura zum Computer

Information ist also Form. Form ist letztendlich eine Struktur, die aus nichts anderem besteht als aus simplen Unterschieden. Wir sitzen in einem Zimmer; dann besteht die Welt für uns zunächst aus zwei Teilen, das heißt aus einem einzigen Unterschied, dem Unterschied zwischen dem Zimmer (= Innen) und dem Rest der Welt außerhalb des Zimmers (= Außen). Diese topologische Innen-Außen-Differenz – man erinnere sich der Gestaltung des Hotelzimmers – konstituiert ein *bit* Information. Viele solche Differenzen zusammengenommen machen eine differenzierte Welt aus. Die Formen in der Welt kann man gestalten, das heißt, man muß für sie Differenzierungen festlegen. Die Maschine, die heute dazu prädestiniert ist, mit Differenzierungen umzugehen, ist der Computer. Er bildet alle Differenzen in der Welt auf die Differenz von 1 und 0 ab, die wiederum auf die physikalische Differenz von Strom-an und Strom-aus abgebildet wird. Weil Designer Formen gestalten, muß es daher fast selbstverständlich erscheinen, daß sie täglich mehr den Computer benutzen. Der Computer ist zum Werkzeug aller Werkzeuge des Designers geworden. Denn der Computer repräsentiert die Repräsentation – die Darstellung – schlechthin, weil er alle früheren Darstellungsmedien digital umfaßt. Weil die Arbeit der Designer in der Etablierung und Profilierung von Unterschieden oder Kontrasten besteht, deren Ergebnis für andere nachvollziebar darzustellen ist, rückt der Computer ganz von selbst in den Mittelpunkt der Aufmerksamkeit beim Entwerfen.

Die Darstellung überhaupt bildet das Zentrum des Entwurfsprozesses, wie wir immer wieder gesehen haben. Insbesondere durch visuelle Darstellung erreichen wir schneller und effektiver eine Mitteilung über Formen. Ökonomische Darstellungsvariationen und ein perfekter Output als Druck, Dia oder Video sind unentbehrlich für den Erfolg eines Designers geworden.

Die Darstellungstechnik hat eine lange Geschichte, die in der Renaissance an Schwung deutlich zunimmt. Wir sahen schon, daß Leonardo ein geradezu begnadeter Zeichner war. Dennoch versuchte er immer wieder, sein Genie auch

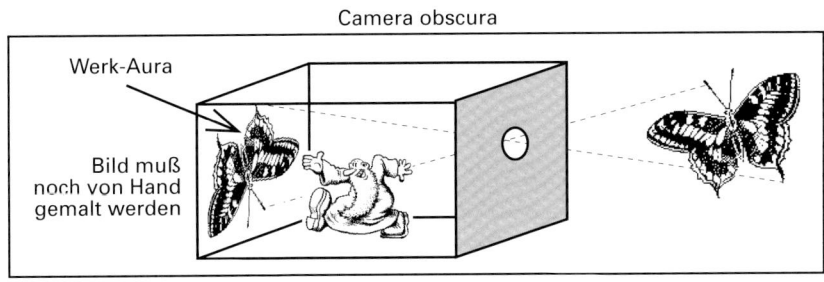

Camera obscura

Werk-Aura

Bild muß noch von Hand gemalt werden

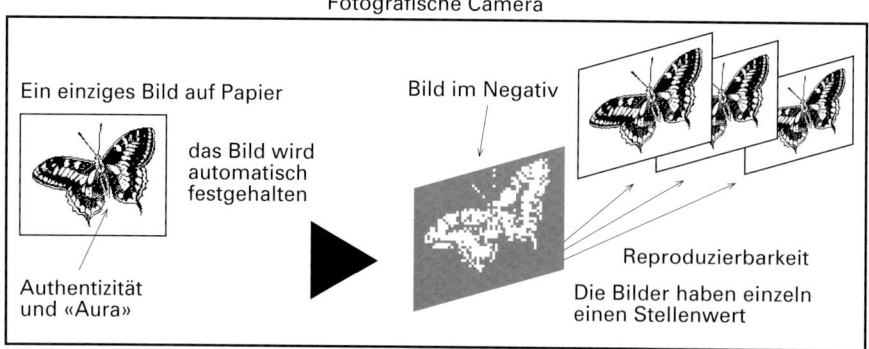

maschinell zu beflügeln. In seinen Notizbüchern erklärt er ausführlich, wie man mit der *Camera obscura* eine perspektivisch perfekte Abbildung erreichen kann. Sogar die größten Genies haben die Technik zu ihrer Unterstützung nicht verschmäht, weil sie keinen Grund sahen, in eine perspektivische Darstellung als solcher ihre individuelle künstlerische Persönlichkeit einzubringen.

In der Renaissance war eine Camera obscura noch ein ganzes Zimmer, wo man in eine Wand ein kleines rundes Loch bohrte und dann an der gegenüberliegenden Wand sehen konnte, was außerhalb der Camera obscura vorhanden war, auch wenn die Dinge seitenverkehrt auf dem Kopf standen! Das ließ sich später ja leicht korrigieren. Ein ganzes Zimmer aber vermochte man natürlich kaum zu transportieren. Die Camera obscura wurde immer kleiner, der Künstler saß nicht mehr drinnen im Dunklen, sondern schaute von Außen im Halbdunkel auf die halbtransparente Rückwand. Das ganze ließ sich mit Spiegeln so verfeinern, daß man die Camera obscura auf den Knien hatte und das Bild von oben sah, um dann mit dem Zeichenstift die Konturen nachzufahren.

Zwar entstand so das Bild schon automatisch (aufgrund physikalischer Gesetze der Optik) aber es konnte noch nicht automatisch *festgehalten* werden. Die Fixierung des Bildes war immer Handarbeit. Alles Sinnen und Trachten richtete sich nun darauf, das Bild auch automatisch festzuhalten. Die Erfindung der Fotografie löste das Problem: Wieder ließ man das Licht zeichnen, man konnte das Bild aber nun mit Hilfe chemischer Vorgänge festhalten. Zu den optischen Gesetzen der Camera obscura traten nun Gesetze der Chemie hinzu. Daguerre erzeugte dieses Wunder durch ein fast magisch erscheinendes Gerät, das ohne handwerkliche Mittel eine «realistische» Abbildung der Realität erlaubte, an der nur die Realität selbst mitgewirkt hatte. Anfangs sahen die Maler, wie Leonardo seinerzeit noch bezüglich der Camera obscura, in der Fotografie nur eine technische Unterstützung ihrer Arbeit. Bald aber mußten die Portraitmaler sich anderen Gewerbezweigen zuwenden; man wollte sich jetzt beim authentischeren Fotografen verewigen lassen. Die Fotografie

«Infografische Camera»

Digitalität: Immaterialität

reine Transformation: Multimedia

wurde zum dokumentarischen Bild schlechthin; dem Foto wurde geglaubt, weil es «Wahrheit» abbildete. Der Erfolg der illustrierten Zeitschriften beim Publikum ist nicht zuletzt darauf zurückzuführen, daß jeder den Eindruck hatte, sozusagen durch das Foto hindurch auf die Wirklichkeit zu blicken. Im Foto war scheinbar kein subjektives «Design» enthalten. Das Foto war eine Abbildung, aber nicht eigentlich eine Darstellung. Alle Differenzen, die es im Foto gab, schienen von der Wirklichkeit selbst aufgezeichnet worden zu sein. Fotodesign konnte es erst geben, als sich zwischen Objekt und Reproduktion eine mannigfaltige Manipulations- und Reproduktionstechnik einschob.

Beim Film schließlich lernten die Bilder bekanntlich laufen. Nun ließ sich auch die Zeit abbilden. Die Wahrnehmungsträgheit der Augen verschmolz die einzelnen rasch aufeinander folgenden Bilder zu einem einzigen Fluß. Wenn jetzt der Eiffelturm gezeigt werden sollte, suchte sich die Kamera nicht mehr eine einzige Perspektive aus, sondern fuhr bei der Aufnahme um das Objekt herum. Der Beschauer lernt dabei alle Aspekte kennen, die den Eiffelturm ausmachen.

Der nächste Entwicklungsschritt in der Darstellungstechnik besteht darin, daß der «Fotorealismus» nun aus dem Computer kommt. Der Computer kann im Prinzip alle optischen und, wenn man will, physikalisch-chemischen Gesetze aufgrund seiner Programmierung kennen, Gesetze, aus denen er die Wirklichkeit – seine Wirklichkeit – virtuell rekonstruiert. Die eine Welt multipliziert sich in den vielen virtuellen Welten der digitalen Rechentätigkeit. Der Computer bietet nicht nur alle Perspektiven, er transformiert sie auch ineinander. Virtuelle Realitäten verwandeln sich in andere virtuelle Realitäten. Realität selbst scheint als solche schließlich in Frage gestellt.

Designer nutzen alle Hilfsmittel der Darstellung. Ob Handzeichnung, Foto oder Video, sie alle dienen dazu, den Entwurfsprozeß in seinen Phasen voranzutreiben und das Entwurfsprojekt für andere nachvollziehbar zu machen. Der Computer bündelt alle Darstellungsformen als die konsequente Fortentwicklung der Camera obscura. Design ohne Darstellung gibt es nicht; *Design vollzieht sich in der Darstellung* – Design vollzieht sich am Computer.

Infobox 25: Virtuelle Realität

Design, das noch nicht realisiert ist, führt auf der Darstellungsebene ein *virtuelles* Dasein. Seit der Mensch Bilder malt, gibt es virtuelle Realität. Virtuelle Realität ist zunächst eine Scheinrealität, die aber nicht in Konkurrenz zur wirklichen Realität steht. Der heutige Gebrauch des Wortes «virtuelle Realität» meint jedoch gerade dies: eine scheinbare Realität, die in Konkurrenz zur Realität tritt, zum Substitut von Realität wird, die Grenze zur Realität verwischt. Virtuelle Realität wird zunehmend derart in Realität eingebaut, daß sie an der Wirklichkeit der Realität Anteil hat. Die Kraft, so erwähnten wir schon, die der Pilot einer Verkehrsmaschine an seiner Steuersäule spürt, ist virtuell. Sie wird nicht von den Flugumständen kausal hervorgerufen, sondern aus ihnen errechnet.

Da virtuelle Realität aus Design besteht, taucht eine vollkommen neue Verwendungsweise für Design auf. Galt es früher, Design zu realisieren, d.h. aus der Darstellungsphase in die Realisierungsphase zu überführen, *wird jetzt der Entwurf selbst zur Realität*, eben zur virtuellen Realität, die reale Auswirkungen hat.

Im virtuellen Cockpit erlernt der Pilot das Fliegen. Die Darstellung ist in dem Sinne realitätsnah, wie sie für alle Vollzüge der Flugpraxis die Realität ersetzen kann. Im modernen Flugsimulator, dem virtuellen Cockpit, erlebt der Pilot alles so, als ob er in einem realen Flugzeug säße. Nachher, wenn er ein reales Flugzeug steuert, kann er alles brauchen, was er sich im virtuellen Cockpit angeeignet hat. Noch näher an der Realität ist die virtuelle Realität, mit deren Hilfe ein Kraftwerk gesteuert wird. Der Operator hat die Illusion, das Kraftwerk bis zum letzten Ventil am Computer beschauen und kontrollieren zu können; er kann sich alle Bestandteile und Vorgänge des Kraftwerks auf den Bildschirm holen. Aber das ist keineswegs bloße Illusion. Das virtuelle Kraftwerk ist mit dem realen Kraftwerk direkt verbunden – genau so, als ob der Pilot im virtuellen Cockpit ein reales Flugzeug ferngesteuert kontrollierte!

Das virtuelle Museum ist Teil des realen Museums oder ersetzt es sogar ganz. Das virtuelle Museum öffnet sich uns genau in dem Maße, in dem wir es befragen, d.h. in ihm herumgehen, einzelnes zur Betrachtung auswählen, es genauer untersuchen, zusätzliche Informationen beiziehen, darüber kommunizieren, die Museumsstücke für uns selbst benutzen. Im virtuellen Museum bleiben wir nicht in Distanz zu den Dingen. Wir reisen in ferne Vergangenheiten und wir leben in fernen Vergangenheiten. Um neuen Forschungen über den Neandertaler anzustellen, brauchen wir nicht mehr die realen Knochenfunde in die Hand zu nehmen, sondern haben alle Neandertalfunde mit allen ihren Einzelheiten virtuell zur Verfügung. Heute schon kann jeder Astronomieliebhaber im Internet mit denselben Bildern Forschungen anstellen, die auch die professionellen Astronomen der großen Observatorien haben. Es ist schon vorgekommen, daß Schüler an ihrem heimischen PC Kometen entdeckt haben! Die virtuelle Universität wird unser aller Lernen, Studieren und Forschen revolutionieren. Schon heute gibt es an deutschen Universitäten virtuelle Mikroskopierkurse und Chemiepraktika. Das spart reale Laborplätze ein und eröffnet viel weitergehende Experimentiermöglichkeiten. Der Arzt, der sein chirurgisches Handwerk im virtuellen Operationssaal erlernt hat, wird nicht nur nicht schlechter, sondern sogar besser ausgebildet sein als früher.

Virtuelle Realität ist eine Darstellung der Realität, die nicht auf ihre Realisierung wartet, sondern schon von sich aus auf Realität übergreift, indem sie diese beeinflußt. Die zukünftige Hauptaufgabe von Design wird darin bestehen, Darstellungen von Realität zu gestalten, die in die Realität eingeflochten sind.

34. Designer nutzen Computer

Noch vor zwei Jahrzehnten, als die Personal Computer zum Erstaunen vieler auf dem Markt erschienen, glaubten manche Designer allen Ernstes, diese Entwicklung betreffe sie nicht oder nur am Rande. Computer schienen allenfalls nützlich zu sein, die Buchführung zu unterstützen. Das zentrale Tätigkeitsmerkmal der Designer, ihre Kreativität, schien von einer Maschine der elektronischen Datenverarbeitung gar nicht berührt zu werden. Kreativität und Computer, das schloß sich offenbar von vornherein gegenseitig aus.

Es vergingen einige Jahre, und plötzlich war *Computer Aided Design* (CAD) für Personal Computer verfügbar. Bislang hatten Ingenieure leistungsfähigere, aber auch wesentlich teurere Computer, sogenannte Workstations zur Verfügung gehabt, um ihre konstruktive Entwicklungsarbeit auf CAD umzustellen. Als nun CAD auf PCs lief, durchfuhr so manchen Designer ein gelinder Schrecken: mußten sie doch nun in Betracht ziehen, ihre technischen Zeichnungen am ungeliebten Computer zu generieren. Obgleich aber im Wortkürzel «CAD» bereits das Wort «Design» steckte, war das noch lange nicht derjenige Designbegriff, der traditionell für Designer leitend ist. Im Gegenteil! Design, das aus CAD-Prozessen stammte, also aus reiner Konstruktion, schien dazu verdammt zu sein, simple Geometrien zu züchten, eine Art rechteckiges «Kasten-Design». Zwischen Befürwortern und Kritikern des CAD im Design erhob sich bald in den Fachblättern ein heftiger, wenngleich müßiger Streit. CAD blieb in der Folge keineswegs so schwerfällig, wie die Kritiker behaupteten. Und überhaupt wurde der PC rasch zu einem höchst flexiblen Instrumentarium – auch für Designer.

Praktisch alle Prozeßphasen des Designs, die wir in diesem Buch vorgestellt haben, lassen sich mittlerweile auf der Darstellungsebene eines PCs abwickeln. Tatsächlich haben wir dieses Buch natürlich von A bis Z auf dem Computer erstellt, mit allen Bildern und Diagrammen, einschließlich des Layouts. Die Studenten des Designs an der HBK Braunschweig finden es längst selbstverständlich, alles, was zur Dokumentation und Präsentation ihrer Entwürfe gehört (und vielleicht aus den Arbeitsjournalen heraus gescannt wird), per PC zu realisieren. Doch auch die Entwürfe selbst, die Konzeptbildung, die Herstellung topologischer Beziehungen, sowie die Gestaltung im geometrischen Raum sind per PC möglich geworden. Man muß inzwischen lange suchen, um etwas zu finden, was der Computer angeblich nicht «kann». Es ist klar, daß wir dennoch nur am Anfang einer langen Geschichte stehen, die auf weitere Sicht zu dem führen wird, was der amerikanische Nobelpreisträger

Herbert Simon schon vor mehr als zwanzig Jahren voraussah: daß das Arbeiten mit Computern fast immer Entwerfen bedeuten wird, wie auch umgekehrt, daß das Entwerfen seine natürliche Unterstützung fast immer durch Computer finden wird.

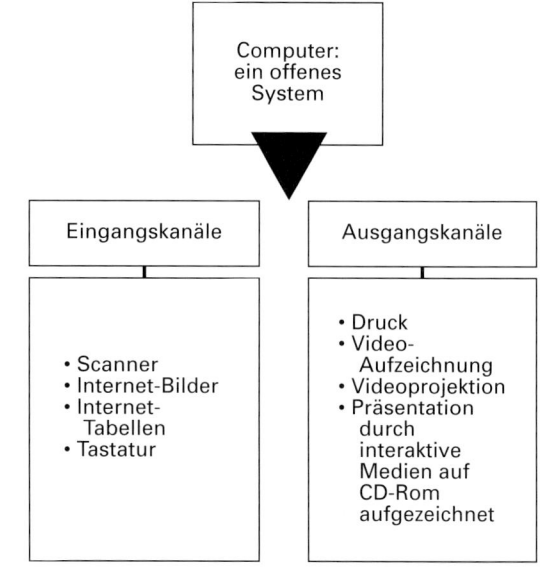

Wie können Designer also Computer nutzen? Das wichtigste Element der Nutzung sollte sein, den PC nicht als geschlossene Blackbox zu betrachten. Der Computer ist heute seiner Grundidee nach ein offenes System. Das bedeutet, er hat viele Eingangskanäle und Ausgangskanäle. Wir haben von Hand eine Skizze gefertigt und möchten sie am Bildschirm weiter verarbeiten. Dazu brauchen wir einen Scanner. Wir scannen alles ein, was schon anderweitig Papierform angenommen hat, Skizzen, Renderings, handgeschriebene Texte, aber auch Fotos, Fotos von Collagen, Videoframes. Doch wir holen uns zusätzlich fertige Bilder, Tabellen usw. direkt aus dem Internet. Klar, daß wir unsere Texte in die Computertastatur tippen. Auch die Ausgabemöglichkeiten des Computers sind vielfältig: Wir drucken aus, wir zeichnen auf Videoband auf, wir präsentieren per Videoprojektor. Eine gute Präsentation läuft heutzutage über interaktive Medien, deren Inhalt auch auf CD-Rom aufgezeichnet werden kann. Und schließlich verschicken wir Mitteilungen über das Internet.

Doch Eingabe- und Ausgabe-Möglichkeiten sind nicht einmal entscheidend für uns. Entscheidend ist die Fähigkeit des Computers, zukünftige Realitäten simulatorisch vorwegzunehmen. Der Computer übernimmt die zentrale Auf-

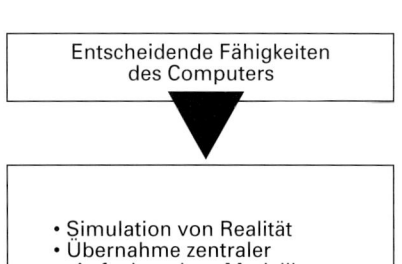

gabe des «Modellbaus» in jeder Bedeutung dieses Wortes. Designer denken in Modellen. Nur Modelle können die Überzeugung stiften, daß das Design die «felicity conditions» des Handelns erfüllt, sowie alle anderen Ansprüche, die an ein Design herangetragen werden. Der Computer wird so zur Basis aller Argumentationen zugunsten einer Entwurfslösung.

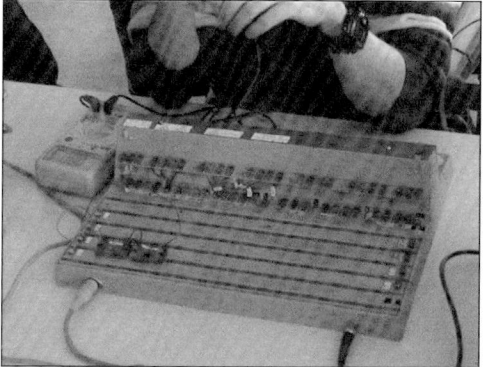

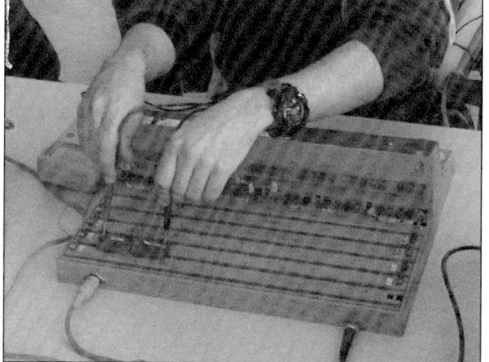

Abb. 403 – 405. Unterricht «Elektronik für Designer» der Arbeits-
stelle für Designinformatik der HBK Braunschweig (Dozent Dr.-Ing.
D. Janssen).

Wir hatten Design allgemein definiert als die Ausgestaltung von Mensch-Objekt-Beziehungen, die wir auch «Interface» oder «Benutzeroberfläche» genannt haben (vgl. Infobox 1). Wer also etwa ein Bildtelefon zu entwerfen hat, wird sich eines am Bildschirm seines PCs verschaffen und *ausprobieren.* Mit Hilfe einer Simulationssoftware (unser Lieblingsprogramm ist MacroMind Director®) programmieren wir uns ein solches Bildtelefon als Modell und testen und verbessern es so lange, bis wir mit dem Handling zufrieden sind. Leider können wir uns an dieser Stelle mit dem Thema nicht ausführlicher befassen, da wir ja nur eine Einführung in die Entwurfspraxis ohne besondere Berücksichtigung technischer Medien vorhaben.

Wir wollen aber noch kurz darauf hinweisen, daß sich bereits ein neues Fachgebiet abzuzeichnen beginnt, das auch binnen kurzem ein eigenes Studienfach sein wird, die *Designinformatik.* Dieses Fach sieht eine Spezialisierung in zwei Richtungen vor. Einerseits wird hier das Entwerfen vollständig auf der Ebene des Computers abgewickelt, andererseits wird es sich beim Entwerfen innerhalb der Designinformatik hauptsächlich um Gestaltung von Information und Informationsgeräten handeln. Designinformatiker werden also zu einem Teil Informatiker sein, d.h. über Kenntnisse in Elektronik, Hardware und Programmiertechniken verfügen, und auf der anderen Seite fähig sein, in Kategorien der Software-Ergonomie zu denken. Software-Ergonomie ist derjenige Teil der Kognitiven Ergonomie, der sich auf die Benutzung von Software spezialisiert hat. Inzwischen wird sogar das Wort «Software-Ergonomie» schon wieder verdrängt zugunsten des allgemeineren Wortes «Software-gestaltung» oder «Softwaredesign». Während informatische Kenntnisse allein nicht mehr ausreichen, moderne Software zu gestalten, so reicht auch die herkömmliche Designausbildung allein dafür nicht aus. Designinformatiker werden in Zukunft einen großen Teil der industriellen Aktivitäten der Informatik und des Designs an sich binden. Es gibt kaum einen Beruf, der gegenwärtig aussichtsreicher erschiene.

Jedoch auch Designer, die sich nicht zu Designinformatikern spezialisieren möchten, werden immer mehr auf Computerkenntnisse angewiesen sein – einfach deswegen, wir wiederholen es, weil Entwerfen und Computer in nicht allzu ferner Zukunft fast austauschbare Begriffe sein könnten.

35. Wie gestaltet man Information?

Information ist jeder Unterschied, auf den es ankommt. Diese Definition von Information enthält auch schon im Kern ein Rezept für die Informationsgestaltung: Hebe diejenigen Unterschiede hervor, auf die es ankommt, stelle diejenigen Unterschiede zurück, auf die es nicht oder unter den jeweiligen Umständen augenblicklich nicht ankommt. Das menschliche Bewußtsein verarbeitet in den verschiedenen Sinneskanälen (Augen, Ohren…) Unterschiede, die es wahrnimmt, *selektiv*. Unser Bewußtsein entscheidet darüber, was ihm wichtig erscheint und was nicht; es kann nicht alles gleich wichtig nehmen. An dieses unwillkürliche Selektionsvermögen muß Informationsgestaltung anknüpfen. Simpel gesagt: Eine wichtige Information darf der Adressat nicht versehentlich als weniger wichtig selektieren und damit aus seiner Aufmerksamkeit verdrängen.

Ein zweiter wichtiger Gesichtspunkt ist der, daß wir beim Handeln aufgrund gegebener Information stets die vollständige Information brauchen, die notwendig ist, um das Handeln glücken zu lassen («felicity conditions»). Wenn der Handelnde nicht die Information beisammen hat, die er zu sicherem Handeln braucht, ist er desorientiert und verliert die Kontrolle über sein Handeln. Menschen, die die Erfahrung gemacht haben, daß ihre Informationen nicht ausreichten für sicheres, glückendes Handeln, entwickeln bald eine Vermeidungsstrategie. Sie engen ihren Handlungsspielraum ein, um sich nicht der Gefahr des Scheiterns auszusetzen. Konkret besagt dies, daß wir, wenn wir mehrfach an dem Versuch gescheitert sind, z.B. unser Videogerät für eine Aufzeichnung zu programmieren, diese Funktion in Zukunft als nicht mehr existent betrachten. Das kann so weit gehen, daß die überreichen Möglichkeiten von Geräten kontraproduktiv auf den Kaufwunsch wirken. Geräte, die viele unübersichtliche Möglichkeiten bieten, verlieren

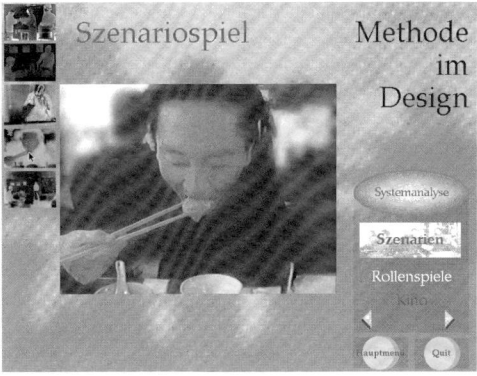
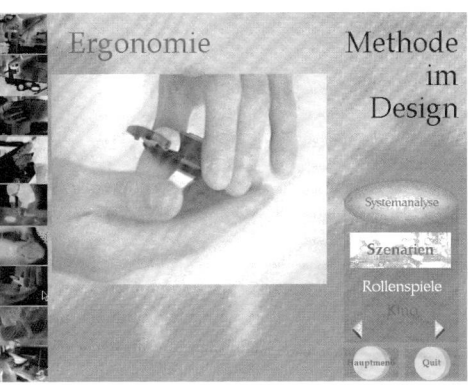

Abb. 406 – 407. Screenshots interaktiv gestalteter Information zum Inhalt des vorliegenden Buches.

an Marktanteil zugunsten von simplen Geräten mit weniger Möglichkeiten, die man aber alsbald wie im
Schlaf beherrscht.

Aus der geschilderten Situation
wird leicht ersichtlich, daß *Informa-*
tionsdesign für unser alltägliches Leben immer mehr an Bedeutung gewinnt. Der Spielraum technischer
Möglichkeiten bei Hardware und
Software wird immer größer. Die
Ingenieure lechzen danach, uns alle
ihre Möglichkeiten zu präsentieren.
Doch diese Möglichkeiten müssen
durch den engen Flaschenhals unserer kognitiven Ausstattung zu uns
finden. Den weiteren technischen
Möglichkeiten stehen also engere
kognitive Möglichkeiten gegenüber.
Es ist klar, daß für eine verträgliche
Abstimmung beider Felder das Design sorgen muß.

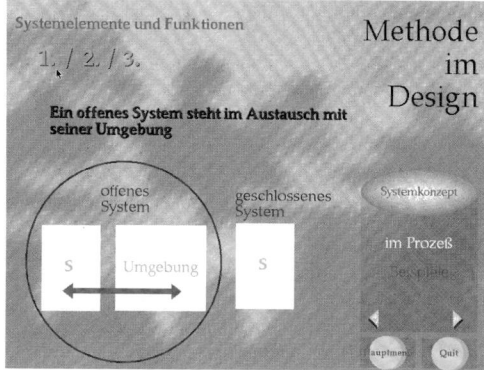

Abb. 408 – 409. Screenshots.

Die Aufgabe ist offensichtlich. Informationsgestaltung ist selektiv, d.h. sie
muß die Komplexität möglicher Information reduzieren auf eine Menge kognitiv wirklich verarbeitbarer Information. Wenn Information selbst aus Unterschieden oder Differenzen besteht, so wird die Differenzierung nach wichtig oder unwichtig ihrerseits informationellen Charakter tragen. *Information*
wird durch Information gestaltet! Welche Dimension von Differenzierungen bietet sich dafür an? Die räumliche! Es sind vor allem wieder *topologische Differen-*
zierungen, die uns helfen, Information durch Information zu reduzieren – die
Unterschiede, auf die es ankommt, von denen zu unterscheiden, auf die es
weniger ankommt. Nehmen wir zum Beispiel die topologische Unterschei-
dung von «vorn» und «hinten». Es ist «naheliegend» (!), wichtige Information
nach «vorn» zu stellen, also in unsere kognitive Nähe zu holen, und weniger
wichtige Information nach «hinten» zu stellen, also in größere Distanz innerhalb unseres Aufmerksamkeitshorizontes. Kurz gesagt, *Information wird durch*
topologische Information gestaltet.

Am Beispiel der Handlung «Fernsehen» hatten wir erkannt (vgl. Abschnitt
32), daß dies in der Tat für die Hardware gilt. Gleiches gilt aber auch für die

Software. Auch hier muß «wichtig» und «unwichtig» in «näher» und «ferner» übersetzt werden. Wie selbstverständlich haben wir uns bereits daran gewöhnt, am Computerbildschirm die sogenannte «Fenstertechnik» anzutreffen: ein Teil des Bildschirminhalts schneidet den übrigen Inhalt so, als ob er ihn verdecken würde. Dadurch entsteht der Eindruck, es mit Information zu tun zu haben, die «oben» oder «vorne» liegt. Rein programmiertechnisch gesehen haben wir es hier jedoch mit einem «clipping» genannten Verfahren zu tun, das sich auf eine einzige Ebene bezieht, eben die der Bildschirmdarstellung. Hinter diesem so einfach und «naheliegend» erscheinenden virtuellen Manöver steckt jedoch eine veritable Designkonzeption! In den Geschichtsbüchern der Informationstechnik wird man dereinst Beschreibungen finden, die besagen werden, daß das hier einschlägige Designkonzept Anfang der siebziger Jahre des zwanzigsten Jahrhunderts im Entwicklungslabor des amerikanischen Kopiererherstellers Xerox geboren wurde. Die Fenstertechnik in der Software ist eine Erfindung, um die sich schon Patentanwälte vor Gerichten wahre Schlachten geliefert haben. Denn die Idee ist derart überzeugend, daß jeder sich fragte, warum er nicht selbst darauf gekommen sei. Man muß nur die mathematische Programmierung des geometrischen «clipping» beherrschen und schon kann man die Fenstertechnik nachahmen. Sie wurde vielfach nachgeahmt und gehört heute bereits zur informationsgesellschaftlichen Folklore.

Der Tummelplatz der Informationsgestaltung ist gegenwärtig die Gestaltung «interaktiver», durch «Animationen» bereicherter Medien («Multimedia»-Produktionen). Das fundamentale Prinzip besteht darin, daß bestimmte Bereiche in der Bildschirmdarstellung nicht nur ein Aussehen haben, sondern auch über eine Sensibilität, ein *Reaktionsvermögen* verfügen. *Bilder können etwas tun*! Dieses Prinzip ermöglicht es, den Umgang mit Information in eine vom Designer bereitgestellte zeitliche Struktur einzubetten. Auch bei einem Plakat zum Beispiel gibt es eine zeitliche Struktur. Unser Blick fällt auf das Plakat und wird angeregt, auf der gesamten Plakatfläche hin und her, hinauf und hinunter zu

Abb. 410. Screenshot.

Cognitive mapping

ist ein Terminus der Kognitiven Psychologie. Er bezieht sich darauf, daß Menschen ihr Orientierungswissen in der Art von Landkarten abgespeichert haben, d.h. in *analoger* Form. Jeder von uns hat von dem Ort, in dem er wohnt, einen rudimentären Stadtplan im Kopf – aber auch von unserer Wohnung, unserem Kühlschrank und unserem Bücherbord. Wir finden ein Buch, weil wir ungefähr wissen, «wo» es steht.

fahren. Erst sehen wir den «Blickfang», dann erkennen wir die Überschrift, schließlich lesen wir einzelne Informationen. Die zeitliche Struktur des Erfassens eines Plakats wird von der Gestaltung mitbestimmt. Die Gestaltung eines Plakats muß zwar alle Informationen gleichzeitig zeigen, aber doch so, daß einige durch unseren subjektiven Dekodierungsvorgang als wichtiger und andere als untergeordneter eingestuft werden. Interaktive Medien hingegen brauchen nicht die Gesamtheit der Informationen zugleich zu präsentieren.

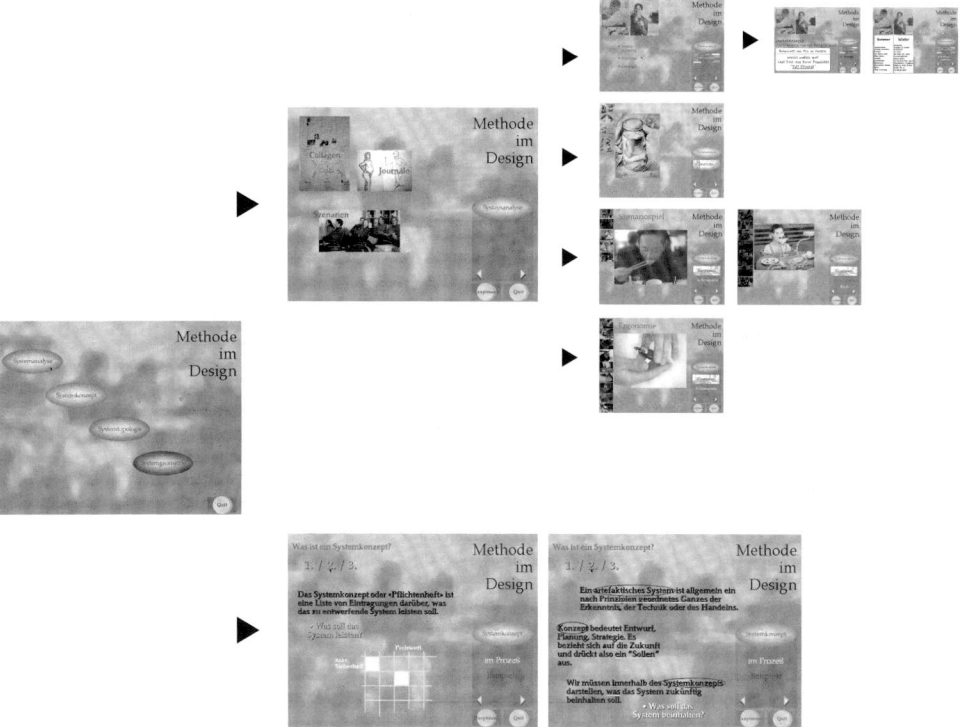

Abb. 411. Struktur interaktiv gestalteter Information.

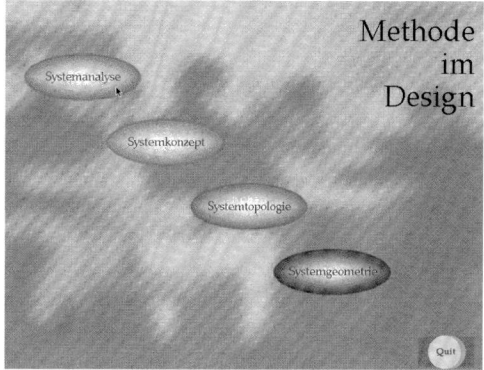

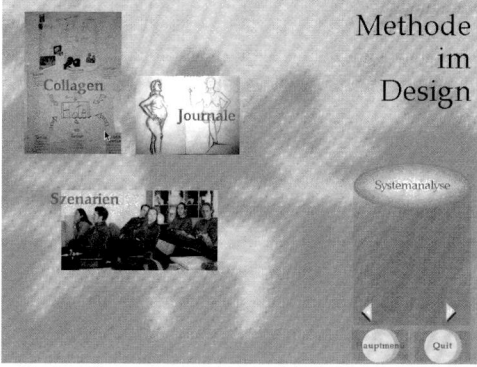

Abb. 412 – 414. Screenshots.

Sie bieten eine «Oberfläche», durch die hindurch «tieferliegende» Informationen nach «vorn» geholt werden können. Das setzt die Bereitschaft des Adressaten zur Aktivität voraus, für die ihrerseits durch die Informationsgestaltung Anreize gegeben werden müssen. Das Grundproblem der Gestaltung interaktiver Medien ist es, dem Adressaten zu signalisieren, daß es weitere Information gibt, zusammen mit der Andeutung, worin sie besteht, so daß der Adressat entscheiden kann, ob er sich im Augenblick für diese Information interessieren sollte oder nicht.

Der Designer muß sich eine Vorstellung davon verschaffen, was der Adressat als «cognitive mapping» mitbringt. Stellen wir uns einen Touristen vor, der nach einer Straße unserer Stadt fragt. Der Einwohner hat eine virtuelle Landkarte seiner Stadt vor dem inneren Auge und orientiert sich aufgrund der Frage in diesem Netz, um dann mit entsprechenden Handbewegungen (nach «links», «rechts», «hinten», «vorn») dem Besucher die Richtungen zu beschreiben. Der Einwohner versucht, den schnellsten oder einfachsten Weg zwischen dem Punkt, wo beide augenblicklich sind, und dem Zielpunkt mitzuteilen. Er bewegt sich imaginativ im virtuellen Raum und «tastet» dabei die Verbindungen zwischen den Punkten seiner kognitiven Landkarte ab. Der Informant muß aber seine Vorstellungen auf die Richtungen eines Koordinatensystems des Tastens beziehen (d.h. eine Art Beschreibung für Blinde geben), weil der Fremde ja nicht die Realität vor Augen hat. Daraufhin versucht der Fremde seinerseits, sich in dieser ihm noch unbekannten Welt zu orientieren, indem er den Hinweisen buchstäblich «nachgeht».

Die Koautorin dieses Buches hat zu Demonstrationszwecken für den Unterricht ein interaktives Medium erstellt, das den Inhalt dieses Buches in vereinfachter Form interaktiv präsentiert. Anhand von sogenannten *Screenshots*, die den jeweils augenblicklichen Inhalt des Bildschirms abspeichern, möchten wir die Vorgehensweise erläutern. Was zu gestalten ist, sind Informationen zur Praxis des Entwerfens. Diese Informationen müssen räumlich verortet werden – man könnte sich eine richtige kleine Bühne dafür aus Pappkarton aufbauen. Natürlich ist der Raum nicht der dreidimensionale Raum unserer wirklichen Welt, sondern ein virtueller Raum im Speicher unseres Computers; die Struktur der beiden Räume ist jedoch identisch.

Dem Konzept liegt die Vorstellung von vier hintereinander gestaffelten Raumschichten zugrunde, die ihrerseits in einzelne «Zimmer» oder auch «Säle» aufgeteilt sind, die durch «Türen» miteinander verbunden werden. In dieser virtuellen «Informationsausstellung» zur Designpraxis kann man sich nach Belieben bewegen. Wir betreten die Ausstellung und finden einen ersten Raum vor, in welchem die vier Phasen des Designprozesses – Systemanalyse, Systemkonzept, Systemtopologie und Systemgeometrie – gemeinsam als Unterräume angekündigt werden. Während im Designprozeß die Phasen *zeitlich* aufeinander folgen, liegen sie im virtuellen Raum unserer Informationsausstellung *räumlich* nebeneinander, genauso wie im vorliegenden Buch die einzelnen Abschnitte räumlich nebeneinander liegen, obwohl sie eine zeitliche Ordnung bedeuten.

Die «Türen», die sich zu den einzelnen Räumen «öffnen», werden

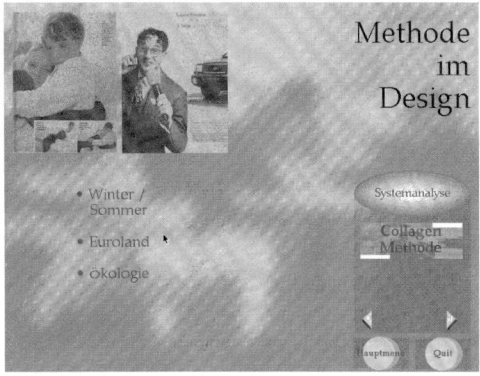

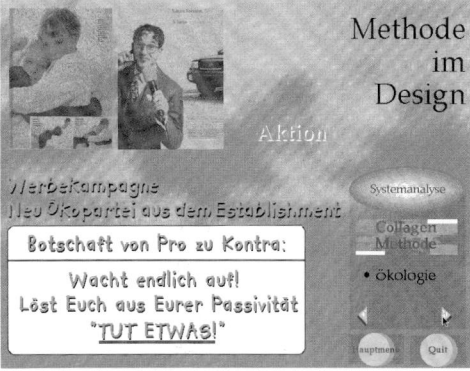

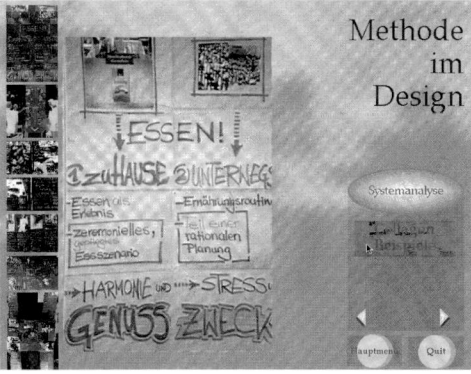

Abb. 415 – 417. Screenshots.

durch *buttons* repräsentiert: Das sind programmtechnisch gesprochen Objekte, die durch Anklicken mit der Maus aktiviert werden und sich zu den räumlichen Subroutinen hin verzweigen. Es entsteht der topologische Eindruck, durch Anklicken mache man sich den nächsten Raum zugänglich; die in ihm befindlichen Objekte liegen jetzt «oben» oder «vorne». Der Vorteil einer solchen interaktiven Präsentation von Information liegt darin, daß wir den roten Faden durch das zu erarbeitende Wissensgebiet selbst legen können, wie wir möchten. Während im Buch eine argumentative Struktur vorgegeben ist, die ein Schritt-für-Schritt-Vorgehen angemessen erscheinen läßt, damit das weitere Wissen in einer logischen Abfolge aufgenommen werden kann, entspricht die interaktive Darstellung einer Art Wandelhalle, und das Wissen wird durch wiederholtes Herumgehen assoziativ verknüpft. Der einfachste vergleichbare Fall wäre etwa eine Litfaßsäule, um die wir herumgehen, um alles, was es dort gibt, zur Kenntnis zu nehmen. Die Richtung, die wir beim Umschreiten der Litfaßsäule wählen, hängt ganz von unserem Gutdünken ab. Nach einer Weile des Herumspazierens werden wir alle Informationen erfaßt haben, die von der Litfaßsäule angeboten werden.

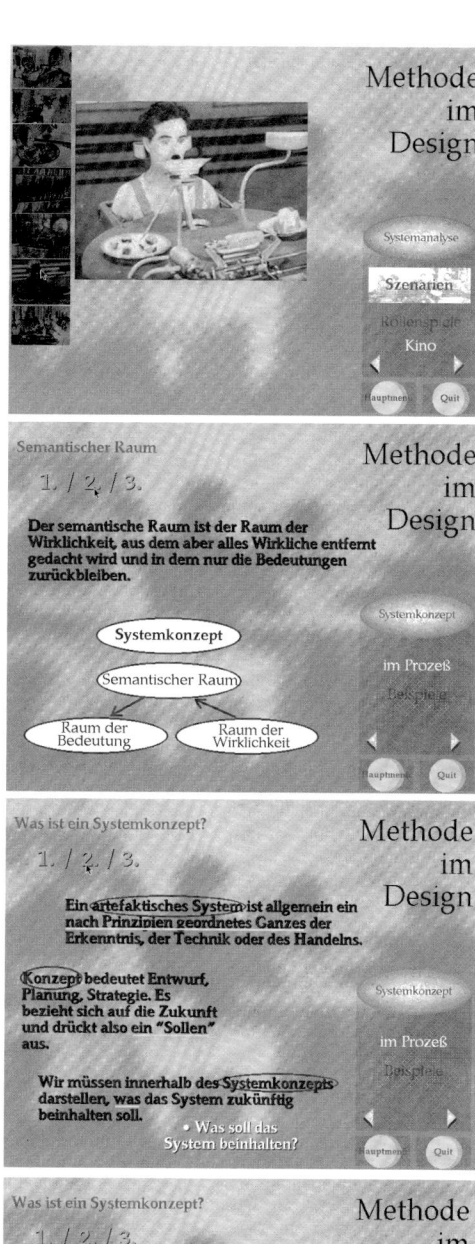

Abb. 418 – 421. Screenshots.

Infobox 26: Wahrnehmen und Erkennen

Der Psychologe J. Piaget übernahm den Begriff der «Topologie» aus der Mathematik, um ihn im Feld der Entwicklung kindlicher Wahrnehmung zu erörtern. Im Licht seiner Erforschung des räumlichen Denkens konnten wir den Begriff der «Systemtopologie» präzisieren.

Wieso, könnten wir fragen, beschäftigen wir uns mit der Entwicklung bei Kindern, wenn wir uns doch den Designadressaten eher als Erwachsenen vorstellen? Piaget meint – an einer Stelle, wo er das mathematische Denken des Erwachsenen erklärt –, daß man sich mit allen früheren Stadien der Entwicklung beschäftigen muß, weil das letzte Stadium nicht isoliert und ohne Kontext verstanden werden kann.

Jean Piaget

Der Schweizer Jean Piaget (1896 – 1980), ursprünglich Biologe, wurde zum bedeutendsten Kognitiven Psychologen in der ersten Hälfte des zwanzigsten Jahrhunderts. Philosophisch vertrat er im Anschluß an Kant eine «genetische Erkenntnistheorie», wonach der Mensch als Einzelner, aber auch als Gattungswesen, seine Welterkenntnis nach und nach entwirft, um diesen Entwurf dann an der Erfahrung zu überprüfen und zu korrigieren. Seine Psychologie, insbesondere seine Psychologie des Kindesalters, ist maßgeblich von seiner Erkenntnistheorie geprägt. Piaget konnte zeigen, im wesentlichen durch Beobachtung seiner eigenen Kinder, daß die Schemata, in denen wir die Welt begreifen, von uns in bestimmten Entwicklungsphasen erworben werden.

Piaget fragt sich, warum alle Kinder immer wieder dieselben «Fehler» machen, und zwar bei logischen Problemen, wie z.B., wenn sie Fragen beantworten sollen, die sich mit der Beziehung zwischen Teil und Ganzem oder Ursache und Wirkung befassen. Er stellt fest, logische Überlegungen seien keineswegs angeboren, die Kenntnisse entwickelten sich vielmehr durch die Interaktivität des Kindes mit seiner Umgebung. Kleinkinder begriffen etwa, so Piaget, die räumliche Welt noch nicht unter euklidischen Aspekten; sie befänden sich in einem Vorstadium. Beim Kleinkind «scheint der Raum der ersten Periode nur prä-perspektivische und prä-euklidische Relationen zu enthalten, die den elementaren topologischen Relationen verwandt sind. Diese Topologie ist aber eine Topologie der Wahrnehmung und der Motorik.» (Piaget u.a., *Die Entwicklung des räumlichen Denkens beim Kinde*, S. 32)

Topologische Differenzierungen, wie Kinder sie machen, sind für Erwachsene gar nicht einfach nachzuvollziehen. Kinder erforschen die Welt durch Beziehungen, die sie aufgrund der Berührung von Gegenständen mit der Hand und dem Mund (im Alter von 4 bis 5 Monaten) herstellen. «Es stellt sich heraus, daß die ersten vom Kind erkannten geometrischen Formen nicht durch die Eigenschaften charakterisiert sind, die der geläufigen Wahrnehmung auffallen (Geraden oder Kurven, Winkel usw.), sondern durch diejenigen, die die abstrakte Analyse der Mathematiker als viel ursprünglicher erkannt hat, wie z.B. ‹Geschlossen-› oder ‹Offenheit›, ‹Verschlingung› usw. [...]. Mit anderen Worten: Die topologischen Relationen ‹Offen-› und ‹Geschlossenheit›, ‹Verschlungensein›, ‹Getrenntsein› usw. veranlassen ein genaues Wiedererkennen.» (Piaget, *Ebd.,* S. 49f.) Es sind also gerade nicht die geometrischen, sondern die topologischen Charakteristika der Dinge, die fundamental sind für das Wiedererkennen! Kinder etablieren im Rahmen dieser topologischen Konzepte je nach Entwicklungsstufe ihre eigenen Regeln, die es ihnen erlauben, schrittweise zu verstehen, wie die Dinge funktionieren. Wenn sie in Widersprüche geraten, lernen sie nach und nach, wie die angemessene Logik aussieht. Erwachsene hingegen wiederholen diesen Prozeß nicht jedesmal, wenn sie z.B. einen Stuhl sehen, weil sie dieses Konzept schon kennen und mit ihm eine reiche Erfahrung verbinden. Wenn wir jedoch vor einem völlig neuen Sachverhalt stehen, über den wir noch nichts wissen, werden wir zuerst die Systembestandteile zu erfassen versu-

chen, mit Hilfe bekannter Strukturen und Schemata, und sie in ein topologisches Netz einbeziehen, bis wir die Oberform des neuen Systems und seine Funktion begreifen.

Die Differenzierung zwischen geometrischem und topologischem Denken führt uns auf ein überraschendes Beispiel: die Umwelt der Bienen. Es ist kein Zufall, daß wir uns an diesem Punkt mit Fragen der Biologie befassen. In seinem Buch *La psychologie de l'intelligence* beginnt Piaget mit einem Kapitel über «Intelligenz und biologische Anpassung», wo er darauf hinweist, daß jede psychologische Erklärung früher oder später die Unterstützung der Biologie braucht. Er erstrebe, so Piaget, die Bio-Logik des Erkennens zu ermitteln. Wie die Biologen Judith und Herbert Kohl in ihrem Buch *Mit den Augen einer Biene. So nehmen Tiere ihre Umwelt wahr* zeigen, können die Bienen nicht zwischen verschiedenen geometrischen Formen wie Quadrat, Dreieck, Kreis, usw. unterscheiden. Jedoch können sie verschiedene Blütenformen unterscheiden, die sie aber offenbar ganz anders dekodieren. Die Bienen orientieren sich wahrscheinlich an Merkmalen der Blüten, die wir als topologisch einstufen können. Für die Biene ist die Welt in Blüten und in den Rest der anderen Dinge eingeteilt. Die Autoren erklären, daß jedes Tier, der Mensch eingeschlossen, in einer eigenen Wahrnehmungs-Umwelt lebt, und daß jedes Lebewesen seine Umwelt auf ganz eigene Art wahrnimmt. Eine jede «Tierwelt» schließt die der anderen Tiere aus.

In diesem Zusammenhang ist an die Feststellung des Biologen Jakob von Uexküll zu erinnern, «daß jeder Mensch in drei Räumen lebt, die sich gegenseitig durchdringen, vervollständigen, aber auch zum Teil widersprechen». (von Uexküll, *Ebd.,* S. 31) Der erste Raum ist der Wirkraum. «Wir ziehen mit unserer Hand Wege in einen Raum, den man als Spielraum unserer Bewegungen oder kurz als unseren *Wirkraum* bezeichnet. Alle diese Wege durchmessen wir in kleinsten Schritten, die wir als *Richtungsschritte* bezeichnen wollen, weil uns die Richtung eines jeden Schrittes durch eine Richtungsempfindung oder *Richtungszeichen* genau bekannt ist. Und zwar unterscheiden wir sechs Richtungen, die paarweise einander entgegengesetzt sind: nach rechts und links, nach oben und unten, nach vorn und hinten.» (Von Uexküll, *Ebd.,* S. 31) Der Wirkraum beinhaltet die Topoi der Richtung unserer Bewegungen. So können wir unsere Bewegungen dem mentalen *Mapping* des Systems anpassen. (Das Prinzip des «Mapping» wird in *Dinge des Alltags* von Donald Norman beschrieben, siehe dort S. 35ff.)

Der zweite Raum, den von Uexküll erwähnt, ist der *Tastraum.* Kleinkinder entdecken ihre Umwelt durch Tasten mit dem Mund (vgl. englisch *taste* = Geschmack). Der Tastraum: «Wenn wir einen Gegenstand abtasten, erteilen wir seiner Oberfläche mit Hilfe unserer tastenden Finger ein feines Ortemosaik. Das Ortemosaik der Gegenstände [...] ist sowohl im Tastraum wie im Sehraum ein Geschenk des Subjektes an seine Umweltdinge, das in der Umgebung gar nicht vorhanden ist. Beim Abtasten verbinden sich die Orte mit den Richtungsschritten und dienen beide der Gestaltgebung.» (von Uexküll, *Streifzüge durch die Umwelten von Tieren und Menschen,* S. 37) Der Tastraum des Ortemosaiks ist gewissermaßen ein «digitaler» Raum (vgl. *digitus* lat. Finger), der zwar Informationen über die Gegenstände vermittelt, aber kein Bild von ihnen liefert. Erst die Koordination von Wirkraum und Tastraum, also die Einordnung der Tastbewegungen in topologische Differenzierungen, verknüpft die Topoi mit dem Ortemosaik.

Der dritte Raum, der *Sehraum,* dessen Möglichkeiten von uns auch erst gelernt werden müssen, findet sich nicht bei allen Tieren: «Erst bei den Augen tragenden Tieren fallen Sehraum und Tastraum deutlich auseinander. [...] Einem jeden Sehelement entspricht ein Ort in der Umwelt, da es sich herausgestellt hat, daß jedem Sehelement ein Lokalzeichen zukommt.» (von Uexküll, *Ebd.,* S. 38) Um «einsichtig» zu sehen, müssen wir den Tastraum aktivieren und mit dem Blick die Dinge «berühren». «Wie im Tastraum sind auch im Sehraum die Verbindungen von Ort zu Ort durch Richtungsschritte geschaffen. Wenn wir unter der Lupe, deren Aufgabe darin besteht, eine große Anzahl von Orten auf eine kleine Fläche zu vereinigen, einen Gegenstand präparieren, so können wir feststellen, daß nicht nur unser Auge, sondern auch unsere Hand, die die Präpariernadel führt, viel kürzere Richtungsschritte ausführt, entsprechend den nahe aneinandergerückten Orten.» (von Uexküll, *Ebd.,* S. 21) Genauso sieht es Piaget: «Das Sehen selbst ist also ein System von Relationen, die durch die wahrscheinlichen Bewegungen des Blicks bestimmt sind». (Piaget, *Die Entwicklung des räumlichen Denkens beim Kinde,* S. 37)

Wir verstehen jetzt genauer, was es heißt, Information sei jeder Unterschied, auf den es ankommt. Diese «Wichtigkeit», die zur Semantik führt, hat ihre Wurzeln in der Biologie. Bei jeder Informationsgestaltung müssen wir daher im Blick behalten, daß die menschliche Wahrnehmung nicht mit einer leeren Tafel beginnt, auf die wir Beliebiges schreiben können, sondern bereits eine Vorstrukturierung aufweist, in die wir unsere zu vermittelnde Information hineinschleusen müssen.

36. Design in Selbstdarstellung

Erfolgreiche Designer gelten im breiten Publikum gelegentlich als eitel und affektiert. Sie zählen zur Star- und Prominentenszene und werden entsprechend von den Medien dargestellt. Besonders Modedesigner sind bekanntlich von dieser Erscheinung betroffen.

Ein seriöseres Bild des Designs und der Designer in der Öffentlichkeit erfordert eine ernsthafte Beschäftigung mit der eigenen Identität.

Wer von uns denkt nicht bisweilen an seinen «Look»! Was bei der Selbstdarstellung zählt, ist, daß auch diese Aufgabe zur Gestaltung gehört. Zwar gestaltet Design keine Menschen – hoffentlich auch nicht in Zukunft! –, wohl aber *Bilder* von Menschen, ihre «Images». Auch von Unternehmen kann man Images gestalten, dies gehört zum Marketing und im weiteren Sinne zur Unternehmensidentität (*Corporate Identity*) und letztlich zur Unternehmenskultur (*Corporate Culture*).

Wer denkt, Selbstdarstellung wäre einfach – einfach lustig –, der irrt. Wie könnte sich ein Designer, eine Designerin beispielsweise im Internet mit den eigenen Leistungen präsentieren? Ich nehme ein Foto mit gewinnendem Lächeln von mir, ich zeige die Stühle und Lampen, die ich entworfen habe, ich stelle die jungen Leute vor, die mein Team bilden und halte alles in der Mode-

ZIELGRUPPE 1: UNTERNEHMEN, DIE EINEN „NEUEN ANSTRICH" BRAUCHEN

UNTERNEHMEN, DIE SEIT JAHREN DAS GLEICHE PRODUZIEREN UND DESHALB UNTER UMSATZEIN-BUSSENLEIDEN

- DAS PRODUKT IST TECHNISCH U. QUALITATIV GUT
- OPTISCH WENIG ÜBERZEUGEND
- DAS ÄUSSERE IST NICHTSSAGEND/LANGWEILIG
- DAS ÄUSSERE VERRÄT NICHTS ÜBER QUALITÄT DES PRODUKTS
- DIE UNTERNEHMENSSTRUKTUR IST VERALTET
- SCHLECHTER UNTERNEHMENSAUFTRITT
- FEHLENDE IDENTITÄT
- SCHLECHTE KOMMUNIKATION ZWISCHEN UNTERNEHMEN UND POTENTIELLEM KUNDEN

ZIELGRUPPE 2: JUNGE & INNOVATIVE UNTERNEHMEN

UNTERNEHMEN, DIE OFFEN FÜR NEUES SIND, KREATIVITÄT WÜNSCHEN UND EIN GEWISSES MASS AN RISIKOBEREITSCHAFT MITBRINGEN

- ENTWICKLUNG VON NEUEN PRODUKTEN
- ENTWICKLUNG VON NEUEN KONZEPTEN
- DESIGN VON SERVICE/ DIENSTLEISTUNGEN
- UMSETZEN „VERRÜCKTER" IDEEN
- SETZEN VON NEUEN TRENDS
- CORPORATE DESIGN

- MUT
- SPASS
- IDEEN

Abb. 422 – 423. Collagen zur Frage der Zielgruppe.

DESIGNER IN ZEITSCHRIFTEN : SIEGER

UNTERNEHMEN IN ZEITSCHRIFTEN :

Abb. 424 – 426. Suche nach der Antwort «Wer sind wir?».

farbe der Saison – fertig ist meine Web-Seite als Designunternehmer. Wer jetzt noch in solchen Kategorien denkt, muß dieses Buch abermals durchgehen. Denn unsere Botschaft ist: Design ist komplex und darum anspruchsvoll. *In diesem Bild von Design tritt die Person des Designers in den Hintergrund.*

Um ein wenig von der Person des Designers wegzukommen, betrachten wir nicht allein eine Selbstdarstellung im Internet oder etwas ähnliches, sondern umreißen die Aufgabe mit einem weitergefaßten Horizont: Wie könnte die Präsentation eines Designbüros auf einer Industriemesse aussehen? Kurz: Die Aufgabe lautet «Messestandgestaltung für ein Designunternehmen». Wir stellen uns vor, das gesamte Designunternehmen, bestehend aus Geschäfts-

Abb. 427. Selbstdarstellung: Collagen.

führern und Mitarbeitern, bereite sich gemeinsam auf den Messeauftritt vor. Dies stellt einige wichtige Fragen: Wer sind wir? Was sind unsere Unternehmensziele? Was bieten wir an im Bereich Produkte und Dienstleistungen? Wer ist unsere Klientel? Wie erreichen wir unsere Adressaten?

Die hier anstehende Entwurfsaufgabe, an der sich das ganze Team beteiligt, folgt demselben Designprozeß-Schema wie bei jeder anderen Aufgabe. Die aufgeworfenen Fragen werden wiederum in der Analysephase durch die Collagen-Methode angegangen. Die Frage «Wer sind wir?» ist ebenso anhand von beliebigem Bildmaterial beantwortbar wie schon unsere früheren Fragen. Da greifen wir uns ein Bild aus einer Illustrierten: Wir blicken in ein Arbeitszimmer. Im Hintergrund öffnet sich eine Tür auf einen Balkon; dahinter die Skyline einer Stadt. Im Zimmer ein Mann ohne Jackett, er spielt gerade Minigolf auf dem Teppich. Wer sind *wir* in bezug auf diesen Mann in dieser Situation? Der Mann ist so um die fünfzig: Sind wir jünger oder älter? Brauchen wir in unserer Arbeit schöpferische Pausen? Leisten wir uns ein Büro im achten Stock, der Chefetage? Ist unser Arbeitsambiente eher mit einer Wohnung oder eher mit einer Werkstatt vergleichbar? Könnte der Mann unser Geschäftsführer sein oder besprechen wir alle Fragen grundsätzlich im Team? – Man sieht schon, wie die Sache anzugehen ist.

Sobald wir herausgefunden und visuell charakterisiert haben, wer

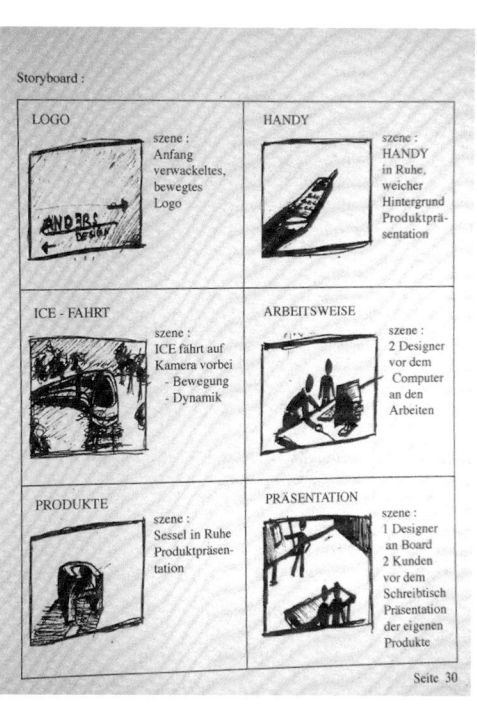

Abb. 428 – 429. Unterschiedliche Dokumentationen.

wir sind, denken wir an unser Szenario. Das Szenario unseres Arbeitens, das wir schließlich auf der Messe präsentieren, sollte – nein: muß! – mit unserem alltäglichen Arbeitsszenario übereinstimmen, wenn nicht, würden wir ja lediglich ein Image von uns vermitteln, dem wir selbst gar nicht genügen können. *Corporate Culture* und *Corporate Identity* bedeuten gerade, daß das öffentliche und das interne Bild von Unternehmen übereinstimmen! Eine *Corporate Identity* für sich selbst zu gestalten verlangt also, nicht nur ein Bild zu erzeugen, sondern das Unternehmen selbst zu gestalten. Wer ein Designbüro gründen möchte, das sich auf dem Markt zu profilieren hat, tut gut daran, mit dieser Gestaltungsaufgabe zu beginnen.

Nun heißt es, ein Konzept zu entwickeln. Das Konzept für einen Messestand unseres Designbüros ist zugleich auch ein Konzept für unser Designbüro selbst. Wenn wir sagen, wer und was wir sind, dann müssen wir dieses «Wer» und dieses «Was» auch in der Realität vorfinden. Ein Messestand darf kein «Potemkinsches Dorf» sein! Das Konzept legt fest, wie der Messestand sein soll, zugleich damit aber auch, wie die Realität sein soll, denn Fiktionen können wir nicht gebrauchen. Das Konzept muß alle Systemelemente enthalten, die zur Beantwortung der anfangs gestellten Fragen beitragen können.

Gregorij A. Potemkin (1739 – 1791)

Russischer Feldherr und Staatsmann. Die «Potemkinschen Dörfer» sind sprichwörtlich geworden für die Vorspiegelung falscher Tatsachen. Potemkin soll der Zarin Katharina II. auf einer Wolgareise durch Attrappen von ganzen Dörfern an den Flußufern blühende Siedlungen vorgetäuscht haben. Auch aus dem «real existierenden» Sozialismus sind Fälle ähnlicher Art in die Geschichte eingegangen. Wir müssen aufpassen, daß uns «virtuelle Realitäten» nicht auch solche Streiche spielen.

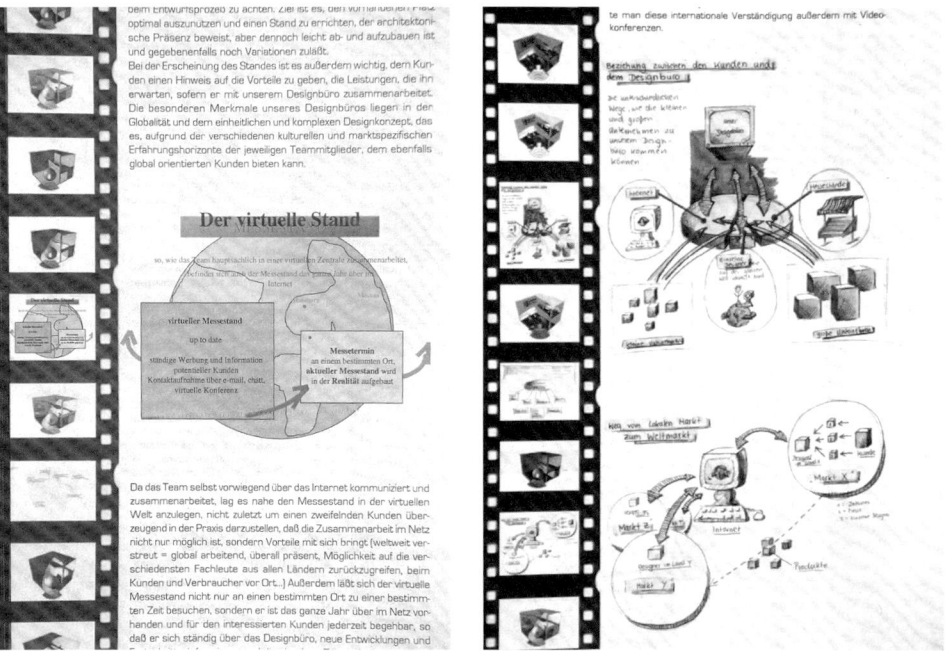

Abb. 430 – 431. Der «Virtuelle Stand»: Dokumentation des Systemkonzepts.

Wir müssen also im Konzept die Antworten auf diese Fragen benennen.

In der nächsten Phase, der Systemtopologie, bringen wir die gefundenen Antworten in einen räumlichen Bezug zueinander. Wir stellen uns vor, daß der Messebesucher uns zuerst wahrnehmen soll, dann den Eingang zum Messestand finden soll, dann im Messestand auf eine geordnete Weise erfahren soll, wer wir sind und was wir für ihn tun können. In der Systemgeometrie schließlich haben wir dann alle Einzelheiten festzulegen, von der architektonischen Form bis hin zum Prospektblatt und zur Kaffeetasse.

Es sollte schon selbstverständlich sein, daß in der topologischen, erst recht jedoch in der geometrischen Phase mit Modellen

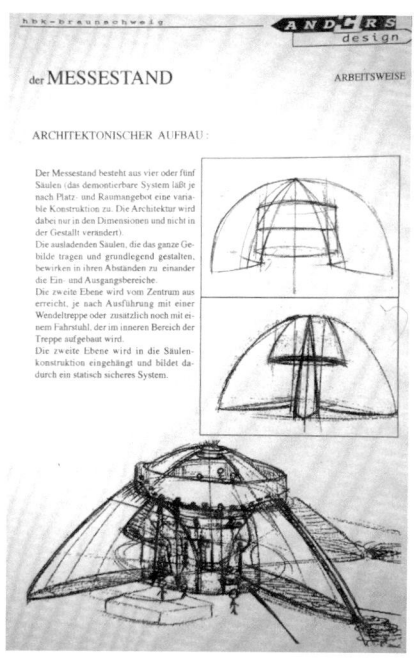

Abb. 432. Skizze mit Argumentation.

gearbeitet wird. Am besten wären natürlich Arbeitsmodelle 1:1, aber dafür reicht der Platz fast niemals aus. Wir müssen uns hier also mit Arbeitsmodellen in kleinerem Maßstab begnügen. Ein gutes Mittel, ein kleines Arbeitsmodell zu überprüfen, ist wieder die Endoskopkamera. In der Projektion mit einem Videoprojektor entsteht der Wirkungseindruck der 1:1-Realität. Selbstverständlich läßt sich auch ein 3-D-Modell im Computer generieren und zu einem Video-

Abb. 433. Systemtopologie nach dem Handlungsszenario.

film verarbeiten, der ebenfalls eine 1:1-Wirkung bei der Projektion erzeugen kann.

In der Bildabfolge dieses Abschnitts zeigen wir, wie die Studenten des zweiten Semesters ihren Messestand entwarfen, als krönenden Abschluß des zweisemestrigen Einführungskurses in die Praxis des Entwerfens. Sie benutzten bereits alle Medien, die dann im Verlauf des

Abb. 434. Systemtopologie nach dem Handlungsszenario.

weiteren Studiums noch gründlicher eingeübt und damit zur Selbstverständlichkeit wurden: Collage, Handskizze, Foto, Video, Computeranimation. Es handelte sich um die erste Gruppenarbeit, d.h. um einen Entwurf, der nicht von einzelnen, sondern von der ganzen Gruppe gemeinsam verantwortet wird. In der Gruppe bilden sich naturgemäß Schwerpunkte für den einzelnen heraus. Diejenigen, die für die Messearchitektur die Lösungen lieferten, mußten sich ständig mit denjenigen abstimmen, die für die Medienpräsentation sorgen sollten und alle zusammen wiederum mit denjenigen, die an das Wohlbe-

Abb. 435 – 436. Dokumentation der Web-Seiten eines virtuellen Messestands im zweiten Semester.

finden und die Bequemlichkeit der Messebesucher zu denken hatten. Gerade dadurch, daß die Studenten sich mit der Gestaltung eines Messestandes für ein Designunternehmen befaßten, verstanden sie nun viel deutlicher, was ein Designunternehmen überhaupt ist, ja, was Design ist.

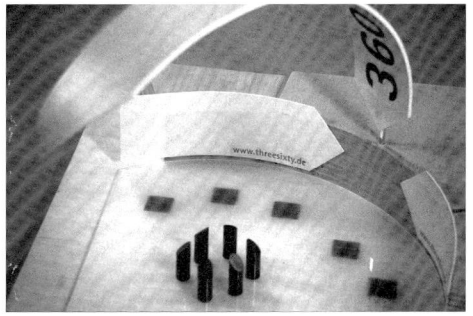

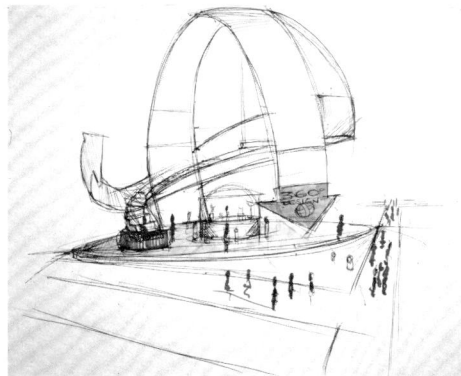

Abb. 437 – 440. Skizze, Modell, 3-D-Renderings verschiedener Gruppen.

37. Perspektiven

Am Ende stellen wir uns noch einmal die Frage, was Design ist – was Design sein wird. Design war einst das Ausformen von Gebrauchsgegenständen, war eigentliche «Formgestaltung». Ganze Publikumsgenerationen – und viele Designer – hatten sich angewöhnt, dabei vorzugsweise an Möbel und an Autos zu denken. Gegenständliche Formen wird es auch in Zukunft geben, die Gegenstände verschwinden nicht. Aber etwas höchst Bedeutsames ist in offensichtlicher Wandlung begriffen: *Im Inneren* der Gegenstände gab es bislang immer nur wieder Gegenstände, wie in der russischen Puppe immer wieder neue Puppen. Wenn man die Motorhaube eines Autos öffnete, sah man einen Motor; machte man, mit entsprechenden Werkzeugen, den Motor auf, sah man den Kolben usw. Das Innenleben der Gegenstände wurde dadurch hervorgerufen, daß sich im Innern der Gegenstände wiederum Gegenstände bewegten. In einem Computer hingegen bewegt sich außer dem Ventilator fast gar nichts. Wenigstens scheint es so. Was sich da wirklich bewegt, tut es vollkommen lautlos und reibungslos: die Information. Diese Bewegung produziert ein wenig Wärme, das ist alles.

Auch Information bedarf, so haben wir gesehen, der Gestaltung. Ja, gerade sie! *Formgestaltung wandelt sich zur Informationsgestaltung.* Information ist ein Formkonzept von viel allgemeinerer Anwendbarkeit als bei der alten Formgestaltung; geometrische Formen, als Begrenzungsflächen dreidimensionaler Gegenstände verstanden, sind plötzlich nur noch ein Spezialfall von Information. Und auch die Topologie der Gegenstände ändert sich. Schon das gute alte Telefon wurde bei seiner Einführung als Gegenstand nur verständlich, wenn man im Gebrauchsvollzug die Benutzerillusion aufbaute, daß «dahinter», *außerhalb* seiner, noch ein, wechselnd austauschbares, zweites Telefon dazugehörte, in das unser Gesprächspartner sprach. Ein ganz für sich allein auf der Welt vorhandenes Telefon ist vollkommen nutzlos. Das Telefon benötigt eine Netz-Topologie in seiner näheren oder ferneren Umgebung, verkörpert durch die «Strippe», die beim Handy nun wegfällt – und doch bleibt das Netz virtuell erhalten, sogar dann, wenn wir per Handy im Internet navigieren. Ein internetfähiges Handy ist im wesentlichen, so möchte man sagen, schon gar kein Gegenstand mehr. Seine geometrische Form zu gestalten wäre eine verführerisch leichte Aufgabe, die mit dem Wesen dieser Art von Kommunikation allerdings kaum noch etwas zu tun hätte, denn das kognitive Mapping erstreckt sich hier auf die Räume des Internets und nicht mehr auf den lokalen Gegenstand «Handy».

Vom Inneren der Gegenstände her konstituiert sich eine Außenbeziehung ihrer selbst, über die wir Kontrolle brauchen, deren Performanz, deren «Aufführung» also zu gestalten ist. Um für die Zukunft einen Slogan parat zu haben, wählen wir den Ausruf: «Von der Form zur Performanz!», von der Form zur Durchformung der Handlung. Unsere zukünftige Formgestaltung wird es hauptsächlich mit Handlungsformen, d.h. mit Zeitformen zu tun haben, nur untergeordnet noch mit räumlichen Formen.

Um Performanz zu gestalten, müssen wir zeitliche Abläufe informationell *zusammenfassen, verdichten* können, muß es uns gelingen, Komplexität zu *reduzieren*. Information verdichtet sich zu Wissen, Wissen seinerseits zu Erkenntnis. Die Informationsgesellschaft sieht am Horizont bereits die «Wissensgesellschaft» heraufziehen; «Wissensmanagement», der organisatorisch intelligente Umgang mit Wissen, ist mittlerweile zu einer zentralen Aufgabe der Unternehmensführung aufgerückt. Auf die Wissensgesellschaft wird augenscheinlich die «Erkenntnisgesellschaft» folgen, deren Zentrum nicht mehr bloße Information, nicht mehr Wissen (*know-how*) ist, sondern *cognition*, die Industrialisierung des welterschließenden Erkenntnisgewinns! Die Erkenntnis des Universums, im Kleinen wie im Großen, wird mittelfristig zum Gegenstand industrieller Anstrengungen.

Das *cognition design* ist vom heutigen Standpunkt aus als ultimative Aufgabe des Designs zu erahnen. Das beinhaltet nicht mehr allein Informationsgestaltung zur leichteren Verständlichkeit, vielmehr die *Gestaltung von Sinn und Bedeutung* selbst, die heute noch an eigene kulturelle Instanzen, z.B. an Kunst und Religion delegiert ist. Dieses «Bedeutungsdesign» liefert uns zuletzt jenen *semantischen Formbegriff*, gemäß dem *alle* vermeintlichen Inhalte als formale Strukturen erkannt werden, ein Formbegriff, der es erst so recht ermöglichen wird, vom neuen Jahrhundert als dem Jahrhundert des Designs zu sprechen!

Für junge Designer, die jetzt ihre Berufsperspektive aufbauen, wird es von ausschlaggebender Bedeutung sein, sich diesen umfassenden Formbegriff zu eigen zu machen. Was wir zu gestalten haben, sind die *Gegebenheitsweisen* der Gegenstände, die Art und Weise, wie und als was sie uns in der Benutzerillusion erscheinen.

Wenden wir uns einen Moment lang den *Zahlen* zu. Zahlen sind nicht Ziffern; aber in Gestalt der Ziffern sind uns die

Gegebenheitsweise

Der große Logiker Gottlob Frege (1848 – 1925) hat das Konzept der *Gegebenheitsweise* entwickelt. Er schreibt: «Man kann keinem verbieten, irgendeinen willkürlich hervorzubringenden Vorgang oder Gegenstand zum Zeichen für irgend etwas anzunehmen. Damit würde dann ein Satz *a* = *b* nicht mehr die Sache selbst, sondern nur noch unsere Bezeichnungsweise betreffen; wir würden keine eigentliche Erkenntnis darin ausdrücken. [...] Wenn sich das Zeichen ‹*a*› von dem Zeichen ‹*b*› nur als Gegenstand (hier durch die Gestalt) unterscheidet, nicht als Zeichen; das soll heißen: nicht in der Weise, wie es etwas bezeichnet: so würde der Erkenntniswert von *a* = *a* wesentlich gleich dem von *a* = *b* sein, falls *a* = *b* wahr ist. Eine Verschiedenheit kann nur dadurch zustande kommen, daß der Unterschied des Zeichens einem Unterschiede in der Art des Gegebenseins des Bezeichneten entspricht.» (Frege, «Über Sinn und Bedeutung», S. 40)

Zahlen gegeben. Zahlen sind Objekte, die man nicht gestalten oder umgestalten kann, doch ihre Gegebenheitsweise läßt sich gestalten. Die römischen Ziffern waren bekanntlich nicht besonders gut zum Zahlenrechnen geeignet, wohl aber die arabischen Ziffern – der Unterschied liegt nur im Design! Der Verbesserungstrick bestand darin, die *Stelle*, d.h. den Ort, an dem sich eine Ziffer befindet, in das Design miteinzubeziehen, etwas durchaus Ungegenständliches. Die Verbesserung lag also auf dem Feld der «Topologie» der Ziffern, nicht ihrer «Geometrie». Man darf davon ausgehen, daß der Designer, der das arabische Stellenwert-System gestaltete, von Hause aus eher Mathematiker war und nicht bloß Schriftkünstler. Ein «geometrischer» Schriftkünstler kann *den* Aspekt der Ziffern, an dem das arabische Design ansetzte, gar nicht *sehen* – später, wenn es einer besser gemacht hat, natürlich schon: Da hat der Schriftkünstler plötzlich ein Aha-Erlebnis, weil auch er jetzt leichter rechnen kann. Der rechnerische Umgang mit Zahlen wird durch die Benutzerillusion des Ziffern-Designs wesentlich in seinen «felicity conditions» bestimmt! Wir müssen verstärkt «topologisch» denken und sehen lernen, nicht bloß «geometrisch». «Geometrie» allein ist für das Design der Zukunft zu kurzsichtig. Design-Neuerungen, die mehr sind als eine vorübergehende Mode, finden auf dem Feld der Systemtopologie statt.

Die neuen Aufgaben verlangen vom Designer viel, sehr viel. Insbesondere Flexibilität im Denken und eine starke Einbildungskraft. Aber vor allem wohl die Bereitschaft, diese Aufgaben überhaupt für sich zu akzeptieren. Dazu durch eine motivierende Aufmunterung beizutragen, ist Ziel dieses Buches.

Literatur

Alewyn, Richard, *Das große Welttheater. Die Epoche der höfischen Feste*, München, Beck 1989

Alpers, Svetlana, *Rembrandt als Unternehmer. Sein Atelier und der Markt*, Köln, DuMont 1989

Arnold, Bradford H., *Elementare Topologie. Anschauliche Probleme und grundlegende Begriffe*, Göttingen, Vandenhoeck & Ruprecht 1971

Back, Wolfgang und Heimann, Erich H., *Erfindern auf der Spur. Eine kleine Geschichte der Technik in Beispielen*, Tumlingen, Engelbert 1977

Barthes, Roland, *La chambre claire. Note sur la photographie*, Paris, Gallimard 1980

Benesch, Hellmuth, *dtv-Atlas zur Psychologie. Tafeln und Texte*, München, dtv 1987

Bergamini, David, *Die Mathematik*, col. Life – Wunder der Wissenschaft, Nederland, Time-Life International 1965

Bevers, Holm; Peter Schaatborn und Barbara Wezel, *Rembrandt. Der Meister und seine Werkstatt. Zeichnungen und Radierungen*, München, Schirmer/Mosel 1991

Bonsiepe, Gui, «In der Phase des Prä-Design. Spekulationen über eine zukünftige Geschichte der Gestaltung», in *form*, Nr. 164, 4/1998

Boom, Holger van den, *Digitale Ästhetik. Zu einer Bildungstheorie des Computers*, Stuttgart, Metzler 1987

—, *Betrifft: Design. Unterwegs zur Designwissenschaft in fünf Gedankengängen*, Alfter, VDG 1994

—, Hg., «Öffnungszeiten. Papiere zur Designwissenschaft», Nr. 1/1996 – 11/2000, Braunschweig, HBK Braunschweig

Boom, Holger van den und Felicidad Romero-Tejedor, *Arte Fractal. Estética del Localismo*, Barcelona, ADI 1998

Brill, Dieter R. / Falk, David S. / Stork, David G., *Ein Blick ins Licht. Einblicke in die Natur des Lichts und des Sehens, in Farbe und Fotografie*, Berlin, Springer 1990

Buchanan, Richard, «Education and Professional Practice in Design», in *Design Issues*, Volume 14, Number 2, Summer 1998

Burckhardt, Lucius, Hg., *Design der Zukunft. Architektur, Design, Technik, Ökologie*, Köln, DuMont 1987

Bürdek, Bernhard E., *Design. Geschichte, Theorie und Praxis der Produktgestaltung*, Köln, DuMont 1991

Burkhardt, François, Hg., *Essen und Ritual. Ergebnisse der Entwurfswoche im IDZ Berlin*, Januar 1981

Chastel, André, Hg., *Leonardo da Vinci. Sämtliche Gemälde und die Schriften zur Malerei*, München, Wissenschaftliche Buchgesellschaft 1990

Dalí, Salvador, *50 secretos mágicos para pintar*, Barcelona, Luis de Caralt 1985

Delacroix, Eugène, *Mein Tagebuch*, Berlin, Bruno Cassirer 1909

Descartes, René, *Regulae ad directionem ingenii*, Hamburg, Felix Meiner 1973

Dürer, Albrecht, *Das gesamte graphische Werk. Einleitung von Wolfgang Hütt. 2. Druckgraphik*, München, Rogner & Bernhard 1988

Elias, Norbert, *Über den Prozeß der Zivilisation. Soziogenetische und psychogenetische Untersuchungen. Erster Band. Wandlungen des Verhaltens in den weltlichen Oberschichten des Abendlandes*, Frankfurt/M., Suhrkamp 1977

—, *Über den Prozeß der Zivilisation. Soziogenetische und psychogenetische Untersuchungen. Zweiter Band. Wandlungen der Gesellschaft. Entwurf zu einer Theorie der Zivilisation*, Frankfurt/M., Suhrkamp 1977

Foucault, Michel, *Die Ordnung der Dinge*, Frankfurt/M., Suhrkamp 1974

Frege, Gottlob, «Über Sinn und Bedeutung», in G. Patzig, Hg., *Funktion, Begriff, Bedeutung*, Göttingen, Vandenhoeck & Ruprecht 1966

Garnich, Rolf, *Ästhetik, Konstruktion und Design*, Ravensburg, Otto Maier 1976

Gaya Nuño, Juan A., *Velázquez*, Barcelona, Salvat 1985

Gehlen, Arnold, *Urmensch und Spätkultur*, Frankfurt/M., Athenaion 1975

Gell-Mann, *Das Quark und der Jaguar. Vom Einfachen zum Komplexen — Die Suche nach einer neuen Erklärung der Welt*, München, Piper 1994

Gilbreth, F.B. und E. G. Carey, *Im Dutzend billiger*, Hameln, Niemeyer 1994

Giedion, Sigfried, *Die Herrschaft der Mechanisierung*, Frankfurt/M., Europäische Verlagsanstalt 1982

Goethe, Johann Wolfgang, *Sämtliche Werke*, Zürich, Artemis 1977

Goodman, Nelson, *Ways of worldmaking*, Hackett 1978

Grassi, Ernesto, *Die Macht der Phantasie. Zur Geschichte abendländischen Denkens*, Königstein, Athenäum 1979

Haftmann, Werner, *Paul Klee. Wege bildnerischen Denkens*, Frankfurt/M., Fischer 1961

Haug, Wolfgang Fritz, *Kritik der Warenästhetik*, Frankfurt/M., Suhrkamp 1971

Hehlmann, Wilhelm, *Geschichte der Psychologie*, Stuttgart, Alfred Kröner 1967

Herrmann, Joachim und Herbert Ullrich, Hg., *Menschwerdung. Millionen Jahre Menschheitsentwicklung – natur- und geisteswissenschaftliche Ergebnisse*, Berlin, Akademie 1991

Heydenreich, Ludwig H. / Dibner, Bern / Reti Ladislao, *Leonardo, der Erfinder*, Stuttgart, Belser 1981

Hübner, Peter, *Einführung in die Methodenlehre der Psychologie*, Darmstadt, Wissenschaftliche Buchgesellschaft 1980

Hückler, Alfred, «Geometrie – Bindeglied zwischen Konstruktion und Design» in *Feingerätetechnik*, Berlin, Jahrgang 35, VEB Verlag Technik Berlin 1986

Jonas, Wolfgang, *Design, System, Theorie. Überlegungen zu einem systemtheoretischen Modell von Design-Theorie*, Essen, Die blaue Eule 1995

Kant, Immanuel, *Kritik der reinen Vernunft*, Stuttgart, Reclam 1966

Klee, Paul, *Das bildnerische Denken*, Hg. von Jürg Spiller, Basel, Schwabe 1971

Kohl, Judith und Herbert, *Mit den Augen einer Biene. So nehmen Tiere ihre Umwelt wahr*, Ravensburg, Otto Maier 1983

König, René, Hg., *Soziologie*, Frankfurt/M., Fischer Bücherei, Das Fischer Lexikon 1967

Lanc, Otto, *Ergonomie. Psychologie der technischen Welt*, Stuttgart, Kohlhammer 1975

Leech, Geoffrey, *Semantics*, Harmondsworth, Penguin 1974

Leroi-Gourhan, André, *Hand und Wort. Die Evolution von Technik, Sprache und Kunst*, Frankfurt/ M., Suhrkamp 1980

Leßner, Günter, *Elemente der Topologie und Graphentheorie*, Freiburg, Herder 1980

Lévi-Strauss, Claude, *Das wilde Denken*, Frankfurt/M., Suhrkamp 1968

—,   *Le Cru et le Cuit*, Paris 1964

Lewin, Roger, *Die Komplexitätstheorie*, München, Knaur 1996

Lindsay, P.H. und D. A. Norman, *Einführung in die Psychologie. Informationsaufnahme und -verarbeitung beim Menschen*, Berlin, Springer 1981

Löbach, Bernd und Ernst Albrecht Fiedler, *Design und Ökologie*, Cremlingen, Designbuch 1995

Marina, José Antonio, *Elogio y refutación del ingenio*, Barcelona, Anagrama, 1992-1995, VII. Auflage

Mayall, William Henry, *Principles in Design*, London, Design Council 1979

Negroponte, Nicholas, *Being Digital*, 1995

Norman, Donald A., *Dinge des Alltags. Gutes Design und Psychologie für Gebrauchsgegenstände*, Frankfurt/M., Campus 1989

—,   *Turn Signals are the facial expressions of automobiles*, New York, Addison-Wesley 1992

Ortega y Gasset, José, *Papeles sobre Velázquez y Goya*, Madrid, Alianza 1980 (zuerst: Madrid: Revista de Occidente, 1950)

—,   *Meditación de la técnica*, Madrid, Santillana, col. Filosofía hoy 1997

—,   *Der Aufstand der Massen*, Reinbek bei Hamburg, Rowohlt 1965

Paczensky, Gert v. und Anna Dünnebier, *Kunstgeschichte des Essens und Trinkens*, München, Goldmann 1997

Panati, Charles, *Universalgeschichte der ganz gewöhnlichen Dinge*, München, Deutscher Taschenbuch Verlag 1998

Petit, Jean-Pierre, *Das Topologikon*, Braunschweig, Vieweg & Sohn 1995

Plessner, Helmuth, *Die Stufen des Organischen und der Mensch. Einleitung in die philosophische Anthropologie*, Berlin, Walter de Gruyter 1975

Piaget, Jean, *La Psychologie de l'intelligence*, Paris, Librairie Armand Colin 1967

—,   *Die Entwicklung des Erkennens I. Das mathematische Denken*, Stuttgart, Ernst Klett 1972

Piaget, Jean und Bärbel Inhelder u.a., *Die Entwicklung des räumlichen Denkens beim Kinde. G.W. 6*, Stuttgart, Ernst Klett 1975

Posner, Roland, *Kulinarische Semiotik. Syntax der Mahlzeit: Menü und Buffet, Semantik der Speisen: Rohkost, Suppe, Braten, Pragmatik des Essens: Alltags-, Festtags-, Gast- und Hochzeitsmahl, Kommunikation über Getränke: die Sprache der Weinprobe und Intersubjektivität der Geschmackserfahrungen*, in *Zeitschrift für Semiotik*, Band 4, Heft 4, Wiesbaden, Akademische Verlagsgesellschaft Athenaion 1982

Rittel, Horst W.J., *Planen, Entwerfen, Design. Ausgewählte Schriften zu Theorie und Methodik*, Stuttgart, W. Kohlhammer 1992

Romero-Tejedor, Felicidad und Holger van den Boom, «Systemtopologie: Vom Konzept zum Entwurf. Über eine Schwierigkeit in der Designdidaktik» in *Öffnungszeiten. Papiere zur Designwissenschaft*, Nr. 8/99, Braunschweig, HBK, S. 9 – 13.

Romero-Tejedor, Felicidad, «Alltagskultur Essen und Trinken. Eine designwissenschaftliche Fallstudie» in *Öffnungszeiten* Nr. 7/98, Braunschweig, HBK, S. 12 – 19.

—,   «Der Begriff der ‹Topologie› nach Jean Piaget und seine Bedeutung für den Designprozess» in *Öffnungszeiten* Nr. 9/99, Braunschweig, HBK, S. 11 – 18.

Simon, H.A., *Die Wissenschaften vom Künstlichen*, Berlin, Kammerer & Unverzagt 1990

Tügel, Hanne, «Denkersmahlzeit. Ernährungs-Strategien», in *Geo Wissen: Die Evolution des Menschen*, Hamburg, Gruner + Jahr 1998

Uexküll, Jakob von, *Streifzüge durch die Umwelten von Tieren und Menschen, ein Bilderbuch unsichtbarer Welten. Bedeutungslehre*, Hamburg, Rowohlt 1956

Vasari, Giorgio, *Lebensgeschichten der berühmtesten Maler, Bildhauer und Architekten der Renaissance*, Zürich, Diogenes 1980

Vinci, Leonardo da, *Sämtliche Gemälde und die Schriften zur Malerei*, Wissenschaftliche Buchgesellschaft 1990

—,   *Cuadernos de notas*, Madrid, A. L. Mateos 1993

Vives, Juan Luis, *Über die Gründe des Verfalls der Künste = De causis corruptarum artium*, Emilio Hidalgo-Serna, Hg., München, Fink 1990

Wagner, Friedrich Ch., *Grundlagen der Gestaltung. Plastische und räumliche Darstellungsmittel*, Stuttgart, Kohlhammer 1981

Wescher, Herta, *Die Collage. Geschichte eines künstlerischen Ausdrucksmittels*, Köln, DuMont Schauberg 1968

Infoboxen

Index

A

Abbildung 170
Akademie 29, 30
Aktion 142
Alltagskultur 102, 111
Analyse 20, 45, 47, 50
    64, 73, 85, 102, 104, 149
Analytische Geometrie 50
angewandte Psychologie 137
Animation 179
Anordnung 76, 92, 93
Anthropologie 106, 109, 110
Anthropometrie 138
Anwender 136
Arbeitsjournal 27, 28, 31, 32, 42, 43, 44,
    45, 107, 133
Arbeitsmodelle 99, 100, 101, 191
Arbeitsorganisation 150
Arbeitsprozeß 30
Arbeitsrationalisierung 150
Argumentation 20, 174
Artefakte 17, 18, 79, 136
Assoziationen 47
Ästhetik 17, 92, 135
Atelier 29, 44

B

Barocktheater 63
Bauhaus 38, 41
Bedeutung 75, 80, 82, 83, 85, 95, 165, 195
Begrenzungsflächen 95, 194
Beliebigkeit 95, 115
Benutzerillusion 19, 63, 195
Benutzeroberfläche 19, 175
Betriebspsychologie 151
Bewegungsrationalisierung 151
Bewegungsstudien 148, 150
Beziehungen 21, 70, 75, 84, 85, 95, 137
Bildmaterial 51, 67
bildnerisches Denken 41
Biologie 168, 185
bit 169, 169
Blockdiagramme 94
Bügeln 153, 158
Bühne 61, 63, 182
Bühnenbild 90, 101

C

CAD 19, 101, 173
Camera obscura 29, 170, 172, 169
clipping 179
cognition 195
cognition design 195

cognitive mapping 178, 181

cognitive mapping 178, 181
Collagen 20, 45, 47, 48, 49, 50, 51,
    61, 62, 64, 65, 67,
    73, 104, 108, 123, 174, 189, 192
Computer 19, 101, 132, 136, 146, 150,
    163, 164, 169, 171, 173, 174, 176, 182,
    192
Computer Aided Design 19, 101, 173
Corporate culture 187, 190
Corporate Identity 187

D

Darstellung 150, 169
Darstellungsebene 27, 30, 41
Darstellungsformen 171
Darstellungstechnik 169
Datennetz 164
Datenverarbeitung 163, 173
Design 17, 19
Designation 19
Designausbildung 8
Designer 20, 106, 112, 117,
    118, 131, 137, 162, 165
Designinformatik 175
Designprozeß 20, 45, 71
Designstudio 27
Designtheorie 106
Designwissenschaft 117, 118, 144
Display-Design 19

E

Einbildungskraft 50, 63, 66, 196
elektrische Geräte 158, 162
Elektrizität 160
elektromagnetische Kraft 164
Elektronik 175
elektronische Schaltströme 163
elektronische Geräte 167
Elemente 20, 26, 70, 129, 137, 166
Endoskopkamera 71
Energie 137, 160, 162
Entwerfen 20, 45, 64, 73, 85, 120
Ergonom 137
Ergonomie 135, 136, 137, 138, 139, 141, 142,
    144, 145, 153, 157, 162
Erkennen 184, 195
Erkenntnistheorie 185

F

Fabrik 29
Farbe 38, 76, 129
Faustkeil 110
Feedback-System 146
felicity conditions 84, 174, 177, 196
Fenstertechnik 179
Fernsehen 164, 165
Feuer 110, 111

Namenregister